探索与实践
——2021年教学研究与改革论文集

陈洁／主编

立信会计出版社
LIXIN ACCOUNTING PUBLISHING HOUSE

图书在版编目(CIP)数据

探索与实践. 2021年教学研究与改革论文集 /陈洁主编. —上海：立信会计出版社,2022.3
ISBN 978-7-5429-7166-1

Ⅰ.①探… Ⅱ.①陈… Ⅲ.①金融学—教学研究—高等学校—文集 Ⅳ.①F830-42

中国版本图书馆CIP数据核字(2022)第252125号

策划编辑　　张巧玲
责任编辑　　方士华
美术编辑　　吴博闻

探索与实践——2021年教学研究与改革论文集
TANSUO YU SHIJIAN 2021 NIAN JIAOXUE YANJIU YU GAIGE LUNWENJI

出版发行	立信会计出版社
地　　址	上海市中山西路2230号　　邮政编码　200235
电　　话	(021)64411389　　传　真　(021)64411325
网　　址	www.lixinaph.com　　电子邮箱　lixinaph2019@126.com
网上书店	http://lixin.jd.com　　http://lxkjcbs.tmall.com
经　　销	各地新华书店
印　　刷	江苏凤凰数码印务有限公司
开　　本	890毫米×1240毫米　　1/16
印　　张	14.25
字　　数	452千字
版　　次	2022年3月第1版
印　　次	2022年3月第1次
书　　号	ISBN 978-7-5429-7166-1/F
定　　价	69.00元

如有印订差错,请与本社联系调换

本书编委会

陈　洁　王品玲　杜　莉　林振兴　程丽萍　徐小龙

余运江　彭锻炼　邓桂丰　胡翠华　李小坤　万晴瑶

苏宏峰　杨　超　何　爽　张士引　陈芝岭　张　蕾

序 言

"十四五"时期,是上海立信会计金融学院高质量推进内涵式发展、建设高水平地方应用型大学的关键五年。站在新起点上,学校紧密对接新技术、新产业、新业态、新模式,努力构建新文科财经人才培养范式。在此背景下,教师们积极开展教学理念、教学方式方法的创新和改革:关注课程思政建设,挖掘、提炼专业知识体系中蕴含的思政元素,坚持知识传授与价值引领相结合,着力发挥课堂教学的育人主渠道作用;关注新文科背景下的专业优化、课程提质与模式创新,提升复合型文科人才的培养质量;关注教与学的形态改革,开展探究式、个性化、参与式教学,推进线上线下混合式教学模式的构建。

教师们将教学理念付诸于一线教学的实践与研究,在常态课堂、教学关键环节开启改革,将所思所得撷取下来,记录成文。我们遴选了部分教师及教学管理人员撰写的论文,汇编成《探索与实践——2021年教学研究与改革论文集》,集中展示教师在人才培养、教学方法改革、教学管理、课程思政建设等方面的教学改革成果,以期共享资源,相互借鉴促进。

"凿井者,起于三寸之坎,以就万仞之深。"教育教学的探索和实践需要不忘初心、自微处始,才能在持续发力中见证成效的日渐累积与显现。我们也期待教师们持续深耕课堂教学,聚力形成更多、更新、更好的经验和成果,不断提高教育教学水平,推动学校人才培养的提质增效。

本书编委会

2021 年 12 月

目 录

人才培养

新文科背景下财经类专业交叉复合人才培养的探索与实践——以艺术金融管理人才培养模式为例
　　………………………………………………………………………………………… 王　剑（003）
商科教育的产业升级服务功能解析——新文科背景下商科交叉复合人才培养模式探索
　　……………………………………………………………………………………… 高丽敏（008）
国际化、应用型财经人才培养的海外经验借鉴与启示
　　…………………………………………………………………………… 沈月红　方　正（013）

教学方法改革

网络游戏与证券交易教学融合模式的探索——三点融合网络游戏教学法
　　……………………………………………………………………………………… 孙文华（023）
管理心理学的微课设计与教学实践研究——基于知识元的视角
　　…………………………………………………………………………… 洪　明　王万力（028）
融合现代信息技术的教学方法创新与实践——"以学为中心"理念下全英文计量经济学金课建设
　　…………………………………………………………………………… 辛广益　毕玉江（035）
运用"腾讯会议＋学习通平台"实现网络在线教学的探索
　　……………………………………………………………………………………… 彭锻炼（042）

教学管理

学校教学督导体系建设探究——基于一流本科专业建设视角
　　………………………………………………………………………………………… 王　晶（053）
四重变奏：高校青年教师教育教学能力培养策略研究
　　…………………………………………………………………………… 博物馆　孔晨旭（061）
我校教务系统面向教学单位工作流模块拓展研究
　　……………………………………………………………………………………… 付晓宇（066）
浅谈大学生群体上交叉综合征的成因、危害与运动疗法
　　………………………………………………………………………………………… 刘　洋（074）
新文科背景下财务会计案例课程教学改革与思考——基于核心素养视角
　　……………………………………………………………………………………… 于雪彦（080）

提升 EMI 课程互动效果的方法思考
………………………………………………………… 万　超　陈　琦　杨新房（085）

基于案例视角的财政学实务课程教学改革方式探讨——以"财政管理学"课程为例
……………………………………………………………………………………… 曾　芸（090）

新文科背景下财经高校通识写作课程体系建设与改革实践
………………………………………………………………………………… 陈正勇（095）

新金融工具准则下银行会计课程教学改革探讨——基于贷款教学的分析
……………………………………………………………………… 莫桂青　张慧珏（100）

基于探究式教学的《财务报表分析》课程改革
…………………………………………………………………………… 刘　莹（106）

基于"线上＋线下"混合式教学模式完善《信用管理学》课程建设
………………………………………………………………………………… 高晓娟（112）

大数据背景下统计学课程的教学研究与实践
…………………………………………………………………………… 胡凤霞（122）

Python 语言与数据挖掘线上线下混合式教学实践
…………………………………………………………………………… 王艺红（126）

新媒体时代全英语专业课教学的实践与探究
………………………………………………… 李　琳　胡翠华　吴华玲（136）

课程思政建设

课程思政在国际服务贸易教学中的探索与实践
…………………………………………………………………………… 孙　蕾（143）

深化课程思政建设，凝练"新文科"教育模式——以上海立信会计金融学院保险学专业为例
…………………………………………………………………………… 王宁馨（147）

"新文科"背景下保险学课程思政建设探索与实践
…………………………………………………………………………… 吕慧娜（152）

实 践 教 学

信用评级实验实践教学模式改革的探索与实践
………………………… 黄　燕　李杰群　刘晓明　吴　洁　周珊珊（159）

应用型高校创新创业教育与专业教育有机融合的路径研究——基于上海某高校的实证研究
…………………………………………………………………………… 童　杰（165）

专 业 建 设

现代信息技术背景下金融科技专业课程思政的探索与实践——以机器学习课程为例
……………………………………………………………… 楚晓琳　高倩倩（173）

人工智能背景下的税收专业建设研究
…………………………………………………………………………… 赵海益（180）

质量评估

基于学评融合的网络爬虫课程教学评价案例
....陈　欣（187）

一流本科背景下教学质量管理与监控体系闭环管理研究——以上海立信会计金融学院为例
....林爱琦（194）

基于CEEAA的财经类高校二级学院教学质量保障与监控体系设计——以上海立信会计金融学院为例
....胡翠华（202）

学位论文质量保障体系深化建设研究——以上海立信会计金融学院为例
....禹小慧（210）

人才培养

新文科背景下财经类专业交叉复合人才培养的探索与实践

——以艺术金融管理人才培养模式为例

王 剑

摘要 随着艺术品市场快速发展,艺术品金融化趋势越来越明显,相关人才需求缺口日益加大。上海立信会计金融学院管理学院通过对当前中国艺术金融管理人才培养现状分析,初步提出探索艺术金融管理人才培养的对策,通过教育教学理念的创新,确立人才培养目标的准确定位,并探索多元化的创新性教学模式和方法,积极推进教师队伍结构优化与素质提高,进一步推进课程改革与创新,注重实践实训课程,以及建立健全多层次过程性的教学效果评价体系。

关键词 艺术金融管理 多学科融合 培养创新实践 课程体系 改革成效

随着经济发展,艺术金融已经成为较为常见的保值、增值投资工具。欧美国家投资者所选取的投资组合情况显示,文化艺术品投资在投资组合中的占比不低于20%,而我国投资者所选取的投资组合中艺术品投资的占比不足5%。根据相关机构调查结果,我国约有2万亿元的艺术品市场潜力,但是我国目前艺术品投资市场实际数字为2 000亿元。同时,我国投资者所选取的投资组合中艺术品投资的配比过低。大多数投资者所选取的艺术品投资配比率仍处于较低水平。

这种情况产生的一个重要原因是投资者本身对艺术品投资的理念还不清晰,更为重要的另一个原因是相关的艺术品投资产品不像其他金融投资产品有那么多的从业人员进行引导。艺术品投资市场存在较为突出的人才匮乏问题,该市场对具有艺术鉴赏能力、专业知识与金融评估能力的复合型人才的需求大幅提升。

为了进一步配合上海金融中心建设,以市场需求为导向,促进艺术金融创新,上海立信会计金融学院工商管理学院于2015年在全国率先开设了艺术金融管理专业。

一、成立艺术金融管理专业的多学科融合背景

现代学科交叉融合是当今时代发展的必然趋势,单一学科研究的时代已经一去不返了,多学科理论体系的知识融合已是许多新学科的重要特点。因此,在构建艺术金融管理专业学科体系的过程中,工商管理学院事先进行了大量的调研和论证工作。

从学科发展上看,艺术金融管理专业是由多门学科融合而形成的综合性专业,根据其实际教学内容,该专业方向由艺术学、管理学、经济学等学科组成。

现行的国家《学位授予和人才培养学科目录(2011年)》(以下简称《学科目录》)显示,目前我国有13个学科门类,学科门类下分设有110个一级学科,一级学科又下设375个二级学科。

在《学科目录》中,工商管理是管理学学科门类下属的一级学科,其中包括工商管理、物流管理、市场

营销、人力资源管理等多个二级学科。工商管理专业中的艺术金融管理方向属于二级学科中多学科融合方向，重点是培养市场急需的艺术金融管理领域的专业性人才。因此，对该专业方向人才的培养研究，首先要搞清楚是哪些学科门类交叉形成了该专业方向的研究基础，以及该专业方向的学科知识体系组成关系如何。

首先，该专业方向与艺术学有着密切的关系。其相关从业人员必须有丰富的艺术人文素养，以及对艺术理论、艺术史有着深厚的学术背景。艺术学必然是艺术金融管理学科架构中的一个重要学科板块。

其次，艺术金融领域的实践多为经济活动。它不仅包括市场运作和营销的内容，还涉及许多经济学的知识，特别是应用经济学领域中的经济学现象、经济学原理等。由此可见，整个艺术金融管理学科架构反映了艺术学、管理学、经济法和法学等多个学科的融合。

再次，艺术金融管理方向是直面市场的实践活动，较为常见的艺术金融模式有艺术品基金、信托、保险、银行、拍卖等。无论哪一种艺术金融模式，其有效运作都离不开良好的管理。这种管理既有对人的管理，也有对物的管理；既有业务层面的管理，也有组织层面的管理。因此，管理学在艺术金融学科架构中更是必不可少的一个重要的组成部分。

最后，从学科架构体系来看，在教育部公布的《学科目录》中，管理学门类中包含一级学科工商管理学，下设企业管理和技术经济管理。虽然两个学科知识与艺术金融都存在一些关联，但是相比较而言，管理学中的工商管理专业所包含的市场营销、行政管理与人力资源管理与艺术金融管理的联系更紧密。

从大的学科体系来看，艺术金融管理人才不仅需要有良好的艺术学科素养，而且还要有较好的经济学理论以及管理学方面理论的知识储备。但是受到艺术金融管理本身特性的影响，该学科存在较为突出的复杂性和多样性。艺术学科的知识点并不足以覆盖学科整体知识结构，也不能直接应用于当前的艺术金融管理学科建设中，其必须具备足够的经济学和管理学的知识，经过专业提炼后才能初步勾勒出艺术金融管理专业课程体系的轮廓。由此来看，艺术金融管理作为商科性质的工商管理专业更为适合。

由于工商管理专业（艺术金融管理方向）的发展历史还相对较短，它在实际教学中也存在许多问题。从而该专业方向的教学与研究应更为严谨，其规划建设应更为细致。

二、艺术金融管理人才培养创新实践

（一）树立人才更加专业化的培养目标

上海立信会计金融学院工商管理学院在"艺术金融管理"人才培养计划中以学校的行业特色为依托，积极倡导"艺术赋能金融，金融传承艺术"理念。

以培养专业人才为目标，细分不同就业目标市场，将课程分为"艺术品交易机构""文化事业管理机构""文创产品开发""艺术营销"等几个大的模块，鼓励学生根据自身喜好和特长进行学习和实践。

同时，工商管理学院新生在入学时不分方向，统一为通识教育课程，大二时再根据学科规划及本人成绩和意愿进行划分。这样既保证了基本学科素质统一，同时也为后期的专业课学习打下了良好的学习基础。

（二）人才培养内容更加多元化

上海立信会计金融学院工商管理学院在艺术金融管理专业方向建设中，注重教学模式创新，以激发学生的自主学习精神和兴趣。学院以学生为中心，配置不同的课程教学与实践体系，借鉴和参考如日本、韩国等职业教育相对成功国家的经验，采取"二元化"教学培养模式，即学校和企业分工协作，共同完成职业人才培养目标，在学校进行场景化教学模式，在企业实行项目分类实践教学模式，互相取长补短。这样既弥补了学校教育中缺乏的实践环节，又让学生在进行系统实践后缩短了自身融入社会的适应期。

(三）人才培养内容更加全面、立体

从培养合格的艺术金融管理人才角度出发，工商管理专业（艺术金融管理方向）将本学科的知识体系划分为艺术金融基础学科基础理论知识、艺术金融学科专业理论知识、艺术金融学科实践应用知识和艺术金融学科补充知识四个分支体系，对应的课程群分别是艺术金融基础理论课程、艺术金融管理专业理论课程、艺术金融管理实务课程和艺术金融管理选修课程。

其中，艺术金融基础学科基础理论课程包括中西方艺术史、管理与经济学基本理论、艺术基础实践等。学习艺术史的知识可以使学生了解艺术品的发展历史；而学习管理与经济学知识可以提升学生的专业能力；实践操作则能够进一步提高学生的艺术鉴赏与管理能力。

艺术金融管理专业理论课程包括金融机构和平台运作，艺术金融领域（艺术银行、艺术品产权交易、艺术信托基金、艺术品质押等）知识产权保护等。

艺术金融管理实务课程包括艺术策展、艺术画廊及艺术展会管理等。

艺术金融管理选修课程则包括艺术品市场实践、艺术文化交流、艺术品鉴赏等。

这些课程按照一定的逻辑关系进行组合，构成了艺术金融管理复合型人才培养方案的核心内容。

（四）完善学科师资队伍建设是重点

工商管理专业（艺术金融管理方向）的成立与发展首先需要解决师资问题。结合我国高校教师团队组建情况来看，该专业方向作为一门综合性学科，也对教师的知识结构、专业能力提出了较高要求。

为建设高素质合乎艺术金融管理专业需求的教师队伍，一方面，学院选拔骨干老师参加"国家艺术基金项目——艺术金融人才培养计划"、复旦大学国内访学计划、中央美术学院艺术金融人才培养课程等；另一方面，学院积极从复旦大学、上海交通大学、东华大学、上海财经大学等多所高校引进专业人才，丰富专业教师梯队，以"分类引导、科学评价、强化激励、动态调整"为教学原则，积极鼓励教师利用课外时间努力进修和学习艺术金融方面的知识。

目前，该专业的老师大都经过艺术金融方面的培训和知识提升，有着艺术学、经济学与管理学方面的复合专业背景。学院许多专业老师以撰写论文、实践策划以及教学创新等形式活跃在国内艺术金融教育平台，锻造出了一支具备广阔的国际视野、深厚的传统底蕴、优秀的教学与艺术金融实践能力的师资队伍。

（五）完善人才培养的综合评价体系

创新型人才的培养必须落实到具体的人才培养综合评价体系标准上，而作为传统课堂"水课"式的讲课方式难以满足艺术金融管理专业发展需求。因此，学院根据艺术金融管理相关课程的教学计划和教学内容，采取专业课程弹性机制，推行"三元化"教学方式，即根据学生实际学习情况将课程分为三部分：首先，学生在校内开展理论知识学习，并完成相应的课题；其次，教师带领学生参加校外实践活动，在掌握一手资料的基础上熟悉操作；最后，师生返回学校对理论、实践学习情况进行总结，在发现不足的基础上解决该问题。

在理论教学中，学院将平时考核与期末考核按照一定比例进行划分，将作业、课堂笔记、调查报告等体现在最终成绩评定中，从而提升学生平时学习的积极性，使学生更加重视平时的考核内容；学院也建立了与之相对应的学习评价系统，利用该系统对学生的学习情况进行评价。在必修课考核上，学院始终推行全程引导、全程监测的模式，对学生的学习以及教师的教学效果进行考察，根据不同的教学要点梳理出不同的教学目标，按照多点评价的方式来完成教学全过程综合评价体系。

（六）多平台进行学科交流与研究

工商管理专业（艺术金融管理方向）作为一门复合型的专业，实际教学中必然会包含艺术学、经济学与管理学等内容。因此，其课程建设既要严格制定学科教学规划和人才培养目标，也要积极关注行业和市场的发展和趋势，不断获取最新的前沿知识。这样才能正向促进教学体系的不断完善和创新。

基于该思路，上海立信会计金融学院工商管理学院在学校支持下，依托学院专业教师成立了艺术金融研究所、现代文化产业研究中心等学术机构，以从学术理论上对艺术金融产业进行相关研究。

此外，学院教学团队通过开展行业间的交流与合作，举办和参与各种行业内的论坛活动，在艺术金融研究领域发表专业理论研究文章，以及与同行积极探讨和沟通教育教学过程中出现的问题。

同时，学院还与艺术金融相关企业成立了艺术金融产业共建中心，让专业老师直接参与企业的各类横向课题研究，为企业进行人才培养和人才输送。此外，学院以企业为实践基地，贯彻实践教学体系，企业各类带教人员既是学生在校时的带教老师，也是学生的职业规划老师，深入全面地帮助学生了解市场、熟悉企业运作。

三、艺术金融管理人才培养机制改革成效

经过数年的摸索和实践，上海立信会计金融学院工商管理学院在艺术金融管理人才培养机制改革上取得了一定成效。

首先，该专业广阔的市场就业环境及背景激发了很多同学对学习此专业的兴趣。在学院每年选专业过程中，艺术金融管理方向都是学生积极选报的专业。

其次，该专业开设了大量艺术金融管理实践、艺术营销实践以及艺术金融平台实践等课程。一方面，学院鼓励老师带领学生积极从实践中消化吸收课堂知识；另一方面，学院依托行业院校特色通过提供博物馆、拍卖行、画廊、艺术电商等实践平台机会为学生提供观摩学习、实习机会。同时，学院还聘请有经验的专家（如中国人民大学中国艺术品金融研究所副所长黄隽教授、复旦大学蒋昌建教授、上海国家珠宝玉石检测中心检验科周淞崧科长等）以讲座和短期培训结合的形式与学生们进行互动交流。

再次，作为学院重点扶持和鼓励的专业，在其课程学习中，学院领导和普通教师分别以听课和专业指导的形式来帮助教学提升。该课程提倡的学以致用的学习模式不但激起了学生专业学习的浓厚兴趣，还从具体案例角度进行了大量实践和调研。这些形式得到了学院的一致认可。

作为艺术金融重要的实践检验环节，学院积极鼓励学生参加各类与文化及艺术创意方面有关的比赛，在各类比赛中检验教学成果。自开设专业以来，该专业的学生已在全国大学生白金创意大赛、全国大学生营销策划大赛、深圳文博会大学生创意大赛上、上海"汇青春"大学生文化设计大赛等多个比赛中拿到一等奖、二等奖以及金奖、银奖等多个奖项。

截至2021年4月，上海立信会计金融学院工商管理学院工商管理（专业艺术金融方向）的同学均顺利就业，就业率达到98%，他们的基本就业方向均为艺术交易中心、艺术类事业单位以及相关艺术和金融投资机构。

四、艺术金融管理人才培养机制改革的反思和总结

艺术金融管理作为一门新专业方向，融入了艺术学、经济学、管理学等多学科，其学科跨度大、课题新，对专业师资队伍建设提出了挑战。

作为一个多学科交叉融合的新专业方向，艺术金融管理专业目前在国内尚无完整系统的师资培养体系。这是由于现阶段的大多数经管类学科老师缺乏艺术理论、艺术鉴赏相关方面的背景，具备艺术背景

的教师又大多缺乏经济、管理类等知识储备,部分课程只能整合教师专业背景以及协调相关院系师资来进行教学,整个学科规划和建设中资源分散、效率降低。特别是在缺乏丰富专业背景教师的情况下,许多专业实践课程设置难以发挥出应有的作用。

同时,艺术金融管理是艺术市场与金融资本融合后的创新型产物,它对市场需求的反应极为敏感和重视。遗憾的是,由于该学科太过复杂和创新,现有的教材以及相关教学资料都严重滞后,教师只能根据授课内容整合现有资料进行备课和教学,学生的课程自学及复习不可避免会受到一定影响。

除此之外,艺术金融管理中的"管理"指的是实践参与,需要在丰富的实践中不断锻炼个人的眼光和判断力,对职业化素质需求较高。这些实践经验可以被分为金融、艺术、市场与产业实践等,更需要较多的实践基地和企业一起参与。但由于艺术金融企业在国内还属于小众,现有的实践场景和环节实际难以覆盖所有学生。

更关键的是,艺术金融管理实践中涵盖艺术品拍卖、艺术银行、基金等行业,这些行业对操作者有较强的职业素养要求,他们必须具备较强的艺术、金融、管理知识水平才有可能适应行业岗位。因此,实践操作经验不足的学生在进入这些工作领域后,难以迅速满足各行业的真正需求。

五、总结

针对上述情况,上海立信会计金融学院工商管理学院始终坚持在教学改革中摸索和总结经验,积极在教学过程中不断调整,多元化开展理论结合实践的活动,从而积累丰富的教学经验,也为学生创造了较多的实践机会。

随着我国文化强国战略的提出,以艺术品为核心的艺术金融体系也逐渐获得了更多发展机会。艺术金融管理这个新专业方向在不断践行工商管理学院"面向区域,服务行业,国际视野,本土实践"使命的同时,还在努力探索艺术文化产业在金融领域中的拓展思路,为加快建设上海国际金融中心进程提供可靠人才保证发挥着积极作用。

参考文献

[1] 何爽.创新型艺术金融管理人才培养模式的研究与实践[J].经济研究导刊,2013,16:33.
[2] 祝捷.论新时代下艺术金融人才的培养[J].陕西教育(高教),2018,7:21.
[3] 刘双舟.对艺术金融学科知识体系的初步思考[EB/OL].(2017-02-06)[2022-11-14].http://www.sohu.com/0/125932880_488969.

作者简介

王　剑　硕士,上海立信会计金融学院工商管理学院讲师;主要研究领域为艺术金融管理;联系邮箱为850236728@qq.com。

商科教育的产业升级服务功能解析
——新文科背景下商科交叉复合人才培养模式探索

高丽敏

摘要 本文提出新文科背景下的商科教育旨在服务产业升级功能背景下的交叉复合人才培养模式。首先,本文以国际商务理论课程的具体课程内容设计为例,阐述该模式运用"基础案例+扩展案例"的线上线下混合式教学方法。其次,本文通过案例设计和线上课堂扩展案例训练模块中的跨学科多行业领域基本原理和新实例科学配置,培养学生多学科交叉快速学习与专业逻辑思维相结合的分析和应用能力。最后,本文运用该模式积累的教学反馈数据进行培养效果评价。

关键词 商科教育 交叉复合人才 产业升级服务功能

一、模式提出背景

本文所讨论的问题立足于国际商务本科专业教学内容设计改革,聚焦专业核心理论课程。教学内容设计改革的目标是与时俱进地培养我国产业升级、创新经济发展中所需的商科专业人才,包括教授内容与专业的、复合型的逻辑思维能力两方面。这与我国现阶段经济发展特征密不可分。国际商务学科所涉范围较财经类其他专业更广泛、实践性更强,因而其教学内容设计对于与时俱进的要求也更高。

传统的国际商务专业教材以及教学设计来源于传统的产业特点、市场结构特点以及当时的全球产业链分布特点,讲授的知识理论与彼时现实一致。然而,正如摩尔定律所揭示的存在于信息技术领域的技术进步速度一样,这种指数级速度在当代亦出现于绝大多数行业,并且时时有新的行业诞生。这些日新月异的行业变化恰恰是国际商务专业培养的人才从业创业的未来常态。大学教育一直流传的说法是"学校里学的大多数知识毕业后都是没有用的",如果国际商务专业的教育也因循传统、事事如初,那么这种说法在本专业里将表现得更为极端。

这就是本文所要聚焦的教学内容改革设计的本质和任务。学生发现自己在校内所学的大多数内容都"没有用",这是因为学生只学到理论本身,而专业的思维逻辑能力、分析问题的视角转换能力以及对交叉领域、周边学科的关注和快速学习能力没能得到足够强化的培养。国际商务的专业理论多来自对实践问题的总结和抽象,因此,学生快速学习多学科认知思考的能力相对来讲则更加重要。这种能力也是在各个行业飞速突进、蛙跳式技术创新层出不穷的时代中更为重要的能力。

当今,如果本专业的毕业生都集中在诸如互联网销售领域之类,那么其实这并不是专业教育的功劳:因为本专业的人才应该在各个行业,尤其是智能化产业的商务活动中贡献出其专业素质、专业能力。具体来讲,国际商务领域的从业者不能只停留在以商言商的层面,而应对产业链特征、技术路线等技术领域有充分的理解和丰富的知识学习能力。因此,产业链的变化以及微观技术层面的快速变迁,要求商务活动者具备优秀的快速学习能力、交叉学科的广泛学习能力。这些能力的获得应该在学校教育阶段就形成意识、养成习惯。

笔者基于以上思考，提出以下教学模式教学模式：综合运用线上、线下课堂两种教学手段，通过对课程理论与扩展学习的合理配置，充分调动学生对广泛学习与专业思考的兴趣，达到对其专业素质与交叉领域学习能力的有效培养。

笔者提出这一教学模式改革的基础如下：一方面是教学的内容基础，国际商务教学有关的案例库建设是必不可少的，其中的案例来自各个行业的实践案例、典型现象研究等；另一方面则是教学的工具基础，在线课程教学为行业知识、交叉领域的范围扩展提供了快速而多样的教学工具，从时间上、教学形式上、学习效果反馈质量上都为该模式提供了便利。

二、模式探索

（一）研究现状

到目前为止，在交叉学科教育方面，多数研究倾向于教学团队间的合作或者教学团队建设方面的交叉，说到底还是教师之间有分工，他们通过组织协调来完成教学的交叉。

刘泉、兰义华、徐安凤等（2020）探讨了大数据专业的多学科交叉融合教学模式，提出人才培养组织结构、课程体系构建、基于项目的应用能力培养三者相结合的建设思路。该模式针对的是大数据专业，该专业囊括的学科较广，但其核心还是与数据挖掘、机器学习有关的工科课程。黄圆圆（2020）研究了伦敦大学学院2014年提出的综合工程项目。该项目主张将课程模块化，通过场景学习为学生提供跨学科学习的机会，学生在问题引导下进入学习过程，该学习过程是跨模块的，这一方法在提高学生解决实际工程问题的能力与团队合作技能的同时实现了跨模块的学科交叉教学培养。该模式聚焦工程学内部专业。符学龙、蒋道霞、嵇正波（2020）的研究从工科教育入手，为学生引入管理学教育，从而培养"工管"融合的人才。该模式包含七个方面：工科课程的思政融合、相应的人才培养体系的构建、综合多种教学手段的教育教学体系的重构、师资队伍整合的"双师型"实践能力培养、校企合作机制体制创新、产教协同创新平台建设和"1+X"证书制度落实。该模式的突出之处在于课程体系设计将核心职业能力培养作为主线。该模式以工科为主，让工科学生具备相应的管理学素质。本文讨论关注的重点是财经专业学生的多学科，主要含理工科素质和能力的交叉。

以上述研究为例，在实施这些模式的过程中，学生对于课程与课程之间的逻辑联系难以通过教师的课堂引导建立起来，在本科教育阶段要学生自己领悟是很难的。如果我们把这种交叉学科教学模式看作是教学安排的横向交叉，那么本文提出的就是教学安排的纵向交叉。

（二）模式设计

本文所提出的纵向交叉的教学安排是指在专业内的各门课程内容设置层面引入多学科领域进行延伸教育。具体来讲，以国际商务理论课程的内容设置为例，通常该门课程的教学实施需要丰富的案例训练来支撑，其所采用的教学案例需要有足够的逻辑思维深度，这样才能够将课程的内容脉络充分讲透。然而，该门课程区别于其他专业或课程的地方在于，该课程的理论本身只有负载于具体的企业或产业实例才能体现课程内容的深度。比如，数学教学中学生对于内容深浅的体验只要用难易程度即可直观地对号入座，但是国际商务教学中学生对于内容深浅的体验是很难自我度测的；如果没有紧贴实例的充分讨论和思考，学生会认为自己掌握的深度已经足够，当实例训练完成之后，学生才知道最初的概念、定理等理论知识的学习其实是非常浅薄的。而在此之前，学生会认为自己达到的深度就是深度的尽头，他们自身的思考缺少方向感。

在这过程中,如果我们换一个视角:对于案例训练中使用的教学实例所涉及的企业行为或产业现象,学生如果没有足够的该领域的背景知识,就不能理解对实例中所涉及的问题本质。基于这样的案例训练,学生如何深刻透彻地掌握所获得的理论认知、逻辑思考能力呢?

以中国的工业母机行业自主发展为例,该案例训练要求学生掌握企业的市场进入决策和博弈分析方法,厘清全球市场竞争中的产业链竞争、每一环节的产品升级竞争,在此基础上讨论企业的进入点和进入顺序方案,从中确定最优进入方案。为了获得最好的学习效果,该案例中的跨学科内容要深入工业机器人的上中下游三大模块——减速器、伺服系统、控制器,学生要对每一模块中的核心技术的相对难度有清晰的了解,知晓每一核心技术中的重要零部件的升级难点;在对技术领域有了足够的了解之后,再进入全球市场上各环节的市场结构分析,从而进入产业组织学习的层面;最后回顾体验企业进入的博弈分析逻辑究竟是如何运用的。

这些关于工业机器人的知识和背后的工作原理又可以出现在此后的国际商务谈判或者战略管理等课程中,来回答诸如企业谈判方案的筹码是基于产业链某上游或下游的独占或者怎样的一种竞争关系之类的问题,从而学习课程中的专业技能。

我们在产业链分析过程中涉及全球产业链分工和低、中、高端分布的历史沿革,思政教育主要安排在这个环节。

我们可以看到,多学科交叉的情形在一门课程中会多次出现,如学生在一门课程中遇到和学习过的外专业知识或许不久后又会在另一门课程中的某个问题中再次出现。各学科知识是在非常微观的层面交叠在一起多次出现的。在每一门课程的教学过程中,学生都被要求思考各种问题,思考的过程始终是建立在多学科知识储备与快速学习能力基础之上的。也就是说,这一模式并不是简单的解构、分工和组织,而是根据内容进度所设计的交叉领域学习。

(三)模式实施过程

该模式的目标达成需要学生获取两种能力:一是贴近跨学科专业领域的沉浸式思考能力;二是大量多学科新知识的快速学习能力。这两种能力的获得可以运用"基础案例+扩展案例"混合式教学法来完成,并需要通过以下两方面工作来实现。

1. 贴近跨学科专业领域的沉浸式思考能力的培养

这一能力主要来自基础案例训练阶段的培养。在基础案例教学过程中,教师设计问题引导线路,学生对每一个问题进行深入思考和讨论。为了更好地接近问题的真相,学生必须非常仔细地对案例所涉及的学科专业知识进行学习了解,掌握其专业逻辑和基本原理。由于整个过程是在讨论中发生的,面授课堂上教师的实时引导会让学生始终处于一种兴奋的状态,他们会更快乐地获得这种能力。

2. 大量多学科新知识快速学习能力的培养

这一能力主要来自扩展案例阶段的培养。我们把大量的各专业新知识,特别是新业态、新科技、新产业链分工分布等,以扩展案例材料的形式发布给学生。"新、奇、特"也恰恰是本科阶段的学生特别感兴趣的部分。当学生具备了我们在基础案例训练阶段培养的逻辑思维技能之后,他们会自觉地将其运用于这些新信息的认知分析上面。这一过程也会促使学生养成短时间内快速接收学习各学科知识的习惯和能力。这一阶段主要在线上课堂完成,由于学生需要以书面的形式表达其评论和观点,书面会比口头发言的形式更有助于学生厘清思路。这样他们最终呈现出来的学习训练成果才会更为准确、逻辑清晰、细致深刻。

在此,对"基础案例+扩展案例"混合式教学法进行简要阐述。该教学法是我们针对本门课程混合式教学试验改革经验的归纳总结,详见。简单来讲,课程的案例教学是主要的教学实现途径,贯穿教学全程。案例教学的过程又分为基础案例训练和扩展案例训练两部分。每一个专题都由主体的基础案例训练将专题所要求的知识点和分析方法传授给学生,学生在此学习过程中以讨论、思考为主,在教师的问题引导下挖掘出案例分析中隐含的知识点并掌握相应要求的分析技能。这一部分以教师引导为主线、学生讨论为主体来实施，主要通过线下面授课堂进行。大多数专题下面都配有1~2个扩展案例，扩展案例所涉及的标题都非常新颖，紧跟全球商业、科技领域的最新进展，以知识介绍为主，更容易激发学生的兴趣；学生可在学习的基础上自主运用已掌握的国际商务专业知识和分析方法进行其发散性思考和讨论，提出自己的观点，教师对其进行点评。这一部分以学生分析为主，教师点评为辅，主要借助线上课堂的资源和学习发言工具进行。

在上述两阶段训练之后，两种能力培养的效果评价是比较容易显性化的。

三、改革和实践检验

模式改革的实践活动在线下面授课堂和线上课堂一起进行。

每开课学期面授课堂的前三周课堂发言参与率均不足10%，发言质量基本为0；从第四周开始，发言参与率会较快上升，至第10周发言参与率可达到60%左右，发言质量基本呈匀速上升，第10周大约60%的参与发言者中会有40%左右可以通过讨论得出正确答案，另外经教师的问题引导获得答案的比例过半。从第11周开始至课程结束，发言参与率会在期末接近或达到90%，但新增的发言质量提升并不明显。具体如图1所示。这说明，最后参与发言的学生对培养目标的真正达成是差强人意的，但其参与的态度在整套模式的学生参与氛围中受到了感染，至少获得了积极思考的习惯。

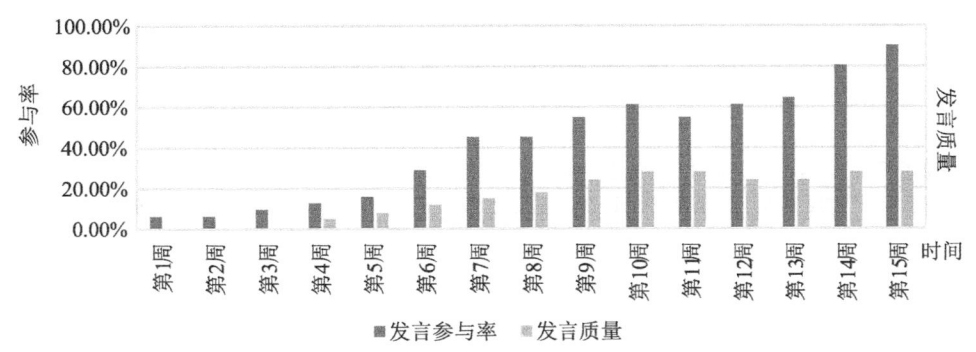

图1　课堂发言趋势图

每开课学期的线上课堂扩展训练发言讨论区，整学期的发言参与率都非常高，接近100%。但是前三周的发言质量基本为0，这与基础案例训练的结果相当，也容易解释，因为基础案例训练阶段的不适应和入门的困难，学生在基础案例训练阶段所学知识较少，没有足够的能力来解决扩展案例中的问题，甚至没有能力对此提出问题。第四周开始，学生的发言质量匀速上升；并在学期半程时开始出现学生发言之间的互评和辩论，互评和辩论的问题质量较高，答辩质量逐步上升，但总的来说互评和辩论的参与率整学期内不超过40%。我们估计其原因主要是书面发言的方式如果相互阅读点评耗时较多，如果线上教学平台增加讨论区的语音功能，参与率会有明显改进。总的来说，有了足够的思考时间之后，扩展案例训练的线上任务可更好地反映出全体学生的能力进步。

四、改革成效

课程在期末考试周有一次书面考试。从卷面分析来看，试题构成的主观题与客观题比例为1:1。其中，客观题主要考查基础案例训练中的专业理论知识掌握情况，题型包括单项选择题、多项选择题、判断题；主观题以大案例的方式，学生的专业逻辑分析能力和跨学科资料快速学习和应用能力都设计了有效的考查评价,题型为案例分析题。卷面答题的评价结果呈正态分布,中位数在80~85分波动。考虑到试题难度和答题时限的影响,该结果表明模式改革的方向和措施是有效的。

总评成绩中卷面成绩与平时成绩的比例也是1∶1。学生在全程,尤其是后半程线上线下课堂积累的成绩会让总评成绩高出卷面成绩。从平时成绩的得分时段分布看,本课程中的多学科交叉学习能力的培养目标是科学和有效的。

五、主要结论

我们以国际商务课程内容设计为例,通过对新文科背景下商科教育中的多学科跨领域交叉人才培养模式进行了完整的阐述。第一,本文强调商科人才多学科交叉能力的培养是在课程内容设计层面的一种新的思路和措施,旨在满足国际商务人才教育培养适应科技创新加速发展、行业升级、新业态加速出现的新的经济发展时代的要求,为我国充满活力的经济发展提供面向实业的优秀商科人才。第二,本文提出实现这一培养目标的具体教学方案,即充分合理地使用线下线上混合式教学手段来有的放矢地达成能力培养目标。当然,由于该模式和教学方法的实践时间较短,现有反馈数据较少,模式的有效性需要未来更多实践和反馈信息的检验。

参考文献

[1] 刘泉,兰义华,徐安凤,等.多学科交叉融合的大数据应用型人才培养模式探索[J].计算机时代,2020,11:89-91.
[2] 黄圆圆.新工科背景下工程教育教学质量保障路径研究——以伦敦大学学院综合工程项目为例[J].物流工程与管理,2020,12:180-184.
[3] 符学龙,蒋道霞,嵇正波.新工科建设背景下"工管融合"人才培养体系构建与探究——基于江苏财经职业技术学院智能制造实训中心建设视角[J].机械职业教育,2020,12:44-49.
[4] 高丽敏."基础案例+扩展案例"国际商务本科教学模式研究[J].高教学刊,2021,10:90-97.

作者简介

高丽敏 博士,上海立信会计金融学院国际经贸学院讲师;主要研究领域为产业组织、国际商务;联系邮箱为 gaolimin@lixin.edu.cn。

国际化、应用型财经人才培养的海外经验借鉴与启示

沈月红　方　正

摘要　为适应新技术影响下的经济金融发展趋势,应用型财经类高校需要培养高素质、具有国际视野的应用型财经人才。英国、澳大利亚、芬兰和波兰建立了完备的应用型人才培养机制。这些国家的高校通过设置以市场为导向的人才培养方案和实践教学、提供灵活多样的实践项目和国际交流项目、申请政府及欧盟资助项目、开展 AACSB 等商科权威认证、开展对标职业资格证书的衔接课程、实行合作共赢的校企合作制等方式来培养国际化、应用型财经人才。以此为借鉴,我国应用型财经高校应以市场需求和能力培养为导向来制定人才培养方案,通过建立多元师资队伍、推进国际交流、建立紧密的产学合作机制、开展国际商科认证等方式来推进国际化、应用型财经人才的培养。

关键词　国际化　应用型　财经人才培养

一、引言

2018 年 9 月,习近平总书记在全国教育大会上的重要讲话明确指出,要着重培养创新型、复合型、应用型人才;要扩大教育开放,同世界一流资源开展高水平合作办学。2020 年,在新冠疫情全球暴发,国际政治经济环境错综复杂、全球化遭遇逆流的背景下,教育部等八部门出台了《关于加快和扩大新时代教育对外开放的意见》,强调要推进我国教育现代化,加快培养具有全球视野的高层次国际化人才。习近平总书记的重要讲话和教育部的文件都指明了培养国际化、应用型人才的重要性。当前,我国处在经济转型升级的关键时期,金融领域发生深刻变革,经济金融市场对国际化、应用型人才的需求不断增长。地方财经高校应以培养应用型财经人才为己任,培养高素质的国际化、应用型财经人才是财经类应用型高校服务国家战略,适应区域经济和劳动力市场需求发展的必然要求。

英国、澳大利亚、芬兰和波兰四国都很重视和发展契合本国发展战略的人才培养模式,建立了较为完善、具有自身特色的国际化应用型人才培养机制,为我国高校人才培养提供了良好的范式。深入剖析英国、澳大利亚、芬兰和波兰四国在国际化、应用型人才培养方面的经验和做法,对推进我国地方财经类高校培养国际化、应用型人才具有重要的借鉴和参考意义。

二、海外高校国际化应用型人才培养的情况和主要经验

(一)英国高校

英国高校应用型人才培养模式开始于工业革命时期。19 世纪后期,随着工业革命的开展,一大批培

养高技能应用型人才的城市学院应运而生。城市学院坚持以市场为导向，主张教育为经济发展服务，在英国，为社会和时代需要培养应用型人才的教育理念开始出现。在英国政府的引导和政策支持下，通过一个多世纪的发展，英国高等教育应用型人才培养机制更加完善，形成了具有英国特色的国际化应用型人才培养模式。主要特点如下。

1. 与产业开展密切互动，以市场需求为导向开设专业和课程

英国高校拥有与产业界开展合作的优良传统。双方开展多种形式的合作，培养社会需要的"拥有实践技能和工作经验的大学毕业生"。企业为学校提供实习场所，并与高校合作开展三明治课程。高校为企业实施学位学徒项目，根据企业要求为员工提供定制化培训，邀请企业人员参与专业和课程内容设置，开设讲座，分享企业真实案例。高校通过与企业的合作，实时了解市场所需和产业发展情况，并根据市场情况灵活设置专业和课程内容，教授学生最新最前沿的知识和理念，不断提升学生的就业能力。

以英国思克莱德大学商学院为例，该校素有与产业界密切合作的传统，秉持学以致用的教学理念，学院荣获得小企业宪章金奖（small business charter gold award），用以表彰其通过创新、国际化和领导力等方式为当地企业的提升做出的贡献。商学院开设的管理发展项目（management development program）是极具应用型特色的科目。课程时长为3年，项目第1年课程以教师在课堂讲授为主，着重培养学生对课程理论部分的理解，第2年重点培养对特定行业具体场景的理解和认识，包括具体公司和案例的介绍，通过理论和真实案例的结合来加深理论在实践中的应用。课程第3年围绕在组织环境下的学生个体体验，主要由学生实习、研究和咨询（完成两个真实的商业咨询项目，1学期1个，以6个人为一组，为当地中小企业提供解决方案）、国际交流（1~2学期的国外交流学习）、参加垂直融合项目（vertically integrated projects，由不同学科、不同层次的学生组队参加研究项目）等组成。知名企业如巴克莱、德勤、宝洁、安永等不同行业的企业和思克莱德大学商学院的校友通过提供师资，提供企业真实案例和咨询项目、提供实习、主办或赞助项目比赛等形式参与管理发展项目。管理发展项目以实际问题为导向，把市场最新发展融入课程内容。通过该项目，学生积累了实际工作经验，提高了商业意识，锻炼了沟通能力以及团队合作、灵活度和时间管理等现今社会最需要提升的行为能力。

2. 注重通识教育和跨学科融合，重视国际化教育体验

英国高校注重通识教育和跨学科交叉，按照学科群和模块化来组织课程，培养复合型人才。高校鼓励学生赴国外合作院校交流学习，开阔学生的国际视野。以英国思克莱德大学商学院为例，商学院给与学生广泛的商科教育，以学科群来安排课程，鼓励学生同时学习不同专业的知识，学生除了修读会计课程，还可以同时修读金融、经济等领域的课程，商学院所有专业的本科学生均需修读管理发展项目课程，该课程涉及面广，其中的垂直融合项目（vertically integrated projects）就是一个跨学院的横向课题，包括比尔盖茨马桶挑战赛（bill gates toilet challenge）、冈比亚太阳能板（solar panels for gambia）和校内企业项目（enterprise in schools）。项目由不同年级、不同专业的学生一起完成，对学生极具挑战性，培养学生跨学科素养和团队协作能力。此外，思克莱德商学院与美国、加拿大、中国、法国等多个国家和地区的70多所一流大学或商学院建立了合作关系，为学生提供丰富的海外学习交流机会，学生大都选择赴海外学期交流或寒暑期短期研习，国际商业等专业的学生则必须在海外完成1~2学期的学习。通过各类国际交流项目，学生的跨文化沟通能力、国际理解能力以及专业知识和技能都能得到很大提升。

3. 开展权威职业资格认证和国际专业认证

英国商科院校积极开展职业资格认证，课程体系与职业资格证书相衔接，所授知识与产业和市场紧密关联。同时，申请通过AACSB等国际权威认证拓宽国际化教育资源，提升商科人才培养质量。以英国思克莱德大学商学院为例，该校自2004年就通过了AACSB、EMBA和EQUIS三大认证，商学院不同系和项目都获得国际产业认证，会计和金融系获得英国特许管理会计师公会（CIMA）和苏格兰特许会计师协会（ICAS）认证，人力资源就业系获得英国人力资源协会（CIPD）认证，酒店和旅游学历获得酒店协会认证，市场营销系有出口协会、皇家特许营销学会与市场研究协会认证。商科课程与职业资格考试相

衔接，拥有减免部分职业考试的机会。斯克莱德商学院学生的就业前景好，毕业生颇受雇主欢迎，根据英国《卫报》发布的《2021英国大学排名指南(The Guardian's University Guide 2021)》，思克莱德商学院的教学和职业前景满意度为85%。

(二) 澳大利亚高校

澳大利亚高校以应用型人才培养见长。澳政府为适应澳大利亚经济和产业发展对高素质应用型人才的迫切需求，解决"技术人员短缺"(skill shortage)问题，提高毕业生的就业竞争力，从20世纪90年代起开始在本科和研究生层次开展"工学结合"(work integrated learning)的教育模式，"工学结合"被定义为"在指定的课程框架内将理论与实践结合起来的一系列方法和策略"，旨在提升学生的应用能力，培养"毕业就做好就业准备"(work-ready graduate)的应用型人才。在政府一系列有力举措和政策资金的支持下，经过多年积极的探索、改革和实践，澳大利亚高校在国际化、应用型人才培养方面已经形成了自己的特色和优势，赢得了良好的国际声誉。澳大利亚国际化、应用型财经人才培养的特点包括以下几点。

1. 注重学生实践应用能力的培养

澳大利亚高校奉行"以学生为本"的办学理念，尊重学生个性，以多种方式激发学生潜能，鼓励学生自主学习，培养学生实践应用能力。

以澳大利亚麦考瑞大学为例，该校强调以学生为中心，通过提供灵活多样的学习和实践项目来提升学生的就业能力和综合素养。该校创建了独具特色的国际化应用型人才培养项目：主要有以提升就业力为核心的"专业和社区参与项目"(professional and community engagement, PACE)，以构建创新实践能力为核心的CO-OP合作教育项目(cooperative education program)和加强学生跨文化理解力的全球领导力项目(global leadership program, GLP)。PACE项目是麦考瑞大学的特色旗舰项目，该校与政府机构和多家公司合作开展PACE项目，为学生提供广泛的实践实习机会，并给予学生PACE项目学分。CO-OP合作教育项目目前主要集中在商学院的会计和精算专业，把理论学习与实践应用高度融合起来，课程由大学与企业共同开发。GLP项目形式多样，内容丰富，包括研讨会、主题发言活动和实践活动。这些项目极大地提升了学生的全球公民意识、实践应用能力和就业竞争力。

2. 开展全方位的国际交流与合作

澳大利亚高校高度重视国际交流的开展。一方面，因为澳政府将高等教育作为出口服务业和最大规模的出口产业之一，吸引国际学生来澳留学是澳政府和高校创收和提升就业质量的重要途径。另一方面，澳大利亚高校通过推行国际化战略，提高人才培养质量，提升澳大利亚高等教育在全球的竞争力，进而吸引更多国际学生来澳大利亚留学。

麦考瑞大学通过开展国际科研合作、支持学者互访、建设国际化的师资队伍、提升服务体系吸引国际学生、增加本土学生海外交流学习经历、建设国际化在线课程等方式积极推进国际化战略。麦考瑞大学的全球领导力(GLP)项目对国际学生融入大学校园及本土学生参加海外交流项目具有重要作用。PACE项目的合作伙伴包含不同国家和地区的企业，除了本土合作伙伴，学校还与15个国家和地区的40多家企业和社区发展机构开展了PACE项目合作，包括柬埔寨、斐济、印度、日本、秘鲁和越南等。

3. 重视产学合作，构建校企协同育人机制

澳大利亚高校与企业开展多方位、深层次的合作，开展工学结合项目，培养应用型人才。麦考瑞大学将合作共赢(partnership and reciprocity)作为校企合作原则，给予参与项目的学生和企业一系列指导，制定"接收企业指南"(Host Guideline)，明确学校、企业和学生在工学项目中的责任和任务，做好项目前后的准备、沟通、支持和协调工作。学校为合作企业提供其他合作附加服务：将合作企业纳入交流合作平台，加强合作企业互动和信息经验交流。同时，建立从上到下的管理和资源整合保障机制，成立专门的产学合作管理部门——"企业合作办公室"，专司校企合作，为企业合作提供高效率的一站式服务。学校对项目进行持续跟踪，在做好一系列支持工作的同时，运用多种手段和工具来测评项目的开展情况，每年撰写毕

业生去向调查报告(Macquarie University Graduate Destination Survey Final Report),出具 PACE 项目合作伙伴视角:实习项目合作方报告(PACE Partner Perspectives Internship Project-Participants' Report),了解和倾听企业合作方对 PACE 项目的反馈和评价,改进和提高合作伙伴的体验度。

(三) 芬兰高校

芬兰的高等学校分为研究型大学和应用科学大学。20 世纪 90 年代,芬兰政府为应对经济困境,改革不合理的教育结构,提升高校竞争力和人才培养质量,通过对原有职业教育机构的整合和归并,创办了多所应用科学大学。经过近 30 年的实践和完善,芬兰的应用科学大学已经发展成为芬兰高等教育的重要组成部分,其培养的人才受到社会和企业的高度认可,积累了与研究型大学同样重要的社会地位。芬兰的应用科学大学在国际化、应用型财经人才培养方面主要有以下几点。

1. 重视国际交流与合作

芬兰的应用科学大学高度重视国际交流与合作,积极开展国际化教学,开设英语学位课程,吸引国际学生来芬兰就读。例如,与全球高校开展广泛的合作交流,鼓励教师赴国外进修交流,积极申请和执行欧盟伊拉斯谟(Erasmus)项目,资助学生赴国外交流和学习,促进学分互认,便利学生双向交流,开展双文凭和联合文凭项目,创建多元化的国际校园。以芬兰哈格郝丽尔应用科学大学为例,该校是芬兰最具国际化特色的大学之一。学校高度重视国际交流与合作,制定专门的国际化发展战略,与全球近 200 所高校建有合作关系,与欧盟高校合作开展 Erasmus 项目,每年选派约 30% 的学生出国交换学习或者实习。学校开设 13 个英语授课的学位项目,部分芬兰语学位课程也提供英语授课的课程,吸引了 1 000 多名国际学生来校就读。

2. 以区域产业发展和职业需求为导向设置专业

芬兰的应用科学大学具有明确的办学目标,即满足区域发展对高技能应用型人才的需求,促进区域经济发展和社会服务创新。应用科学大学具有一定的课程设置自主权,学校可以根据所在区域产业需求发展情况和自身优势来设置专业和课程,以确保培养的应用型人才符合地区经济发展。学校也与本土企业和跨国企业开展密切合作,邀请工商业代表担任董事会成员,兼职授课,培养高素质、高技能、国际化的应用型人才。以芬兰哈格郝丽尔应用科学大学为例,学校根据赫尔辛基的产业发展情况设置了商业、旅游、酒店管理、新闻、信息技术、体育和休息管理等专业。学校和本土和跨国企业保持良好的合作伙伴关系,并指定人员专门负责与企业对接,在科研、培训、实习、课程、项目活动等方面开展紧密的合作。该校教学行政大楼的一些教室由企业出资冠名并由赞助企业设计和装饰。学校设有创业学院(Start-up School),为对创业有兴趣的或已在创业的学生提供课程和活动支持。

3. 建设高质量的国际化产学融合型教师队伍

芬兰的应用科学大学重视对教师的聘用和职业能力的提升。大学对教师聘用具有严格的标准,聘用的讲师学历要达到硕士以上,高级讲师需要获得博士学位或相应证书,高级讲师和讲师都需要有三年以上相关领域的工作经验。大学给予教师各类培训和国际交流的机会,鼓励教师提升教学能力和国际化水平。哈格郝丽尔应用科学大学的多数教师和管理人员具有丰富的工作经验,不少教职工在知名企业和政府机构任过职。学校与企业合作开展在职培训,为企业员工定制进修课程。学校注重校内国际化氛围的营造和师资国际化能力建设,为教师和员工赴国外交流学习提供机会,开展哈格郝丽尔国际员工周活动,邀请国外合作大学教职工来校交流管理经验,设置 Fulbright-Haaga-Helia 学者奖励,资助美国学者来校开展本科和硕士的教学,通过"派出去"和"请进来"等方式打造国际化的产学师资队伍。

(四) 波兰高校

波兰地处东欧,是欧洲的"十字路口",也是"丝绸之路"和"琥珀之路",地缘战略意义重大。在世界政治局势变幻和经济腾飞发展的大背景下,波兰需要保持可持续的经济增长势头。同时,自 20 世纪 90 年代起,波兰面临人口老龄化和生产力增速放缓等一系列挑战,亟须通过建设优质的高等教育体系来全面提高国民知识和技能水平,以技术创新推动经济发展。

波兰高等教育资源丰厚,华沙大学、雅盖隆大学、华沙经济学院、罗兹大学和克拉科夫经济大学等都是世界知名的高等学府,具有一定的国际影响力。各大高校以学生为本,注重挖掘和培养优势学科,结合人才市场聘用的大趋势,将实事案例、市场应用等引入课堂教学;注重培养师资力量的行业实践能力;积极参与欧盟师生交流及科研项目,如伊拉斯谟加计划等项目的申请,持续拓展高质量的国际交流合作项目,以提升自身高校在欧盟国家以及世界的影响力。诸多之处值得我们借鉴与参考。

1. 开展教育改革,采用以学生为本的培养模式

波兰自2004年加入欧盟以来,在高等教育方面进行一系列的改革举措。积极引进欧盟双阶段学制,即"3+2"或"3.5+2"的双阶段学制和欧洲学分转换制度(ECTS)。通常,财经类专业学生在完成3~3.5年的本科教育学习之后可以获得学士学位,管理类专业学生在完成3.5~4年的本科教育学习可获得学士学位。在此基础上,学生再通过2年的学习可获得硕士学位。新学制的采用保障欧盟成员国的高等教育人才培养时段和规格基本统一,促进应用型财经类人才在欧盟范围内的自由实践和就业。ECTS学分制度鼓励学生跨高校跨国进行基础课、专业课和实践实习课程的选修,学习成绩由课业学习时间、课业难易程度和学分进行综合评定及转换。ECTS学分制度以学生为本,注重并鼓励财经类学科学生挖掘自身的兴趣和优势,增强人才的流动与知识文化交流。与此同时,ECTS学分制度设置采用波兰语和英语教学的专业课程,大大加强财经类毕业人才的就业竞争力。

2. 注重国际交流与合作,为人才培养与科研争取更多资金支持

伊拉斯谟(Erasmus)计划是欧盟实施的各个成员国之间的高等教育交流计划,由欧盟全额资助,至今已有30多年的历史。从2014年起,欧盟首次将该交流交换范围拓展到欧洲以外的国家和地区,成为伊拉斯谟+(Erasmus Plus)计划。以波兰最早建立的三所经济类院校之一——克拉科夫经济大学为例,该高校于2014年开始广泛与欧盟以外的合作伙伴联合申请伊拉斯谟+计划师生流动项目和行业应用型比较研究项目。在过去8年中,克拉科夫经济大学通过该计划获得充分的自主权和资金支持,极大提高了与海外合作的积极性,与欧盟以外的高校建立高质量的科研、教学和交流项目,吸引了不少国外留学生来波兰就读。该项目促成波兰师生与欧盟以外国家的高校师生在教学、科研与实践领域进行充分的交流,在交流过程中,克拉科夫经济大学积极取长补短,迭代更新,将交流成果运用到自身的教学与科研改革中。波兰高校积极与海外财经类院校开展国际合作,加强师生流动和教学科研合作。在高等教育管理、教学与学术研究领域扩大国际视野,提升自身竞争实力及国际知名度。

3. 建立产教相融的教学科研机制,培养具备前沿行业知识和能力的师资队伍

波兰的高等院校大多与行业联系较紧密,突出特色学科,重视科研成果在经济等行业领域的应用,以及行业经验与案例反哺高等教育教学。以华沙大学经济科学学部为例,该学部的办学和科研宗旨在于为波兰经济发展作出实质性的贡献,解决实际经济和产业的问题。与行业开展紧密合作,将行业师资引进来,将专业师资送出去。不断更新课程体系及教学内容,与知识折旧作抗争。波兰政府为了实现学术研究国际化,建立了专门的研究机构,并提供配套经费支持。与此同时,波兰高校竞相与海外合作院校联合申请政府及欧盟科研项目,在充足的科研资金支持下,开展跨国经济比较研究,这将波兰高等院校学术研究活动引入良性循环轨道。此外,波兰财经类高校积极加入相关的学术科研联合会。波兰克拉科夫经济大学是东南欧及黑海地区经济类院校联合会(ASECU)会员之一,定期参加及举办学术会议促进学术研究的积极性和活跃度,这在一定程度上也提高了自身的影响力。在波兰不同城市和地区之间的高等院校不仅有竞争,还有合作。例如,罗兹大学、华沙经济学院等几所高校建立了联盟合作机制,定期举办学术成果沙龙、合作科研会议等,在交流与合作中加强师资队伍的学术科研能力,并进一步将成果融入教学内容中。

三、启示与借鉴

英国、澳大利亚、芬兰和波兰的应用型本科教育虽各具特色,但在以学生为本,以市场为导向设置专业和课程内容、重视国际交流与合作、开拓国际化教育资源、建设国际化的产学师资队伍,构建紧密的校企合作等方面有诸多共同点,带给我们较多的参考和启示。

(一)构建以市场需求为导向的人才培养体系

构建以市场需求为导向、以能力提升为核心的培养体系,秉持灵活性和综合性为原则,增加实践类课程的比重,是国际化、应用型财经人才培养的关键所在。第一,在课程设置方面,要根据地方经济产业发展、劳动力市场对人的需要,增加行业最新动态和发展情况的课程,联合企业人员组织和更新课程内容,设置校企联合课程模块,通过邀请业界骨干开设行业讲座、讲授市场案例、企业实习、CO-OP等方式不断提高学生实践应用能力。第二,在创新教学模式和评价模式方面,根据专业和课程特点灵活采用教学方法,通过创设互动活泼的教学情境,激发学生的学习兴趣和自我驱动力。充分挖掘校内外市场化资源建立实践基地,搭建跨国企业和国际组织机构的见习和实习平台,为学生创造丰富的社会实践和海外研习的机会,拓宽学生国际视野,提升学生的应用创新能力。

(二)开展国际交流与认证工作,提高人才培养质量

开展对外交流是培养国际化应用型人才的重要途径之一。地方性财经类高校结合自身具有特色的人才培养方案,积极开展对外交流与合作,推进国际商科认证和职业资格认证,以此拓宽人才培养渠道,提高人才培养的质量。国际商科权威认证AACSB和EQUIS都极为重视国际化的指标和与企业界的联系,开展AACSB等国际认证是"商业院校走向国际化的重要体现"。地方财经类高校应对标国际商科认证标准,设计人才培养方案、课程体系,加强教学软硬件建设,将课程与社会认可度高的职业资格认证考试相对接,建立质量保障体系,将地方性人才培养方案与国际化教育标准接轨,进一步提高财经人才的培养质量。

(三)打造双师型师资队伍

国际化应用型人才的培养关键在于国际化、应用型师资队伍的建设。首先,要优化教师的知识结构,及时更新行业知识提升教师国际化视野,通过选派教师赴海外进修学习、邀请外国专家学者来校开展培训,实现教师国际化学术交往能力的提升。其次,加大企业人员与高校教师的流动和交流,通过研讨、企业参观、合作科研等方式加强高校教师与企业兼职教师的交流,推进双方的有效融合,建立一支专兼结合、产学结合的育人团队。最后,应建立多元化的教师绩效评价体系,提供高校教师企业挂职等产业通道发展机会,增加教师实战工作经验,实现教师与行业的零距离结合。

(四)推进校企深度合作

加强应用型人才的培养,重点在于推进产学研融合,构建良好的校企合作。建立校企合作成功的关键是保障合作双方的利益诉求,思考如何匹配双方诉求,激励合作各方积极参与联合培养人才过程。结合我国的国情,第一,学校需要获得政府层面对校企合作的政策支持,通过政府的有力推动和政策引导,建立多方合力、各主体积极参与的联动机制,共同开展应用型人才的培养。第二,校企双方需要建立沟通和信息共享机制,通过充分协商和沟通,在人才培养、课程建设、高校教师和企业员工双向交流、科研技术合作等方面开展多方面的紧密合作,达到优势互补、利益共享、互利双赢的合作状态。在此背景下,人才培养才能与经济、社会和市场需求高效接轨。

参考文献

[1] 郑军,周宇轩.英国高校本科拔尖创新人才培养的经验及启示[J].杭州电子科技大学学报(社会科学版),2020(4):62-67.

[2] UNIVERSITIES UK. Routes to high-level skills[EB/OL]. (2020-08-21)[2022-11-15]. https://www.universitiesuk.ac.uk/policy-and-analysis/reports/Pages/Routes-to-high-level-skills.aspx.

[3] 许艳丽,李文.英国学位学徒制及其启示[J].高教探索,2018(10):43-49.

[4] STRATHCLYDE BUSINESS SCHOOL. About Us[EB/OL]. (2020-08-21)[2022-11-15]. https://www.strath.ac.uk/business/aboutus/.

[5] WORLD BANK. Are Robots coming for your job? Panel Discussion: New Technologies and the Future of Work[EB/OL]. (2020-04-09)[2022-11-15]. https://live.worldbank.org/are-robots-coming-your-job.

[6] 徐同文,陈艳.英国大学应用型人才培养机制探析及启示[J].高等工程教育研究 2013(4):111-115.

[7] UNIVERSITY OF STRATHCLYDE GLASGOW. Why Strathclyde[EB/OL]. (2020-12-21)[2022-11-15]. https://www.strath.ac.uk/shystrathclyde/news/strathclydeclimbsto15thintheguardiansuniversityrankings/.

[8] 杨万义.中澳高等教育比较研究[J].天津商学院学报,2004(3):51-54.

[9] PATRICK CAROL-JOY, PEACH DEBORAH, POCKNEE CATHERINE, et al. The WIL Work Integrated Learning Report: A National Scoping Study (2009-1)[EB/OL]. (2020-03-31). https://eprints.qut.edu.au/44065/1/WIL-Report-grants-project-jan09.pdf.

[10] 贺建秀,赵玉娟.澳大利亚应用型人才培养模式对我国地方本科高校提高人才培养质量的启示.辽宁省高等教育学会 2016 年学术年会暨第七届中青年学者论坛二等奖论文集.

[11] MACQUARIE UNIVERSITY. Global Leadership Program[EB/OL]. (2020-1-20)[2022-11-15]. https://students.mq.edu.au/experience/global-leadership.

[12] 杨钋,井美莹,蔡瑜琢,等.中国地方本科院校转型的国际经验比较与启示[J].国家教育行政学院学报,2015(02):83-90.

[13] HAAGA-HELIA. The Haaga-helia University of Applied Sciences[EB/OL]. (2020-01-20)[2022-11-15]. https://www.haaga-helia.fi/en/frontpage.

[14] 韩蕾,李延平.创新高技能人才培养模式:芬兰应用科学大学发展研究[J].职业技术教育,2019(15):74-80.

[15] 于莉.芬兰应用技术型院校的演变、特点及其对我国的启示[J].教育与职业,2019(14):97-100.

[16] 于越,张海."一带一路"背景下中博高等教育合作发展机遇与挑战[J].教育理论与实践,2020(18):7-9.

[17] 武学超,罗志敏.波兰新一轮高等教育体制改革动因、向度及评价[J].比较教育研究,2020(6):82-96.

[18] 单可.波兰融入欧盟高等教育一体化的举措与启示[J].台州学院报.2019(5):47-50.

[19] 郭明俏.波兰高等教育国际化的历史发展与新举措——兼议《波兰高等教育国际化计划》[J].西藏教育,2017(1):49-53.

[20] 刘江华.国家战略视域下 AACSB 认证的 SWOT 分析及其战略路径选择[J].黑龙江高教研究,2017(1):76-79.

作者简介

沈月红 硕士,上海立信会计金融学院国际交流处助理研究员;主要研究领域为高教研究;联系邮箱为 shenyh@lixin.edu.cn。

方 正 硕士,上海立信会计金融学院国际交流处合作交流科负责人;主要研究领域为高教研究;联系邮箱为 fangzheng@lixin.edu.cn。

教学方法改革

网络游戏与证券交易教学融合模式的探索

——三点融合网络游戏教学法

孙文华

摘要 证券交易是一项操盘技能,需要很强的"盘感",现有的证券模拟交易系统采用的是与证券交易市场同步的实时交易系统,缺少多频率反复操练的盘面机会。为提升学生证券交易的操盘技能,本文研究证券交易的网络游戏教学方法,采用观察法,通过课堂教学实践,观察并研究网络游戏教学法在课堂教学中的应用,总结出了教学点、知识点和体验点三点融合的网络游戏教学方法。游戏教学在我国本科教学中的教学应用研究还处于起步阶段,后期还有待于进行更多的实践与研究。

关键词 游戏教学　网络游戏教学　证券交易

证券交易的理论课程是较为枯燥乏味的。但证券交易恰恰又是一门技术活,从事证券交易,不仅需要理论学习,更需要交易技能的练习。

在大学阶段,学生还没有接触金融实务,对于现实中的操盘技术还没有基本的感性认识。大多数学生只是为了读书而读书,学习兴趣没有被激发。

为激发学生的学习兴趣,大多数学校在金融教学过程中会引入同花顺、东方财富、Wind 终端系统等软件。这些软件的应用突破了传统的理论教学,更强调学习的实务性,同花顺等证券软件能提供模拟盘,在传统教育过程中,对金融教学的实务有很强的支撑作用。

但是,这些软件都是"日交易"实操,时间成本较高,证券交易的体验感较差。而"炒股游戏"软件不同于"模拟炒股",可以将一个周期的交易在短时间内完成,并能感受到股票涨势和跌势的不同,以及实时的 K 线图分析体验。

一、教学游戏模式提出的背景

2021 年 7 月,中共中央办公室、国务院办公厅印发《关于进一步减轻义务教育阶段学生作业负担和校外培训负担的意见》,要求引导学生合理使用电子产品,控制使用时长,防止网络沉迷。事实上,网络游戏不仅对义务教育阶段的学生造成了各方面的影响,近期一篇《"精神鸦片"竟长成数千亿产业》的新闻报道将网络游戏称为新型"毒品""精神鸦片"。该报道在网上疯传,并掀起了国内舆论的热议。网络游戏对大学生的危害也很大,很多大学生在课堂上、在走路时,都会玩"王者荣耀"游戏。这已经影响了大学生的日常生活和学习状态。

兴趣爱好是需要引导的,"体验"对于大学生来说,是一个很好的触发学习动机的教学手段。

国内对于游戏教学的应用还处于初级阶段,有关这方面的研究集中在 2005 年以后,2000 年以前几乎看不到相关文献,同时也没有相关专著。但多数文献都强调游戏教学能够提升学生的学习动机,参与者会有一种有别于现实生活的情境,帮助其忘却现实而存在于特定的虚拟世界,促使其发自内心的参与活动。

支持游戏教学的教育方法集成了技术教学和内容知识的理论框架,通过游戏式的体验促使学生参与学习活动,其重要性已经有了充分的证明。游戏在所有文化中都被证明是人类经验和发展的普遍组成部分,是促进学习的最古老的设计人类互动形式之一。

朱毅等(2020)探讨了基于游戏化学习理论的混合式教学,提出混合式教学过程分为课前自主学习、层次分组、课堂实训、课堂总结以及课后作业五个环节。其中,课堂实训环节包含课前学习情况总结、教师操作示范、分组实训操作、形成性评价四个子环节。李懿(2019)探讨了"心流"理论在本科教育中游戏化教学的应用。胡弼成(2010)探讨了"游戏人"理论对大学教学的启示,提出"悦心悦神、悦耳悦目"的教学标准。张莉(2021)指出游戏化学习是将游戏元素、游戏规则和游戏精神等游戏的核心元素应用到学习活动中,使之达到教育教学的目的,其本质是采用游戏机制激励学生的主动参与行为,应用游戏思维促进学习和解决问题,以提升学习体验。Kaimara(2021)研究认为,游戏教学需要三类知识的动态关联性,包括教学内容、教学方法和教学技术,感知价值是实现数字游戏等教学创新的重要驱动因素。教师在课堂中能够充分发挥游戏教学的驱动力,如注意力、动机、娱乐、互动、易于学习。学者们对于游戏教学在高职教学、体育教学、计算机教学中的应用也作了探讨和研究,但网络游戏在大学教育中的研究还较少,毕竟,能用于教学的网络游戏几乎没有。

上海立信会计金融学院金融学院投资系设有"证券交易"理论课程及金融综合实验课程,会计与金融是立信的特色,证券交易实务对于立信的学生来说是一门重要的课程,金融学院有专业的证券交易老师,对开展网络游戏与证券交易教学相融合具有课程实践的基础。

二、网络游戏教学模式探索

(一)炒股网络游戏的选择

大部分股票软件都有虚拟炒股的功能,但虚拟炒股也是基于实时行情,无法在短时间内让大学生能够快速体验股市中跌宕起伏的行情。

教学游戏与一般多媒体课件相比,更具有趣味性;与普通电子游戏相比,它不含暴力、色情等不健康因素,是一种"绿色"游戏。

教学游戏需要具备以下五个特征:一是能与教学相结合的,具有行情和K线知识等;二是有免费的可能,避免学生投入金钱;三是国有开发的,避免有不良广告的植入等现象;四是已存续多年的,说明已具备平台的运营能力;五是有电脑和手机版,可以作为课堂互动和课后练习的工具。

信达证券公司创作的《炒股达人》游戏则将某个时间段的个股行情导入游戏软件中,并通过"买入""观望"的操作,实时训练一个周期的股票交易,同时,也可以像象棋游戏一样让参与者选择对手进行比赛。

这种炒股游戏的好处是将本来一天一次的交易变成了点击一次成交一次的快频率训练,在游戏软件中,比赛获胜者可以获得虚拟金币500个,输的一方则输掉500个金币。

只要注册《炒股达人》,游戏就可以免费提供5 000个金币给游戏者。如果5 000个金币输光了,用户可以通过观看广告获得金币。这个游戏软件是免费的,对大学生来说,它可以成为日常的游戏软件。

证券交易是一项技能,所谓"拳不离手,曲不离口",好的训练工具有助于教学,更有助于证券交易技能的提高。

(二)游戏教学的尝试

《炒股达人》游戏软件有电脑版和手机版,电脑版可以在教室里的电脑上下载后直接投影进行互动。

教学可选取学生进行证券交易的游戏。其中,PK游戏就是通过学生选择对弈开展交易,虽然是一个学生参与了游戏,其他同学观战,但也是在同步进行交易,由于PK游戏是限定时间的,大约两分钟完成近两个月的交易,每次交易都会显示获得的成绩,也就是收益和涨幅,以此作为游戏胜负的依据。

《炒股达人》的界面也就是日常证券软件的界面,如红柱、绿柱,学生不用学习K线图,基本都会买入、观望,而且能够体验涨跌幅及盈亏幅度。

在实验课中引入《炒股达人》游戏,同学们在互动过程中能感受红红绿绿的涨涨跌跌以及成交背后的紧张感。有学生建议,在完成游戏后可以请同学进行复盘,学生完成复盘后,老师再进行复盘,并兼带完成教学知识点的植入,如买入点、卖出点、K线组合、MACD、KDJ及量柱分析等。

《炒股达人》不仅可以模拟股票交易,而且也能模拟股指期货,或融资融券交易,这种训练对获得"盘感"很有帮助。

(三)游戏教学方式的探索

1. 同学间对弈

如果学生的证券交易水平相似,就很难分出高下,《炒股达人》可以设置"房间",双方约定好房号,就可以直接开战。

学生在课间的对弈可以获得教师的指导。游戏在一局结束后会有一个复盘的环节,可以让大家一起复盘。

复盘的好处是获得理论指导,可以检验每一次操作的正确性,可以让学生更实时地学习"理论"知识。

在教学时,可以让学生先自己复盘。学生复盘往往靠的是红红绿绿的感觉,他们对证券交易的指标不敏感,对指标后面的理论不敏感。

学生复盘后,老师接着复盘。复盘时,老师可以对证券交易的理论作一个回顾,对基本的指标进行教学,例如,对于日线,开盘价、收盘价、最高价和最低价形成的机理向学生作说明。这种复盘,是在体验涨幅、跌幅的过程中,让学生的记忆受到刺激,让他们更容易记住老师的讲解。

2. 学生与社会高手对弈

在PK模块中,学生也可以与参与游戏的任何高手进行对弈。在对弈过程中,一般来说,对弈难度要高于第一种方式,但股票游戏存在随机性,有可能另一方水平也不高。这样,学生的胜算率也就会要高一些。如果学生成功了,教师就与全班同学一起鼓掌,这种激励作用很强。同样,在完成游戏后的复盘也很重要。

3. 小组对弈

游戏中也有模拟选股功能,它可以作为小组活动展开。选股是一门学问。对于公司的研究,既要有基本面的分析,又要有技术面的分析。这种游戏模块就需要进行分组,由学生在课堂上分组讨论选股,并共同选择买入点、卖出目标。同时,要求有基本面的分析方法和技术面的分析方法,以检验理论掌握的程度。

三、改革和实践检验

好的游戏不仅可以培养学生掌握一项技能,而且可以丰富他们的生活。

在游戏教学中,课堂体验和课外作业的布置需要相互衔接,相互促进。

（一）周期性课堂教学安排

根据艾宾浩斯遗忘曲线，人的记忆是需要有周期性反复的。因此，游戏教学可以相隔一周进行，理论课和游戏课相隔，理论课讲授知识，游戏课检验知识。不断地"滚雪球"教学，让学生能充分把握证券交易的基本知识。

同时，游戏教学需要贯穿整个学期，养成习惯需要有一个渐进的过程，学生习惯的改变也需要一个过程。网络游戏有很多玩家，是有"朋友圈"的，我们要将学生培养为"炒股游戏"玩家，让更多的学生通过技术参与日常的游戏。

（二）培养有效的学习方法

根据费曼学习法，口述是最容易记住知识的一种教学方法。为此，在游戏教学中，学生进行复盘，类同于老师在讲课，是让学生不断激发知识并快速掌握知识的应用。

在这一过程中，教师的鼓励和同学间的鼓励都很重要。可以挑选相对活跃的学生到讲台对参与游戏的学生进行讲评，并引述学过的理论和知识点。

这种点评简短，但由于和实际交易相关联，学生对知识的体会会更深。

（三）三点融合的教学方法

游戏教学的目的是激发学生的学习动机，在证券交易知识教学中，重点把握三个点的融合，即知识点、教学点、体验点"（图1）。

知识点是相对于教材来说需要让学生重点把握的知识。例如，证券交易的知识点包括K线图、技术指标、基本面分析、技术分析等。这些知识点如何潜移默化地融入课堂教学，就需要教师有机结合网络游戏的教学手段来激发学生的学习兴趣。

教学点是老师需要把控的课堂教学环节，如气氛把控、PPT教学、课时控制等。游戏教学不是一味地游戏，目的是教学，手段是游戏。有些具体内容需要用PPT进行强化，例如，在学生对弈一局结束后，先用PPT教学一部分知识点，让学生对基本知识有所了解，再让学生应用刚学的知识进行分析以强化记忆。课时控制是指合理分配时间。

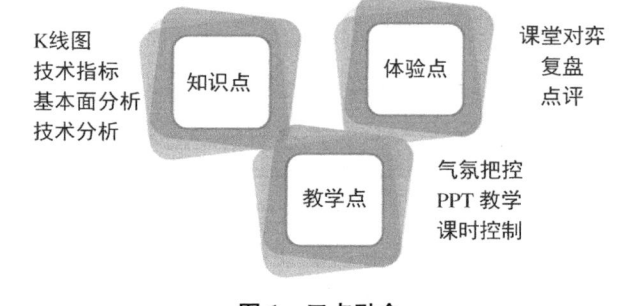

图1 三点融合

体验点则是提供给学生参与课堂网络游戏的机会。参与性是指网络游戏过程中学生与学生、学生与教师之间的互动交流。课堂对弈可以让学生在课堂中及时参与到实盘模拟交易的场景中，学生情境感加强，专注度提升；复盘可以让学生利用学习的知识对自己在游戏中所做出的决策进行反思；点评可是老师点评、同学点评，老师点评知识点，同学点评记忆中的知识应用。

这三个点的融合，可有效加强网络游戏在金融教学中的应用，活泼课堂气氛，更能激发学生的学习主动性。

（四）思政内容的融入

在讲述政府"双减"政策和宏观分析中的PEST方法时，尤其强调政治政策对行业的影响，例如，在分析新能源板块时，应着重讲解以下几个方面：①碳达峰、碳中和的背景；②我国新能源政策的实施历程；③现实中新能源汽车行业的发展进程。每次讲解时，老师可以通过PPT强化学生对行业分析中所涉及的知识点的记忆，宣传中国力量，宣传中国在世界竞争格局中取得的成就，让学生充分吸收、充分理解。

在讲述股票时,老师可以以"企业家精神"为题,讲述企业家的故事,让学生了解创业的艰难,更让他们体会在中国共产党的领导下,企业家创业的幸福感。讲故事更能让学生听进去,也更能激发学生的学习兴趣。

四、改革成效

三点融合网络游戏教学法在立信课堂中的教学也才刚开始,新商科教学改革也鼓励创新实践。三点融合网络游戏教学法,可以使学生在课堂上的活跃程度增加,普遍提高学生的学习积极性,进一步加深学生对证券交易的知识掌握程度。

五、主要结论

网络游戏教学法能够活跃课堂教学气氛,能够激发学生的参与性。证券交易网络游戏教学能够提升学生的操盘技能,使其在游戏过程中快速地取得良好的"看盘"技能,获得"盘感"。

在网络游戏课堂教学过程中,需要教师把握知识点、教学点、体验点,将教学环节和三个点融合。

网络游戏教学属于教育科技,有助于课程开发和教学试验,大学生已具备独立的思考能力,他们更需要"低成本"的教学训练软件来提高各项技能。当下网络游戏的盛行不利于学生的身心健康,但如果能将网络游戏"改良"成教学工具,这样既有益于学生的身心健康,也有利于学科建设。本文提出的三点融合网络游戏教学法值得重视和推广。

参考文献

[1] 邓艳香.游戏化教学在高职思想政治理论课中的运用研究[J].职业,2017,(14):68-69.
[2] 肖志华.基于游戏理论的高职英语课堂教学的研究与应用[J].课程教育研究,2014,10,90-91.
[3] 冯娜,刘嘉.多元智能理论下的数学游戏与教学的融合探索[J].教学研究,2018,41(5):27-28,43.
[4] 王丽华.基于沉浸理论的职业学校计算机课程游戏化教学活动设计[J].无线互联科技,2020(22):153-154.
[5] MISHRA P, KOEHLER M J. Technological pedagogical content knowledge: A framework for teacher knowledge[J]. Teachers College Record, 2006, 108(6), 1017-1054.
[6] 朱毅,王茜,李彬彬,等.基于教育游戏的混合式教学模式设计——以高职《咖啡技艺》实训课程为例[J].电脑知识与技术,2020,32(16):140-143.
[7] 李懿.游戏化教学在计算机专业的实践应用分析[J].福建电脑,2019,35(6):13-16.
[8] 胡弼成,陈小伟.愉悦教学:"游戏人"理论对大学教学的启示[J].江苏高教,2010,第4期,54-57.
[9] 张莉.游戏理论视域下高校课程教学的探索与实践[J].河南广播电视大学学报,2021,34(1):94-98.
[10] 王静.游戏教学模式在高职基础理论课程中的应用[J].记录教育,2017,18(5):147.
[11] 李路通,张朋炬.游戏教学理论及其在体育教学中的运用[J].当代教育论坛,2006,8,135-136.
[12] KAIMARA P, FOKIDES E, OIKONOMOU A, et al. Potential Barriers to the Implementation of Digital Game-Based Learning in the Classroom: Pre-service Teachers' Views[J]. Tech Know Learn, 2021.

作者简介

孙文华　博士,上海立信会计金融学院金融学院讲师;主要研究领域为项目评估与管理、区域经济及投资;联系邮箱为 20200047@lixin.edu.cn。

管理心理学的微课设计与教学实践研究

——基于知识元的视角

洪 明　王万力

摘要　在新文科背景下,管理心理学课程体系也迎来了建设微课的契机。在微课设计中,为了解决内容颗粒化程度大小、微课群之间的逻辑关系这两个难题,教学团队基于知识元的视角,引入心理学的概念型知识元,筛选课程知识点,建立起颗粒化程度适中的微课群,并把相对孤立甚至散乱的微课群组合起来,从而构建起层次分明、条理清晰的微课群体系,极其有效地促进了学生对课程内容的理解和学习。立足于微课群体系的教学资源,教学团队在教学实践中进一步构建起"线上微课+线下研讨"的混合式教学模式,通过课前预习、课堂主题研讨、案例分析等多种教学方式,引导学生主动转变学习方式,把心理学知识元框架作为学习微课的抓手,确保微课教学取得良好的成效。

关键词　微课设计　知识元　管理心理学

在新文科背景下,随着线上线下混合式教学的逐渐普及,管理心理学课程体系也迎来了建设微课的契机。如何设计好微课的内容体系、相应地改变教学模式和课程评价,成为教学团队需要面对的难题。本文基于知识元的视角,根据管理心理学的课程特点,尝试对管理心理学的微课设计提出一种新的思路,并将其应用于教学实践中,以实现更好的教学效果。

一、管理心理学微课设计背景

管理心理学是人文社科类专业的通识选修课,是研究管理过程中人的心理和行为活动规律的一门学科,其主要教授个体心理与工作激励、群体心理与团队合作、领导心理与组织建设等内容,帮助学生学习了解管理工作中人的心理现象、心理过程及其活动规律。

(一)课程教学目标

结合我校应用型高素质人才培养目标,管理心理学的课程目标包括以下三方面。

(1)思想政治素质目标——着力培养德才兼备的良好职业素质,具有高度的社会责任感,使学生认识到敬业、诚信、友善的工作态度,自由、平等、公正、法治的人格精神,富强、民主、文明、和谐、爱国的价值追求是优秀的职业素质,从而使大学生把社会主义核心价值观和职业素质内在统一起来。

(2)专业知识目标——系统地掌握管理心理学的专业理论知识和基本技能,包括人性假设、个性、知觉、行为归因、工作态度、工作动机、工作激励、决策风格、人际沟通、团队建设、组织领导、职业发展等内容,培养学生从心理学的角度来理解和改进管理工作,提高工作效率和管理效能。

(3)创新实践能力目标——具有逻辑思维能力、批判精神和反思意识,积极通过创新思维和方法,对工作问题形成独特见解和解决方案；具有善于激励、协调互动和沟通交往的工作能力，良好的团队合作能力，恰当的人际关系意识。

（二）学情分析

当代大学生作为"00后"，是伴随信息化技术应用成长起来的一代。在成长过程中，外部世界的网络技术发展日新月异，他们的学习和生活环境条件相对较为优裕，整体个性上倾向于独立和自由。例如，生活上追求轻松便捷，对智能手机的使用习以为常；学习上表现为善于利用手机辅助学习、听课注意力难以长时间保持集中、不太喜欢缺乏互动的被动学习模式等。这些都需要教师及时转变传统的教学模式。

在移动互联网时代，学生利用碎片化的时间进行学习也成为一种常态。在开展微课教学模式以前，由于缺乏线上教学资源，学生不能利用手机等智能终端进行碎片化学习。这样导致学习方式不够自主灵活。同时，由于学习活动集中在线下课堂，缺乏微课的预习，不利于开展"翻转课堂"教学，难以创造以学生为中心的主动性学习氛围。

（三）微课结合知识元的研究及实践

利用移动互联网络进行教学改革，微课成为首选方式之一。由于具有时间短、内容聚焦、浏览方便的特点，便于进行随时随地的泛在学习，微课现已成为学生线上学习的有效教学载体，更发展成为广泛使用的新型教学资源。

所谓知识元，一般认为是知识的基本单元或构成要素，是不可再分的知识单位。它通常表征为概念、术语、公式、定理、规则、方法等形式。它具有完整性、独立性、结构性、链接性等特征。常见的知识元类型包括概念型、原理型、方法型、事实型和数值型等。目前，人们对它的研究主要集中于知识元抽取、挖掘、标引、链接、集成等相关技术。它主要应用于知识管理、图书文献、信息检索等领域。

虽然对微课和知识元各自的研究文献较多，但是结合两者进行探讨的并不多见。以"微课""知识元"同时作为篇名在知网上进行检索，目前共有6篇论文。其中，尹征杰和王月（2018）指出在微课建设的成功因素中，知识元的选择、趣味性、前瞻性较为重要。刘小娟（2018）以"数控机床急停故障排除方法"为例，基于"知识元"阐述了微课的教学设计流程。柳清和杜棋乐（2019）引入知识元聚合模型来解决大学生就业指导微课中的知识要点分散无序、缺乏系统性和完整性等问题。李洲稷、陈智勇和李妙玲（2020）利用知识元组织模型的概念，对《汽车构造》微课的课程体系进行了重构，以实现微课资源的深度聚合。黄晓雯（2015）试图通过知识元建立微课之间的联系，运用知识挖掘等手段形成微课主题图系统，从而来整合微课知识资源。

各研究者开始尝试引入知识元相关理论来促进微课建设，但总体上来讲还不够深入，并没有把知识元与微课之间的联系分析清楚，课程建设中也难以提出具体有效的可操作性措施，缺乏相应的指导性和参考性。因此，如何运用知识元来促进微课建设的研究还需要进行进一步的探讨。

二、以知识元为基础的微课设计思路

微课设计重中之重在于教学内容的选取和组合。如果选取的内容适当，既有典型性，又有重点性，就能凸显微课的优势，达成微课建设的目标。反之，若选择微课内容出现偏颇，就会造成教学资源的浪费，最终还得返工进行重新建设。

目前大多数的微课设计思路是依附已有的教材内容体系，选取教材各章节的知识点（或重点、难点）作为微课内容，即进行教学内容知识的颗粒化建设。这会面临两个问题：一是颗粒化程度大小的问题。如果颗粒化程度过细，则知识点较多，微课数量庞大，会加重学习者的负担，发挥不了微课学习的便捷性。如果颗粒化程度过粗，知识点和微课数量较少，覆盖不了教学主要内容，无法实现课程的教学目标。二是微课群之间的逻辑问题。已经完成颗粒化建设的微课组成该门课程的微课群,但是如果不注重微课内容的内在逻辑联系,这些微课群就会成为相对散乱的知识点集合。虽然微课大多依附于教材目录或课程框架体系,分布于各章节中,但碎片化的特点也可能让学生对课程内容的整体认知出现碎片化的结果,对课程知识体系达不到系统全面性的认知。

为了解决这两个问题,本课程建设引入知识元的概念,以知识元作为微课内容的重要筛选标准以及微课群内容之间的逻辑纽带,从而把相对孤立甚至散乱的微课群组合起来,形成微课群自身的逻辑体系。此外,本课程选择管理心理学中心理学的概念型、原理型知识元,并把这些知识元与管理心理学的微课对应起来,从而将心理学知识元的逻辑关系嵌入微课群,方便学生理解微课内容并构建起清晰的课程知识体系。

具体的微课设计思路如下。

1. 选择知识元

心理学的核心概念和原理很多,结合管理心理学的课程内容,本课程主要选择与未来工作场景联系密切的知识元。本课程选择的概念型知识元主要包括人格、自我、知觉、认知、动机、情绪、社会过程、社会关系等,原理型知识元包括需要层次理论、心理动力理论、认知社会学习理论、心理社会性发展阶段理论等。掌握这些知识元有助于学生认识内外职场世界,树立正确的职业意识,调整和控制职场行为,善于应对工作问题,有利于达成课程的教学目标。

2. 选择建立微课的知识点

管理心理学自身的知识点很多,如何选择合适的知识点,从而使微课建设颗粒化程度大小适中,是个值得挑战的教学难题。经过研讨,教学团队最终认为微课内容的筛选标准,首先,是要符合课程目标且与心理学密切相关的内容。其次,减少与预修课程管理学具有交叉的内容,避免让学生重复学习,如决策过程、团队的运作与建设途径等。最后是去除内容相对浅显易懂的知识点(通过对学生进行事先调查得出)。

经过多次筛选以后,教学团队最终确定的微课建设内容如表1所示。其对应的知识点均与心理学相关,共25个微课,覆盖了课程的全部十四章内容。这些知识点也是各个章节的重点内容,学生完成所有微课学习以后,就会对管理心理学课程有较为全面的了解。

表1 管理心理学微课一览表

编号	微课	时长(分钟)	对应章节
1	管理心理学概述	16	第一章
2	中国传统管理心理思想的主要特征	15	第二章
3	西方管理心理思想的人性假设1	11	第三章
4	西方管理心理思想的人性假设2	10	
5	职业发展阶段理论	14	第四章
6	霍兰德职业个性性向理论	14	
7	自我效能感	12	
8	知觉过程	14	第五章
9	行为归因	9	
10	工作态度	13	
11	工作满意度和组织承诺	11	
12	工作动机	12	第六章
13	需要理论	16	
14	过程型激励理论	17	

(续表)

编号	微课	时长(分钟)	对应章节
15	紧张情绪管理	14	第七章
16	个体决策风格	13	第八章
17	沟通的个人技能	13	第九章
18	群体心理现象	16	第十章
19	人际关系	13	第十章
20	团队心理建设	13	第十一章
21	诚信领导	9	第十二章
22	经典领导行为理论	10	第十二章
23	领导权变理论	11	第十二章
24	管理人员的心理特质	11	第十三章
25	组织变革的心理阻力	9	第十四章
合计		316	

3. 建立知识元与微课的逻辑关系

从上述知识元与微课知识点的选择方法中可以看出,知识元与微课之间呈现较紧密的联系。为了进一步了解知识元与微课的对应关系,我们以心理学的 8 个概念型知识元为例,把微课按表 1 中的编号作为标题行、知识元按不同概念内容作为标题列,绘制成表格。如果微课包含相应的知识元内容,则在表格相应的纵横交叉空格填写"√"。统计结果如表 2 所示。

表 2　知识元与微课的对应关系

知识元	微课												
	1	2	3	4	5	6	7	8	9	10	11	12	13
人格	√	√	√	√		√							
自我	√	√	√		√		√	√	√		√	√	√
知觉	√	√		√	√	√	√	√		√			
认知	√	√			√	√		√	√		√		
动机	√			√	√						√	√	√
情绪		√								√	√		
社会过程	√			√	√		√		√	√	√	√	√
社会关系	√	√	√								√		√

知识元	微课												累计次数
	14	15	16	17	18	19	20	21	22	23	24	25	
人格		√	√	√				√			√	√	11
自我	√			√	√	√	√	√			√		18
知觉			√	√									10
认知	√	√	√	√	√	√	√	√	√	√	√	√	21

(续表)

知识元	微课												累计次数
	14	15	16	17	18	19	20	21	22	23	24	25	
动机	✓							✓			✓	✓	10
情绪		✓	✓			✓	✓	✓			✓	✓	10
社会过程	✓	✓		✓	✓	✓	✓	✓	✓	✓	✓	✓	20
社会关系		✓				✓	✓	✓	✓	✓	✓		12

从表2可以看出,"自我""认知""社会过程"知识元出现的次数最多,达到20左右,覆盖率达到80%,与微课知识点的联系最为紧密,可称为一级知识元。其余的"人格""知觉""动机""情绪""社会关系"知识元出现的次数在10左右,覆盖率为40%,与微课知识点的联系相对紧密,可称为二级知识元。在二级知识元中,由于"人格"与"自我"有紧密关系,"知觉"与"认知"有紧密关系,可适当提高"人格""知觉"两个知识元的重要性。

因此,本课程微课群最强的逻辑纽带是"自我""认知""社会过程"三个知识元,其次是"人格""知觉"两个知识元,再次是"动机、情绪、社会关系"三个知识元。

基于知识元与微课群之间的逻辑关系,在教学安排上教师首先要让学生学习并掌握"自我""认知""社会过程"三个最重要的心理学概念,就能够涉及80%的微课内容,其次再让学生进一步掌握"人格""知觉""动机""情绪""社会关系"5个知识元,基本上就能覆盖到所有的微课内容。这样的教学安排,在学生心目中先形成清晰的知识元框架,再以此为基础构建起微课群体系,从而让微课学习的思路变得脉络分明、条理清晰,这极大地促进了学生对微课的理解和学习。

三、微课制作及教学实践

教学团队在完成以知识元为基础的微课设计以后,教学团队开始进行微课的制作及教学实践。

(一)制作微课视频

教学团队基于知识元的视角把本课程的教学重点内容凝练成为25个微课,并编写好微课的讲义和课件。学校委托第三方专业机构对每个微课的讲授进行了拍摄和后期制作,制作完成后微课群总时长为316分钟,平均每个微课时长约12.6分钟,如表1所示。视频已全部上传至学校网络教学平台、超星泛雅平台和学习通App,播放时视频流畅、画面清晰,并配有字幕,极大地方便了学生进行预先学习和碎片化学习。

(二)构建"线上微课+线下研讨"的混合式教学模式

立足于已上传的微课资源,教学团队推行"线上微课+线下研讨"的教学模式。线上微课集中阐述课程重点和要点,让学生在较短的时间内完成预习,同时可参与在线测试和在线互动;线下教学以能力培养和课程思政为核心,围绕微课内容由教师组织学生进行具体问题的课堂研讨、小组讨论、案例教学和游戏互动等,运用多样化的教学方式,引导学生进行探究式学习。

在线下课堂,教师围绕微课视频提出2~4个主题让学生进行研讨。这些主题是微课内容的细化和具体运用,大部分都与工作场景相关。在研讨过程中,老师鼓励学生积极运用知识元框架进行问题分析,学以致用,锻炼分析管理心理学问题的能力。

例如,在"团队建设"这章中,教师根据微课的团队心理机制理论提出的研讨主题是"电影《中国合伙人》中创业团队失败的原因有哪些？""哪些行为会促进公司团队成员彼此间的认同感？""你心目中的优秀团队领导是什么样的？"。在讨论这些主题的基础上，教师再分享华为创业团队的案例，让学生明白在华为创业团队的建设过程中体现的心理机制、值得借鉴之处。

最后，教师进一步从知识元的角度对研讨主题和案例进行课堂总结，引导学生深入掌握分析问题的逻辑主线。如教师在对创业团队案例的分析和总结中融入"自我""认知""情绪""社会过程""社会关系"等知识元内容，以知识元内容来分解团队心理机制，引起学生对前面所研讨主题的反思，从而引导学生用知识元来分析职场的具体实践，体现活学活用的教学导向，不仅可以进一步加深学生对重要知识点的理解和吸收，也可以锻炼学生面对实际问题时的分析能力和开展创造性思维的能力。

（三）引导学生掌握以知识元框架作为学习微课的抓手

在学生开始接触心理学的知识元框架以后，教师就有意识地鼓励学生运用知识元框架去解读、分析和诠释微课内容，进行主题研讨和案例分析，把知识元框架作为学习微课的抓手。这对领会和掌握课程知识体系起到事半功倍的效果。

在线上微课教学安排中，一些学生还不太适应这样的预习方式。但是学生如果在老师的引导下，立足于知识元框架的视角去解读微课内容，就能抓住微课的重点，领会其要点，不仅能较为轻松地完成微课预习任务，还能有效转变学习方式，从变被动学习转为主动学习。

在线下课堂上，教师不再详细讲述微课视频中的理论内容，而是把精力和时间主要放在提问、问题研讨、案例分析和小组作业上，锻炼和加强学生运用知识元框架解决工作问题的实践能力。在与老师、同学的互动中，学生不断纠正、补充和完善对知识元的领悟，从而真正地做到理论和实践的融会贯通。

四、教学效果

相较于传统的线下教学，这种从知识元视角进行微课设计和教学的模式让师生受益匪浅。学生不仅转变了被动的学习方式，而且积极地参与课前预习、课堂研讨，在掌握课程专业理论知识的基础上，还学会了运用知识元框架去剖析问题，对问题提出较为正确的解决方案，达到了课程的教学目标。

教学团队基于知识元的视角，对管理心理学的微课建设和教学实践进行了创新尝试，让微课内容更加凝练，逻辑体系更加清晰。这样不仅让学生更容易掌握课程理论和知识，也让教学团队对课程教学内容体系重新进行了梳理和解读，在一定程度上也提升了教学能力。

五、结语

本文立足于管理心理学的微课建设实践，探讨了如何引入心理学的概念型知识元来解决微课内容设计中颗粒化程度大小和微课群之间的逻辑关系两大难题。通过分析，教学团队可以利用心理学知识元框架来筛选管理心理学的知识点，建立起颗粒化程度适中的微课群，还可以把相对孤立甚至散乱的微课群组合起来，构建起层次分明、条理清晰的微课群体系，从而极大促进学生对课程的理解和学习。

教学团队立足于已经制作上传的微课视频，在教学实践中构建起"线上微课＋线下研讨"的混合式教学模式，通过主题研讨、案例分析等多种教学方式，引导学生掌握以知识元框架作为学习微课的抓手，转变学习方式，化被动为主动，确保微课教学取得良好的成效。

参考文献

[1]尹征杰,王月.基于知识元的微课建设经验与成功因素分析[J].现代经济信息,2018(4):410-411.

［2］刘小娟.基于"知识元"的微课教学设计——以"数控机床急停故障排除方法"为例［J］.教育观察,2018(18)：127-129.

［3］柳清,杜棋东.知识元聚合模型在大学生就业指导类微课中的应用研究［J］.湖北开放职业学院学报,2019(11)：123-124.

［4］李洲稷,陈智勇,李妙玲.基于知识元组织模型的《汽车构造》课程微课设计与教学研究［J］.中国教育信息化,2020(5)：46-49.

［5］黄晓雯.基于知识元的微课研究［D］.昆明：云南大学,2015.

［6］杜棋东.职业教育微视频课程知识元的深度聚合与实践应用［J］.中国教育信息化,2018(4)：32-35.

作者简介

洪　明　博士,上海立信会计金融学院工商管理学院市场营销系副主任、讲师；主要研究领域为管理心理消费者行为。联系邮箱为 hongming556@126.com；本文的通讯作者。

王万力　博士,上海立信会计金融学院工商管理学院房地产开发与管理系主任、讲师；主要研究领域为房地产估价、房地产营销；联系邮箱为 gwwanli@163.com。

融合现代信息技术的教学方法创新与实践

——"以学为中心"理念下全英文计量经济学金课建设[①]

辛广益　毕玉江

摘要　针对目前计量经济学存在的模型推导与实证操作相脱节，课程思政无法更好地融入课堂等问题，本文提出"以学为中心"的教学理念，融合现代信息技术对课程进行教学设计、教学理念、教学活动等多方面的改进，明确教学的最终目标是以学生学习为中心，培养科技高速发展时代下素质全面发展的学生，并且结合本门课程的特点和优势，将社会主义核心价值观与计量经济学课程有序融合，并取得较为良好的课程改革效果。

关键词　计量经济学　以学为中心　现代信息技术　课程思政

本文将"以学为中心"的教学理念运用于计量经济学课堂中，目的是使同学们更好地掌握计量经济学的理论基础以及实证分析方法，同时将课程思政以教学案例和实证分析的方式引入课堂，将知识传授、实践教育与立德树人有机结合，全面的提升和培养大学生的综合素质。

一、模式提出背景

计量经济学全英文课程是针对我校外国语学院本科二年级留学生开设的一门课程。该门课总课时为45学时，其中理论课时为33学时，实践实验课时为12学时。计量经济学是经济学、国际贸易学以及金融学专业的基础课程。该门课程的目标是为学生提供系统性的计量经济学理论的授课学习以及实证数据分析现场实操分析。该门课程旨在培养学生应用计量经济学的理论模型去分析现实生活中的经济现象的能力，同时帮助学生夯实计量经济学理论基础并使得学有余力的学生根据现实生活中的经济学问题建立可以解决问题的计量经济学模型。

目前教学中存在的普遍性问题如下：

（1）学生数学基础比较薄弱，学习能力较差，学习兴趣不高。计量经济学对于学生的数学基础要求比较高，但本校留学生数学基础普遍比较薄弱，大部分学生在计量经济学的学习过程中，不能完全理解理论模型的推导，更不能自主完成理论推导。

（2）学生在学习使用软件分析的时候，存在"只知道怎么操作，却不懂为什么要这样操作"的现象，缺乏主动学习的积极性。

（3）学生上课听课的抬头率普遍不高，上课过程中注意力无法全程集中。

（4）课程思政是立德树人的主要手段。目前在计量经济学的教学过程中，思政元素的融入还比较

[①]　基金项目：上海高校青年教师培养资助计划项目（ZZLX19019）。

有限。

同时,随着科技的高速发展以及互联网的普及,学生们获取知识变得越来越容易,因此,新时代对于教师更重要的要求应该是促进学生的全面发展。培养学生在掌握知识之余发现问题、研究问题和解决问题的能力,以及团队沟通协作的能力,成为有判断能力,以及开拓创新的践行者。这正与"以学为中心"的培养学生能力的目标不谋而合。并且,融入现代信息技术,例如,通过MOOC、微课视频、超星学习通、雨课堂引入教学课堂,可以更好地增加课堂的趣味性,提高学生的听课效率,方便检验学生的知识掌握情况,有助于增强学生整体素质发展。

二、"以学为中心"的教学设计原则

"以学为中心"强调课堂教学,即以学生为中心,以学生学会学懂为基准,改变了传统的"以教师教授为中心"的模式。"以学为中心"是基于一致性建构理论基础上的,强调学习目标、学习测评,以及学习活动都以学生为中心的教学设计原则,具体内容如下。

(一)在教学形式设计上,强调"以学生为中心"而非传统的"以教为中心"

"以学生为中心"出发的课程设计,主要可从三个方面体现:首先,在教学的过程中,要充分调动学生的主观能动性,更多地让学生参与其中,发挥学生的创造力;其次,使学生明白所学的知识点主要运用的情境,能够有效地将知识"外化",达到学以致用的目标;最后,促使学生将课堂所学运用到日常生活中,在遇到实际问题时形成有效的解决方案,将课堂所学转化为有效持久的、有意义的学习,强调课程对学生的深远影响。

(二)强调课程设计,学习活动、学习测评要与学习目标三环节的一致性

根据澳大利亚教育心理学家John Biggs的理论,一致性原则(图1)在设计的时候,要强调学习目标、学习测评与学习活动的一致性。具体来说,学习目标能够使学生在上课前明确通过本章节的学习,自己的目标是什么、能掌握些什么。同时,学习测评需要围绕学习目标来设计学生学业表现的评价方式和衡量标准。学习活动也需要围绕学习目标设计教与学活动,使学生学习能够实现预期目标。学习目标的重点不是知识的教授,更不是单纯的完成教学目标,而是能力的培养,培养学生解决问题的能力、团队协作的能力以及创新开拓的能力。

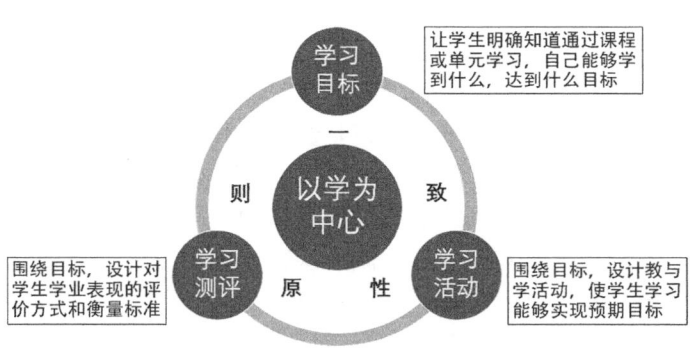

图1 一致性原则

(三)注重"学习情境"的设计,建立良好的学习环境和氛围促进学生的能力培养

在教学内容上,强调教学过程性展现,而非单纯的终极性呈现。具体来说,首先,教学内容和课堂的讲述可以根据学习的内容和目标设计不同的教学方式。比如,在讲授计量经济学的一元线性回归的模型推导过程时,不是单纯将公式直接呈现给学生,而是通过启发学生,让学生自己推导和探索公式。教师应注意在学生原有的知识架构的基础上,鼓励学生积极地进行思考,形成有意义的学习,而不是一味地死记硬背。这样的方式,不仅可以培养学生思考和解决问题的能力,同时也能激发学生的学习热情,而且可以进一步促进学生对于知识的吸收和应用。其次,教学大纲的结构设计强调一体式,即章节之间的内在呼

应以及融会贯通,而非纯粹的把每一章作为独立的章节展现出来。最后,注重培养和设计教学情境,培养学生在学习过程中的协作精神。

（四）提高学生课堂学习的效率,同时培养学生养成主动学习的良好习惯

二本院校大学生上课注意力不集中是较为普遍存在的问题。通过对广州某医学院的问卷调查,调查结果表明超过87%的学生上课注意力集中时间低于80%。学生上课注意力集中度的最主要的影响因素为对课堂内容的兴趣以及对授课教师的印象。大部分学生认为,"满堂灌"的"填鸭式"教学无法提起学生的听课兴趣。同时,对授课教师的印象差,教师的语言以及态度也是导致学生听课注意力低下的原因。因此,教师要注意自己的授课方式、授课语言,以及授课的态度和言谈。此外,教师还要在授课过程中不断地激活、唤醒学生。

除了注重提高大学生课堂上注意力的集中,也要培养大学生主动学习的良好习惯。研究表明,主动学习的学习效率更高,平均学习内容留存率在50%以上,而被动学习的学习内容留存率仅为5%~30%。根据学习金字塔理论,被动学习的形式包括听讲、阅读、视听、演示;主动的学习形式主要有讨论、实践、教授给他人等。主动学习主要指学生积极参与学习过程。学生在学习的过程中积极或者经验性地参与,在参与和反思活动的过程中,能构建新的知识、建立新的技能。

（五）明确教学的最终目的是帮助学生完成能力和素质的提高,而不是单纯完成教学目标

从以教为中心逐步转化为以学为中心。注重学生课中课后以及修完课后的成长。课中进行学生与老师互动的参与学习,注意学习氛围应为自主的"学习环境"而非教学环境;课后继续持久的、有意义的学习,修完该课程后还可以有增值的学习。同时,培养学生能够掌握利用各种信息资源来支持"学"的过程的能力,将知识的传输灌输转化为能力的提升,全面培养学生的素质教育。

三、改革和模式探索

针对不同的章节,采用不同的教学方法,将不同的教学章节内容与相应的最佳的教学方法有机结合。基于教学理论研究和教学实践的探索,逐渐将计量经济学的教学模式从传统的"以教为中心"的"满堂灌"式的教学转变为"以学为中心"学习三环节一致性建构、多种课程设计形式、线上线下相结合、学生成果为导向的复合式教学模式,并注重以信息化手段输入,对专业课程进行信息化改造。

（一）"以学为中心",因材施教

在教学过程中,老师应结合课程的难易程度与学生的接受度进行教学设计,选择性地介绍数理模型的推导,多用实例分析法,并编写适用的实验手册,提高学生解决实际经济问题的能力。

计量经济学的先修课程有概率论、线性代数、微观经济学和宏观经济学。本校的全英文计量经济学课程的授课对象主要为大二年级的国际生,这些学生普遍存在的问题为数学基础较为薄弱。传统的计量经济学的授课更多侧重经典计量经济学方法论的讲解,课程中有大量的数理推导,那么对于国际生而言,无异于天书。这样下来,一方面,大多数学生会对该门课程丧失学习兴趣;另一方面,若在授课过程中,完全忽略数理模型,只是讲述一些基础的知识点和介绍计量软件的操作方法,那么学生所能掌握的知识较为浅薄,无法有效地内化为解决问题的能力,而当面对需要解决实际经济问题的时候,他们往往一筹莫展。因此,建议在教学的过程中,教师有选择性地教授一些重要的数理推导,同时应多结合各类实际经济案例,有效地引导学生应用计量经济学的分析方法去解决实际经济问题。另外,计量经济学是一门注重实操的课程,要有效利用好实验分析课程,在编写好与实际经济问题相结合的同时融合全流程操作步骤的stata实验手册,运用计量分析软件带领学生进行实证分析,让学生在实操的过程中更深入地理解和掌

（二）注重学习活动、学习测评与学习目标三者的统一设计，一切围绕以学生为中心

本门计量经济学课程的学习目标为让学生掌握系统性的计量经济学理论以及分析方法，聚焦于培养学生用计量经济学的理论方法去分析现实生活中的经济问题。在案例分析的过程中，培养学生以问题为导向的讨论能力、课堂展示能力、电脑实验操作的能力，以及独立建立计量经济学模型解决计量经济学问题的能力。

传统的计量经济学学习活动主要以满堂灌式的课堂教授为主。经过教学改革，目前本课程的学习活动以案例分析、小组讨论、对比式教学、启发式教学等方式为主。

传统的学习测评的主要方式为期中以及期末的闭卷考试。教学改革后，教师在学习测评一项中添加了课堂展示的考核（图2）。具体形式为：以班级为单位，每5～6位同学自愿组成一个学习小组，在整个学期的学习过程中，与课堂的进度同步进行小组的分析讨论，提出自己小组感兴趣的、想要研究的经济学问题，收集该问题所涉及的数据，根据已经学习的宏观、微观以及计量经济学的理论基础建立合适的计量经济学的模型，将收集的数据用计量经济学的软件放在建立的计量经济学模型中进行数据分析，最后对该模型进行相应的统计学及计量经济学上的检验。该部分的考核任务一般在学期的第三周布置给学生，学生在学期学习的过程中，跟随课堂的授课进度，一步步完善自己小组的研究问题以及计量模型，最后以小组展示的形式将该小组的模型问题分析展示给全班同学并由授课老师按照预先告知学生的明晰的展示评分标准（图3）进行打分。该考核机制有效实现了学习活动、学习测评与学习目标的一致统一。在本课程学习结束后，学生们对于经济学问题的独立分析以及建模分析能力竿头直上，并显著地提高了创造力以及分析能力，为大四的毕业论文以及参加三大杯赛事做了完备的铺垫。

图2　展示考核机制

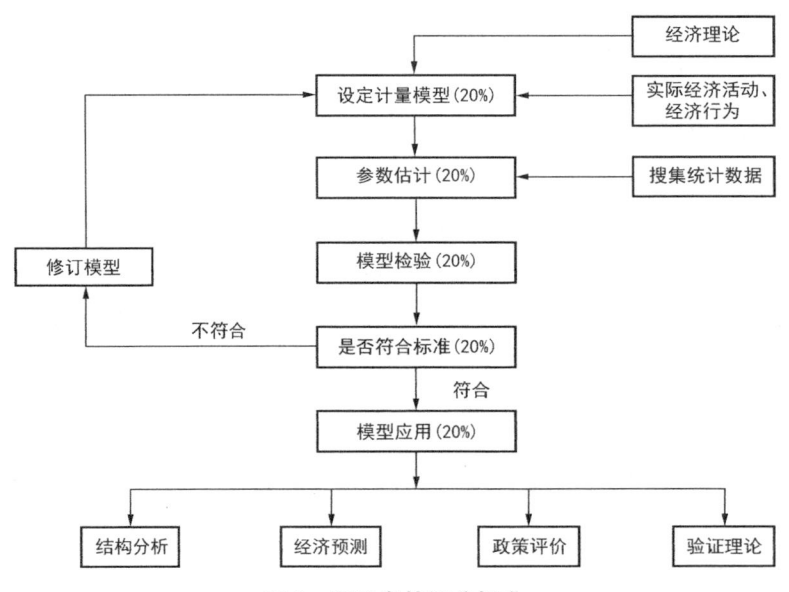

图3　展示考核评分标准

(三)融合现代信息技术,设计教学情境,采用多种教学方式引导学生促进学生能力的培养,包括启发式、对比式、案例分析法等方式

为了更好地激发学生对于计量经济学课程的兴趣,教学改革后,教师采用现实的经济案例或者经典的教学微课视频来导入每一章的开篇,更好地将计量经济学的理论知识与现实生活中的经济问题相联系并引导学生如何用计量经济学的理论分析现实经济学问题。同时,在进行主要的知识与理论介绍之前,先为学生明确本章的学习目标,激发学生带着目标积极思考,探索求证,并能在本章学习结束的时候,形成自己对于本章知识的构建。

对于重点难点章节的复杂问题,教师可以采用对比式的教学方法(图4),来寻找知识体系的共同性以及不同章节的个性,前后呼应,更好地帮助学生对重难点问题消化吸收,提高学习效率。比如,一元线性回归模型章节与多元线性回归模型章节,既存在诸多共同性问题也存在一些个性问题,教师在教授的过程中,可以采用对比式和前后呼应式的方式来教学,帮助学生更好地理解以及掌握这些章节的重难点问题。

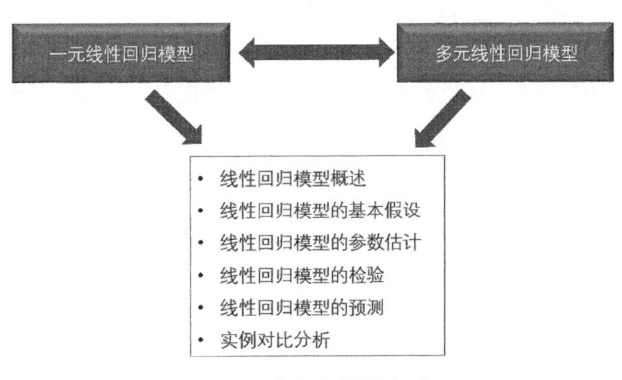

图4 对比式教学方法

(四)在课堂教学中,融入现代科技技术采用线上线下相结合以及"翻转课堂"等形式提高学生的学习以及听课效率,并引导学生养成主动学习的习惯

为了提高学生上课的注意力集中程度,可激发学生进行主动学习,比如,开展课堂小组讨论,"翻转课堂"等。可融合现代信息技术,利用中国大学MOOC的资源对特定章节内容进行"翻转课堂"教学。在上课前,为学生筛选出与课程相关的MOOC以及在线学习的相关资料并上传至超星学习通,布置学生进行预习,要求学生在课堂上对本章节的内容进行讲述并整理出难点问题。针对学生的讲述,教师做出进一步的讲解与概括总结,对于难点问题,可进行课堂讨论,最后针对本章节的所有内容,进行相关的随堂测试,来检验学生们对于知识的掌握情况。这种学生教学生、学生主动学习的方式,可以使学生更清晰地掌握课程中的基础知识点、并理解课程中的难点。

(五)明确以学生成果为导向对专业课程信息化改造的教学目标,加强学生的能力和素质建设

以学生成果为导向,衡量学生能做什么,培养学生将掌握的内容转化为解决开放性问题的能力。课堂展示这一测评环节充分培养了学生的学习、探索、思考、实操、建模能力以解决身边的经济学问题,逐步引导学生参加大学生的创新创业大赛、挑战杯大赛以及各类学科竞赛,并融合专业知识与现代信息技术,培养学生运用大数据等信息技术进行财经活动实务分析的能力(图5)。

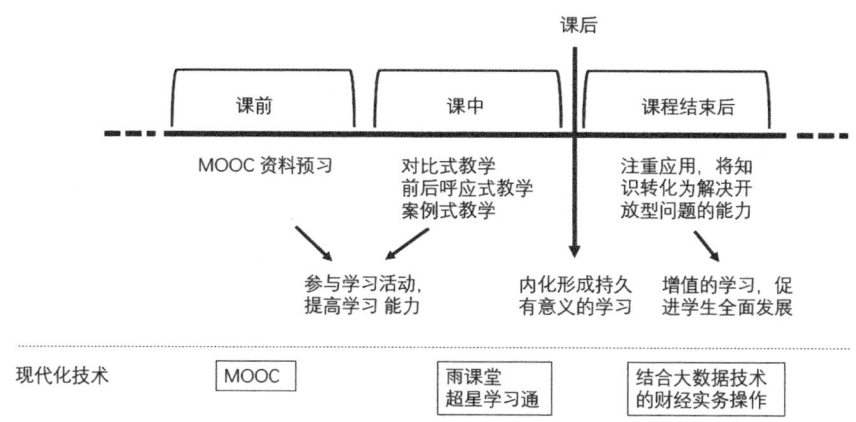

图 5　融合现代化信息技术的以学为中心的教学设计

四、立德树人强化计量经济学课程思政建设

现代的高等教育与知识体系是20世纪伴随着中国的现代化而从西方植入的,无论是学科体系还是知识话语,都源自西学。由于自然科学的对象是一致的,这样的西学植入具有它的普遍性与有效性。但随着中国现代化的日趋推进,中国特色也越来越明显。基于中国文化来立德树人,通过文化认同来培植文化自信是至关重要的。

因此,在教学过程中,我们可以将计量经济学的实证分析与改革开放以来的伟大实践和经验相结合,构建文化自信和经管学科的中国理论,而不是单纯地以西方学术概念、学术术语、学术大师为主导。例如,在课堂中介绍中国著名的计量经济学家来彰显我国科研的发展;用时间序列数据分析改革开放以来我国经济的发展来感受大国的速度;用计量经济学建模分析税改政策对于中国经济以及国民生活的影响来体会大国政策。

五、总结

计量经济学全英文课程建设以及教学改革可有效地改善目前教学中理论模型与实证分析脱节、思政课程无法有效融入课程等问题,有效解决数学基础薄弱的学生对于课程的接受程度,提高学生的听课效率,将课程思政以案例以及实证的方式引入课堂,增强学生的家国情怀和文化自信。

在教学效果方面,在本课程完成后,学生们基本可以掌握如何用计量经济学的方法对经济问题进行分析,包括提出经济问题、建模、搜集数据、模型分析、模型检验等。本班学生均可在测验的案例分析展示部分交出让人满意的答卷。据修过该课的学生反馈,学过计量经济学后在设计毕业论文时可以有较为清晰的思路和分析方法。

参考文献

[1] 董旭,杨亚丽.基于"233"框架的混合式教学模式创新研究——以本科"计量经济学"课程为例[J].科技与创新,2021(16):40-42.

[2] 霍丽君."金课"理念下民办高校计量经济学混合式教学实践研究—以晋中信息学院为例[J].中国管理信息化,2021(12):215-216.

[3] 肖建平.新文科背景下高校公共英语课程思政建设的实践与探索[J].海外英语,2021(13):135-137.

[4] 孟佳娜,李威,姜笑君.以学为中心的混合式教学方式实施与评价[J].计算机教育,2021(2):80-84.
[5] 李文启.以学为中心的"金融计量学"课程教学模式研究[J].创新与发展,2019(10):239-240.
[6] 房琳,王怡."以学为中心"的课堂教学模式构建—以"应用统计学"课程教学为例[J].中国成人教育,2019(6):57-60.
[7] 吴岩.建设中国"金课"[J].中国大学教学,2018(12):4-9.
[8] 吴焕庆."互联网+"下翻转课堂中的知识建构研究[J].中国电化教育,2017(8):33-38.
[9] 杨伟文,蒋月婷,肖洪广,等.影响大学生上课注意力集中原因的调查和对策[J].中国高等医学教育,2012(12):44-45.
[10] 杜平,宋海燕.论礼仪教师的外在形象美[J].山东行政学院山东省经济管理干部学院学报,2009(1):148-150.
[11] COWAN J. JOHN BIGGS 1999. Teaching for Quality Learning at University: What the Student Does[J]. Higher Education, 2000, 40(3): 374-376.
[12] KARE LETRUD, SIGBJORN HERNES. Excavating the origins of the learning pyramid myths[J]. Cogent Education, 2018, 5(1): 1518638.

作者简介

辛广益 博士,上海立信会计金融学院国际经贸学院讲师;主要研究领域为应用计量经济学、劳动经济学;联系邮箱为 xinguangyi@lixin.edu.cn;本文的通讯作者。

毕玉江 博士研究生,上海立信会计金融学院研究生处,教授;主要研究领域为宏观经济学;联系邮箱为 byj163@163.com。

运用"腾讯会议＋学习通平台"实现网络在线教学的探索

彭锻炼

摘要 随着通信技术和互联网技术的发展,在新冠肺炎疫情防控期间,高校网络在线教学成为非常必要的手段和措施。目前,网络在线教学的形式多种多样,"腾讯会议＋学习通平台"的网络在线教学方式具有一定的优势。本文详细介绍了应用这种网络在线教学方式的具体实施过程,以腾讯会议为媒介,利用学习通平台的多种功能,可以较好地实现课堂教学,达到网络在线教学的目的。在此基础上,本文总结了"腾讯会议＋学习通平台"这种网络在线教学方式需要做好的一些基础性工作和今后进一步完善的方向,为高校教师开展网络在线教学提供参考和借鉴。

关键词 腾讯会议 学习通平台 网络在线教学

一、开展网络在线教学的必要性

网络在线教学是以移动通信技术或 5G 技术等新兴技术为基础,借助互联网进行的单点对多点的实时交互式的教学方式。它以高校教师课程讲授为内容,通过智能客户端实现异地课堂直播。与传统的面对面课堂教育相比,网络在线教学有效利用网络信息技术和现代教育知识使自身具有教学方式灵活多样、教育对象覆盖面广等特点。

在信息化和全球化时代,开展网络在线教学的必要性体现在以下几方面。首先,信息技术的快速发展为网络在线教学提供了技术基础,信息技术提供了网络在线教学的工具,而将课堂教学内容搬到网络上为网络在线教学提供了内容,有了工具和内容,网络在线教学的发展就有了基础。其次,在全球化发展趋势下,国与国之间的文化交流包括教育教学内容的交流融合越来越频繁,而网络在线教学可以为这种文化和教育教学交流提供更便利的条件;同时,各国都在追求更大程度的教育公平,网络在线教学可以打破过去学生身份的限制,通过网络为更多需要接受各种教育的人员提供更多的机会,实现更大程度的教育公平。因此,网络在线教育正在成为各国实现教育公平的重要工具和载体。最后,2020 年突如其来的新冠肺炎疫情加快了网络在线教学的步伐。

二、网络教学方式的选择

(一) 我校开展网络在线教学的情况

上海立信会计金融学院根据上级部门的指示精神,积极组织专业教师开展网络在线教学以应对严峻的疫情形势。根据学校的网络教学质量报告,2020 年网上教学首月,全校共有 814 位教师开设 819 门课

程,共计2 385门次,其中在网络教学平台新建课程147门。教务处通过对教师开展的问卷调查显示:

(1) 开展在线教学所用互动工具主要有 QQ、微信、腾讯会议、钉钉、ZOOM、腾讯课堂等。

(2) 在线教学方式及占比:教学材料共享+线上指导占24.06%,校内平台上自建网上课程+线上翻转课堂占22.59%,在线教学工具+会议系统占13.01%。具体情况如图1所示。

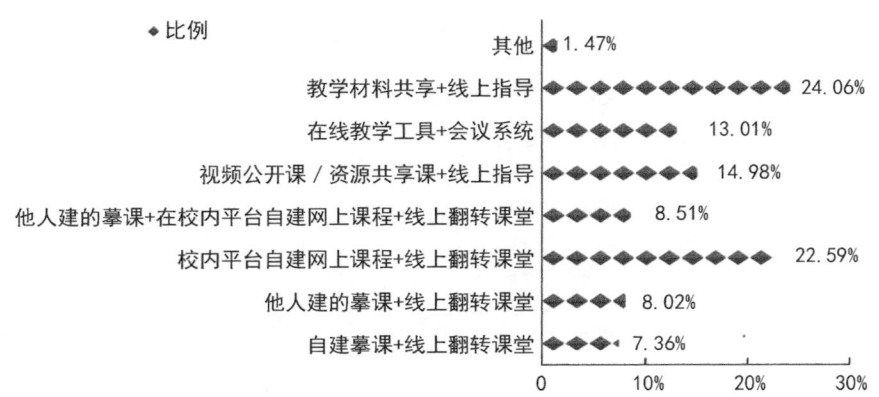

图1 教师在线教学方式统计图

(二) 网络在线教学的方式选择

在线教学方式的选择没有一定之规,适合自己和学生的就是最好的,但选择的平台应能保存教学过程的数据,方便易用。我的选择是"腾讯会议+学习通平台"。腾讯会议室类似于传统课堂教学中的教室,腾讯会议的共享屏幕类似教室中的黑板,学习通平台类似课堂教学中师生互动的工具。

"腾讯会议+学习通平台"的网络在线教学方式具有以下优势:

(1) 简单易用,无需注册就可以直接使用。

(2) 交流方便,能进行音频和视频的直接交流。

(3) 能将学习通平台上的操作结果直接展示给学生。

(4) 能充分发挥学习通平台加强师生互动的优势。

(5) 可以利用录屏软件将讲解过程全程录屏保存,供学生回看。

三、腾讯会议+学习通平台网络在线教学的具体实践

利用"腾讯会议+学习通平台"可较好地实现课堂教学的绝大多数功能,主要包括以下几点具体内容。

(一) 预约腾讯会议

在课程结束后一两天内,教师可以预约腾讯会议,并将会议信息通过课程微信群和学习通留言区域通知学生。

(二) 正式上课

1. 签到

在学习通平台上发起签到,然后投屏到电脑上,通过腾讯会议的共享屏幕功能将签到的画面共享给各位同学,进入腾讯会议的同学可以根据签到的提示进行签到。签到有手势、位置、二维码等方式,这些方式都可以有效地防止未进入腾讯会议的学生"伪签到"。一方面,网络在线教学推荐使用二维码签到,可以设置10秒钟变换一次,可以防止同学复制二维码给其他未进入腾讯会议的同学进行虚假签到。另

一方面,也可以利用学习通平台签到的信息和腾讯会议中参会成员的信息进行比对,找出没有真正进入腾讯会议虚假签到的同学(图2)。

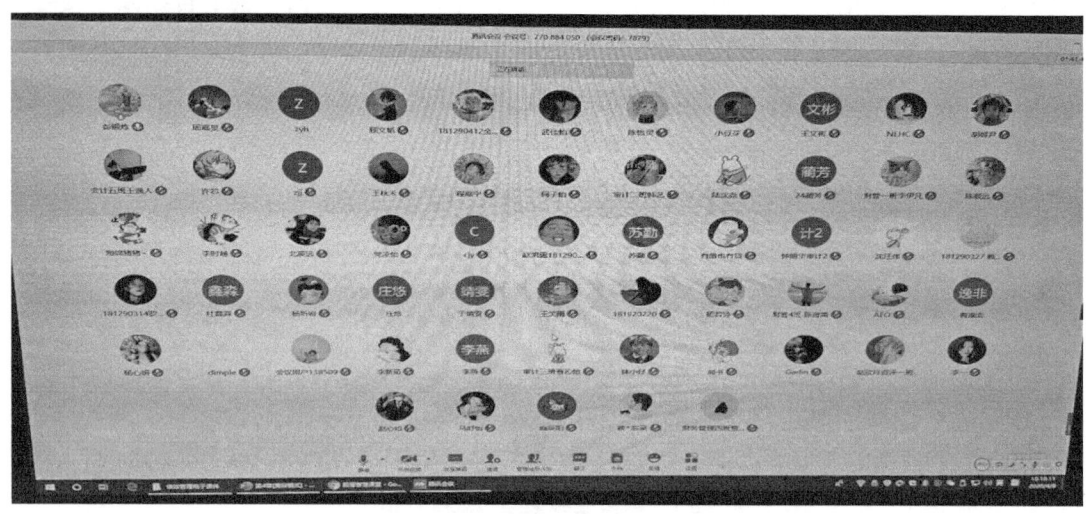

图 2　上课时进入预约腾讯会议的学生情况图

2. 课前回顾

回顾上一次课程教学内容后,在学习通平台发起"随堂练习",并将学生回答情况投屏到电脑上共享给学生们(图3、图4)。

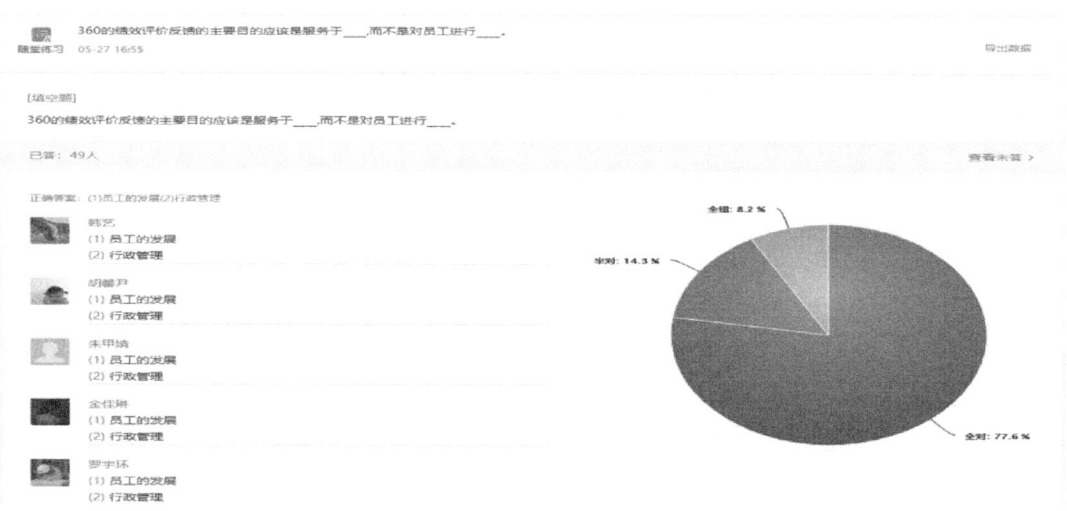

图 3　课前回顾中填空题的回答情况图

通过课前回顾进行的随堂练习可以很方便地了解同学们对上一次课程内容的了解情况,对回答情况不佳的知识点及时进行回顾和强调,加深学生对重要知识点的记忆和掌握,为本次课堂讲授内容的学习打下基础。

3. 直播授课

打开 PPT 课件,与班级学生共享屏幕,学生可以同步看到教师的屏幕,教师可以在课件上进行批注,学生可以同步看到教师屏幕上的结果;同时,教师如果在平板电脑上用"腾讯会议"的话,还可以用手写笔画图演示,也可以用学习通平台的白板功能手写画图演示。对于高等数学、经济学等课程需要画图的课程,这样可以直接展示作图的过程。

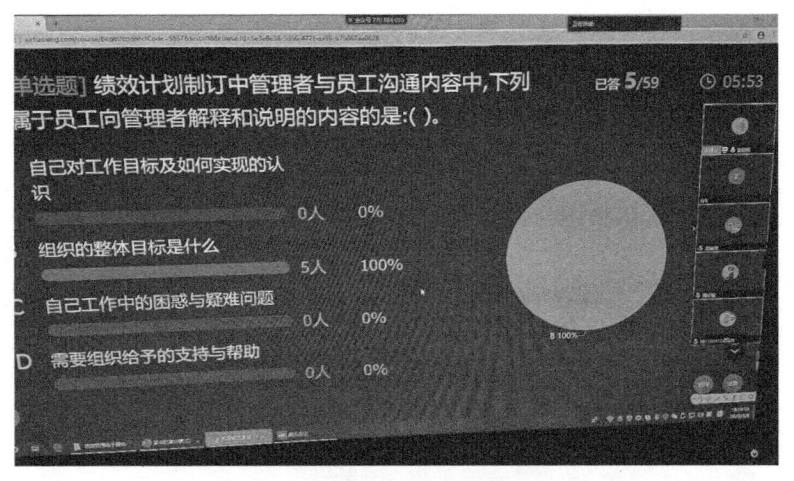

图 4　课前回顾随堂练习中的单选题回答情况图

4. 随堂测验

通常老师在讲完一节的内容后,进行 3～4 道题的随堂练习,包括单选题、多选题、判断题或填空题,每道题 2 分钟;同时,老师将随堂练习的结果投屏到电脑上共享给班级同学(图 4)。这样做有以下几个好处。

(1) 通过每节内容讲授完以后的随堂练习,了解同学们对课堂讲授内容的了解程度。

(2) 通过班级同学回答情况,了解学生的课堂参与程度,检验学生有没有真正跟随老师同步学习教学内容。

(3) 通过结果的统计显示,提醒同学们该知识点需要注意的具体细节内容,以及容易犯错或者被忽视的地方。

5. 选人

利用学习通平台的选人功能,选择学生来回答问题,这样可以防止出现学生签到后不听课甚至不在电脑旁边的情况,起到间接监督的作用,这也是加强师生互动的重要方式之一(图 5)。

图 5　网络在线教学中使用选人结果图

6. 抢答

利用学习通平台的抢答功能,在案例分析或提出某个问题后,向学生们发起抢答,要前 3 名或前 5 名进行回答,并对他们回答的情况进行点评。这也是课堂师生互动的重要方式之一(图 6)。

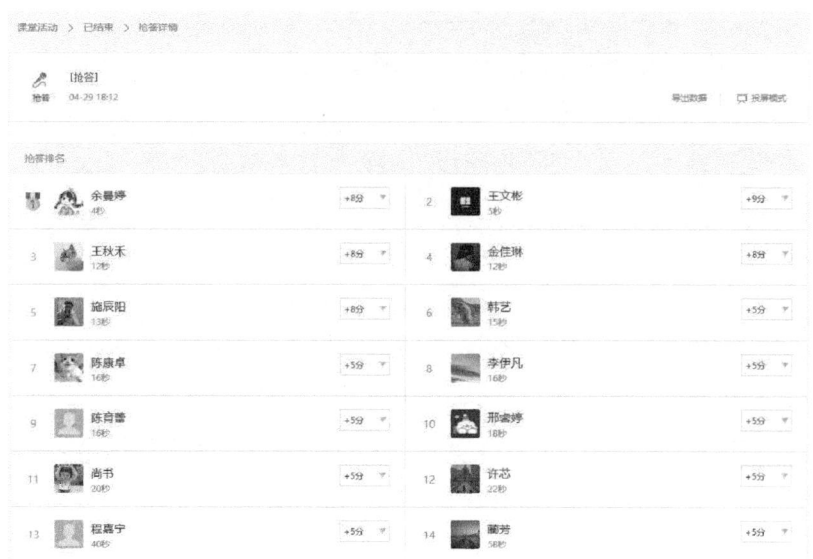

图6　网络在线教学中使用抢答的结果图

7. 布置作业

通常每周都有作业,教师需及时通知学生完成作业,并及时批改,对作业完成情况在每一次课前和学生做一个总结或交代,指出哪些同学作业完成得好,哪些同学作业完成得不行,通过对不同作业结果的比较和分析,让学生更加重视作业,认真完成作业。同时,教师也要对作业中的一些重要知识点进行总结和回顾。通常情况下,每章都会布置相应的作业,以检验学生对章节内容的学习情况,教师也应及时批改作业,并将作业结果和分数及时发布给学生,让学生知道自己的作业完成情况(图7)。

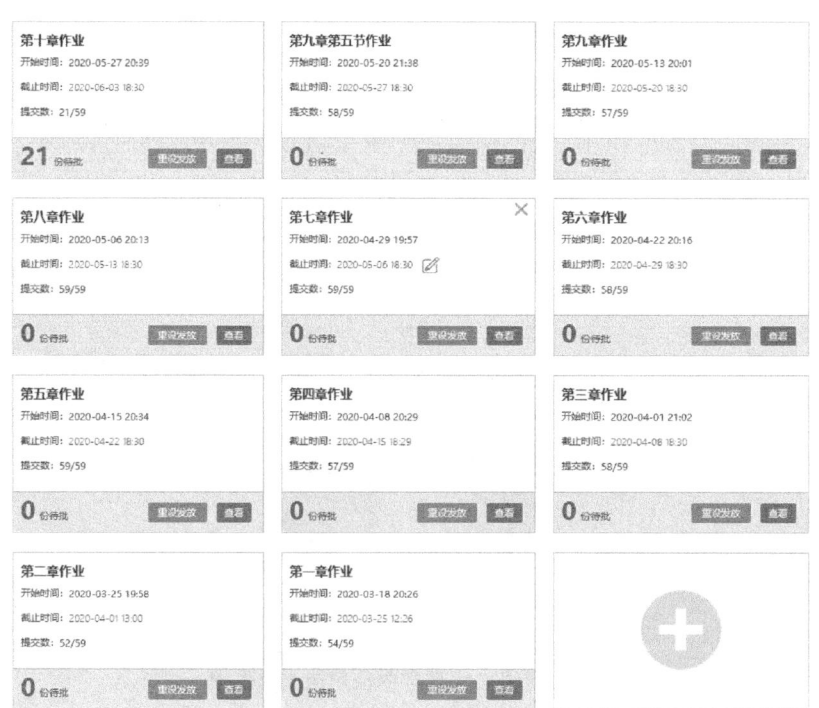

图7　网络在线教学中每章课后作业布置情况图

8. 平时成绩统计

在第一次上课时,教师应将学习通平台的成绩构成和比重告知学生,并允许学生查看自己的成绩,每过一段时间告知学生平时成绩情况，及时提醒平时成绩分数偏低的学生完成平时学习任务，以增加平时成绩分数(图 8)。

序号	学生姓名	学号/工号	课程视频(15%)	章节学习次数(5%)	讨论(10%)	作业(35%)	课堂互动(35%)	综合成绩
1	陈毅远	1517000314	15.0	2.13	0.8	27.23	20.88	66.04
2	曹逸非	171240837	9.0	1.78	0.4	26.58	21.93	59.69
3	李时越	171420136	15.0	3.17	1.6	29.08	27.18	76.03
4	李新茹	171540224	15.0	3.32	1.6	25.85	27.77	73.54
5	王文彬	171540238	15.0	2.08	1.8	29.28	29.52	77.68
6	庄婧晗	181240124	5.25	1.57	0.0	23.93	18.78	49.53
7	尚书	181240217	15.0	2.75	1.8	26.27	26.13	71.95
8	李一	181240332	15.0	4.85	1.9	24.29	28.35	74.39
9	杨心妍	181240416	15.0	4.05	1.6	29.67	26.02	76.34
10	朱甲婧	181240417	15.0	2.32	1.0	29.22	27.07	74.61
11	顾文韬	181240439	15.0	3.25	1.2	26.83	25.78	72.06
12	王逸人	181240532	15.0	2.38	0.9	27.43	24.97	70.68
13	余旻婷	181240719	15.0	0.83	1.2	24.83	22.75	64.61

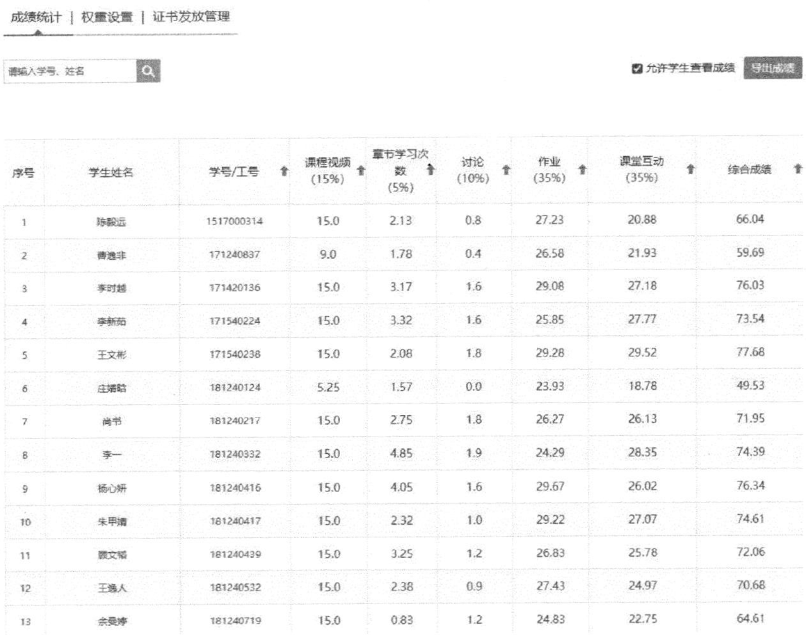

图 8　网络在线教学中平时成绩统计结果图

9. 发布讨论

每星期三晚上是教师的坐班答疑时间。教师发布讨论题，让学生参与讨论，并对学生们的讨论内容进行点评或打分(图 9)。通过讨论，教师可以发现学生对该章所学内容的了解和理解程度，发现他们对该章内容理解的程度，发现他们在某些重要知识点的理解中的闪光点，增强学生参与学习和讨论的积极性。

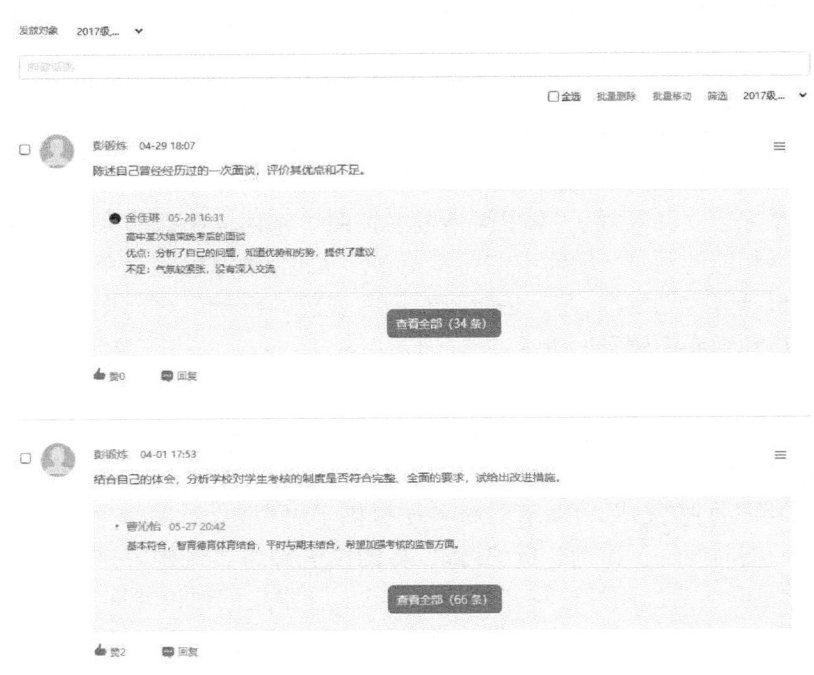

图 9　网络在线教学中发布讨论的结果图

10. 在线考试

期末时,教师可以在学习通平台上向学生发布考试试题,要求每位学生都打开自己电脑的摄像头,教师可以在腾讯会议上进行监考。学习通平台可以建设试题库,通过"新建"中的"手动创建试卷",一次创建多套试卷,系统会给不同的学生分配不同的试卷,而且还可以选择让题目和选项乱序,使每位学生拿到的试卷都是不一样的,即使是同一套试卷,每个学生的题目顺序和选项顺序都是不同的。这样可以避免学生之间互抄答案,有效防止舞弊。

四、启示与建议

通过运用"腾讯会议+学习通平台"开展网络在线教学,2020年上半年的教学任务顺利完成,学生普遍反映良好。从这次实践探索中,我们得到了以下这些启示,希望能为准备运用"腾讯会议+学习通平台"开展网络在线教学的教师们提供一些参考。

(一)要熟悉学习通平台的功能

学习通平台常用的功能包括布置任务点、签到、随堂练习、抢答、选人、布置作业、问卷、讨论等。此外,学习通平台还有以下几项更强大的功能。

(1)分组任务:组建小组,不同小组完成相同或不同的任务。要注意指定组长,防止有学生"搭便车"。

(2)白板:可以随堂在电脑上进行板书,画流程图、二维图或思维导图等。

(3)同步课堂:可以将学习通平台的一些操作同步给利用学习通学习的同学等。

腾讯会议是一个类似教室的黑板或投影屏幕的平台,而演示的内容或投影的内容要依靠学习通平台来提供,所以教师要深入熟悉了解学习通平台的功能。

(二)建设好题库

随堂练习、选人、抢答等课堂互动功能都需要有相应的内容才能开展,这些内容如果现场编写的话,会耽误较多的时间,所以最好能建设好习题库。在课堂上通过题库选题,可以非常方便地选择一定数量的客观题进行随堂练习、选人、抢答或开展问卷调查。这样可以加强与学生的互动,让学生不觉得是单纯地灌输知识,而是有参与课堂教学的机会,提高学生参与的积极性,避免"满堂灌";也可以避免学生在线上登录了但人却在做其他事情的现象,使学生能跟随老师的进度来学习。

习题库中可以按章来建立目录,每一章里面还可以按照节来建立下级目录,这样在课堂中可以使学生到具体的章节去选择相应的题目。题库中的题型应该多元化,最好能包括单选题、多选题、判断题、填空题、简答题、案例分析题等常见题型,尤其是前面四种客观题的数量最好能多一些,这样就可以避免随堂练习、课后作业、考试题组卷中题目的重复。

(三)提供丰富的案例材料,供同学自学和讨论

在此次的网络在线教学中,我将教材上每一章的案例、专栏、案例分析材料和延伸阅读材料都搬到了网上,作为任务点要求学生们去完成阅读,有的材料还提供了思考题,要求学生们去思考和讨论。同时,有些章节会专门安排一些时间进行案例分析的讨论,有的是老师将案例内容进行深入分析,指导学生如何进行案例分析;有的是学生自己阅读材料,老师提出问题,让学生们讨论并回答。这样就可以让学生在学习完章节内容后还有相应的案例材料来复习和应用所学的知识,做到学以致用,提升教学效果。

在网络在线教学中,除了提供必要的课件、视频、习题等教学材料,还应该补充提供大量的案例材料、阅读资料,让学生加强理论与实践的联系,以提高学习效果。

(四)进一步完善的方向

在进行了"腾讯会议+学习通平台"的在线网络教学方式的探索后,我们较好地完成了疫情期间的在线教学任务,学生普遍反映良好。在今后的网络在线教学中,我们还可以在以下三个方面进一步完善。

1. 将授课过程录屏

利用一些录屏软件将在线网络教学的授课过程以录屏的形式把课件讲解、与学生互动等内容录制下来,上传到学习通平台上,供学生课后再次观看,特别是一些重要的知识点和关键内容的讲解可以让学生反复观看,加深记忆,这样效果将会更好。

2. 开展小组讨论

利用学习通平台上的小组讨论功能,将一个班级的学生分成不同的几个小组,让他们通过微信或腾讯会议展开讨论,将形成的讨论结果发布到网站,或者在腾讯会议上展示小组讨论结果,其他小组对展示的结果进行评分,从而充分发挥小组讨论的作用,加强学生的团队合作。更进一步的,教师可以向"翻转课堂"发展,让每个小组承担一次课程内容的讲解或汇报,让各小组的同学自己进行预习和制作讲解内容,老师对小组讲解内容进行点评并进行有重点的归纳,这样可以发挥学生的参与作用和主观能动性。

3. 利用腾讯会议或学习通平台的白板功能画思维导图,帮助学生掌握知识结构

在网络在线教学的过程中,教师将课件上讲解的内容绘制成思维导图,可以起到总结和归纳的作用。此外,教师用思维导图突出知识点的结构化呈现,可以加深学生对知识点的记忆,加强学生对知识点之间逻辑关系的理解,让学生更好地掌握重要的知识点和需要掌握的内容。

参考文献

[1] 李爽,雷走宏.信息时代网络直播教学的发展——以翻转教学为例[J].科技传播,2019(6):148-149.

[2] 邹雄,吕文丽."停课不停学"理念下的网络直播教学实践研究——基于"CCtalk+课堂派"在线平台[J].中国教育信息化,2020(23):68-71.

[3] 霍静怡,徐建军,王喜莲.基于网络直播的高校在线教学模式探索与实践[J].创新创业理论研究与实践,2020(22):121-125.

[4] 李美茹,李秋玲,侯志敏,等.新冠疫情期间网络直播教学实践与思考[J].廊坊师范学院学报(自然科学版),2020(4):116-118.

[5] 梅鑫华,张方军.基于网络直播的通用技术教学探讨[J].中国现代教育装备,2021(3):26-29.

[6] 康杰.网络直播教学模式下教师能力提升研究[J].中国教育信息化,2021(14):73-76.

作者简介

彭锻炼 男,上海立信会计金融学院财税与公共管理学院副院长、副教授;主要研究领域为财政支出理论与政策、政府绩效管理。

教 学 管 理

学校教学督导体系建设探究

——基于一流本科专业建设视角

王 晶

摘要 随着教育改革和当今时代信息化潮流的推进,我国高校的一流本科专业建设逐步发展,保障教学质量成为国内院校本科教育和人才培养的关键任务,而教学督导工作作为高校教学质量保障体系的重要基石,也逐步受到各方重视。本文从国内高校教学督导体系现状出发,探讨了我校教学督导体系的发展瓶颈与适合本校的参考措施。同时,本文创新地从国家一流本科专业建设的视角出发,探讨了一流本科专业建设视角下高校应如何提高教学督导体系高效运行,并提出了针对性建议,以期为国内其他高校提供参考。

关键词 教学督导 学校教学 一流本科专业建设

一流本科专业建设是符合当前教育改革和大力培养本科人才的重要任务和必然趋势,因此,作为国内高等院校,从一流本科教育出发到一流本科专业建设,再自然过渡到成为"双一流"高校,是我校乃至于其他国内高校的必然目标与追求。而为了实现这一目标,我校必须以提高教学质量为出发点,而教学督导体系作为教学质量保障体系的重点,是我校必须着重提升的方面。因此,本文从一流本科专业建设的角度出发,对国内高校教学督导体系的现状进行分析比较,立足我校校情和具体问题进行探讨,并提出针对性意见,给我校和其他高校教学督导工作提供参考。

一、研究背景

2018年6月21日,教育部在四川成都召开新时代全国高等院校本科教育的工作会议。会议强调,要深入学习贯彻习近平新时代中国特色社会主义思想和党的十九大精神,全面贯彻落实习近平总书记5月2日在北京大学师生座谈会上重要讲话精神,坚持"以本为本",推进"四个回归",加快建设高水平本科教育、全面提高人才培养能力,造就堪当民族复兴大任的时代新人。陈宝生指出,"高教大计、本科为本,本科不牢、地动山摇"。这指明了本科教育的基石作用,它是大学的"根"和"本",人才培养是大学的本质职能。本科教育是高等教育的重要组成部分,实现中华民族伟大复兴是包括本科教育在内的各学历层次高等教育共同的根本目标和主题。一流本科教育是指在一定范围内,现代化程度较高的、优质的、为社会公认的第一等的本科教育,而一流本科专业建设是一流本科教育建设的逻辑推演和政策延伸。我校本科教育紧跟国家对于本科教育的要求和倡导,具体表现在我校对本科教学质量的重点关注以及教学活动的创新发展,并在此基础上力争发展一流本科专业,从而提升我校的本科专业教学质量与评估,为我校的发展提供更开阔的视角和前进方向。

我校在提高教学质量的同时,也遇到了问题,如不论是学校领导、学校指导与政策、教学教务管理、教师教学方面都具有提高教学质量的共识,但仍然存在对于教学质量是否真正得到提升,具体的举措是否真正地达到效果,需要确立哪些评估标准,评估的主体、对象又如何决定和选择,都难以得到一套完整的标准答案。

在此情况下,教学督导应运而生。建立督导体系的根本目的是提升教学质量,它是高校内部教学质量体系中不可或缺的组成成分。学校将选择符合标准的专家和老师对高校内所有的教学教育相关活动进行监督、指导、沟通、信息反馈、参考建议、修改调整、重新评估,这一过程能够激发教师更好地钻研自己的"教"学全过程,也能够促进学生对教学进行评估和评定,并提出建设性意见。这一机制以学校政策、指导性措施层面作为统筹大局的抓手,辅助以院级或下一级组织的贯彻落实,再结合教学主体——教师和学生的双重激励、关注下,将教学督导体系的高效、高质量运转落到实处,才能从根本上促进我校本科教育教学质量稳步提高。本文从一流本科专业建设的角度出发,立足我校校情和具体问题,对国内高校教学督导体系的现状进行分析比较,并提出对应的针对性意见,以期为我校教学督导工作和其他高校提供一定的参考。

二、项目简介

随着教育改革和当今时代信息化潮流的推进,我国高校的一流本科专业建设逐步发展,保障教学质量成为国内院校本科教育和人才培养的关键任务,而教学督导工作作为高校教学质量保障体系的重要基石,也逐步受到国家政府和高校教育改革和建设的重视。首先,本文从国内高校教学督导体系现状出发,探讨了我校的教学体系发展瓶颈与适合本校的参考措施。其次,本文创新地从国家一流本科专业建设的视角出发,探讨了一流本科专业建设下高校应如何提高教学督导体系高效运行,并提出了针对性建议,通过对我校督导体系建设的具体情况具体分析,为有相似情况的国内高校提供了借鉴。最后,根据本项目提出的参考性建议,对我校开展实际工作后预计出现的困难和问题,也提出了针对性的意见和具体的解决办法,意图将开展后的实际工作困难和问题尽量清除,促进我校教学督导体系的完善和高效运转、提升教学质量,随后也从宏观和微观的层面上,分层次、分要点地阐明了本项目顺利开展后,预计对于我校的教学督导工作产生的积极成果。这些成果不仅对于我校,而且对于国内其他本科院校具有借鉴意义和理论价值,这也是本项目的最大价值所在。

三、具体研究内容和过程

(一)学校教学督导体系的工作现状

1. 国内高校教学督导体系建设现状

1)教学督导优势难以体现

国内高校基本都设立了较为完善的教学督导体系。高校之间依据院校性质和办学模式,都建设了极具本校特色的教学督导体系,但都存在一定的问题,从而限制了学校督导工作真正起效用。其中较为突出的就是教学督导体系缺乏明确的职责分工和运行流程,导致督导人员难以明确自己的权责,工作效率和参与感下降,这也就导致了教学督导工作的针对性不高、督导工作难以落到实处。

2)教学督导队伍人员安排不合理,教学督导工作发展停滞

根据国内高校督导工作情况,督导人员队伍较多来自经验丰富、年龄资历较高的教师,这些人员对于所在专业有较丰富和深刻的认识,可以针对不同专业特点给出有针对性的意见和指导。但是随着时代发展带来的新型教学理念和授课模式的改革,老教师固化思维难以转换、更新,所以教学督导队伍中应该有更加精通新的教学模式与技术,更多有精力、有活力的中青年教师,实现不同特色督导人员的组合,专职

不同的督导功能,这样才能改变现存的教学督导工作发展停滞、难以突破的现状,也才能更加适应当代新型的教育理念和教育模式,才能更加符合时代的要求和发展趋势。

3) 教学督导方式不科学,教学督导体系的功能难以发挥

教学督导顾名思义就是对教学工作进行监督和指导。"督"即代表监督、检查、评价教学过程中的每一个环节,为教师对自己教学过程的情况提供参考意见。"导"即基于教学过程中发现的问题应该有专业的教师给予有针对性、明确精准的指导意见,并有后续的跟踪调研或其他方式来及时进行反馈,保证督导运行效果。但国内高校督导体系实际上偏向于"督"而常常忽略了"导"的重要性,毕竟"督"只是指出问题,但缺乏解决问题的方式和途径,那么,如何突破、如何解决。如果不引起重视,缺乏此部分的指导,必将导致督导教学体系的功能难以发挥,并且存在较大的发展局限性。

2. 我校教学督导体系的组织体系构成

教学督导是对学校教学运行和教学管理进行检查、监督、指导、咨询,行使"督教、督管、督学、督研"的教学咨询与教学质量结合为一体的监督机构,是保障高校教育教学过程平稳运行和教学质量监控的中坚力量。它具体表现在管理和监督全校教学质量、教学体系运行,维持积极向上的教风、学风,督导和评价学生、老师、教学过程,提出改善建议和落实实施过程等。

我校目前的教学督导体系由校、院两级教学督导构成,由分管校长领导、统筹、协调,日常工作由教师教学发展中心负责,学校层面设置教学督导组长 2 名,全面参与学校教学监督、评价、管理与评估的工作指导;院级教学督导由学院统筹管理,对院级层面的相关教学管理工作进行监督、评价和指导,同时,与校级督导工作做好相关协调和沟通,配合完成跨学科、跨专业的教学督导工作。两级教学督导体系的设立既能够从院级层面,切实关注到具体事务,有针对性、高精准高时效地进行处理,又能够从基层出发,发现问题、处理问题,及时将相关意见传达至校级层面,为校级督导工作提供较高参考价值的工作建议和具有及时捕捉相关不足、缺漏的机会和视角,由下至上,打好学校教学督导工作的基础。同时,校级层面的督导工作统筹各个学院,有较广泛的视角,准确传达国家政策、教育改革趋向等信息,把握全局,协调各个学院间的相关事项,为基层具体工作提供坚实的资金、政策、人力支持等。

总的来说,我校以校、院、专业三级教学质量监控保障和校、院两级教学督导为基础,初步形成了"日常监督、定点监督、定期监督、师生监督、社会监督"五位一体的教学质量联动监督运行机制,构建了由"目标保障、制度保障、组织保障、资源保障、过程保障"五部分组成的教学质量监控保障体系。由此可见,我校的督导体系从组织构成上具有较高适用性和实践价值,可以发扬结构上的优势,继续沿用和发展。

3. 我校教学督导体系的运行机制

我校教学督导的运行机制主要以"专职教学督导为主,兼职教学督导为辅,校院两级联合,专职兼职联动"多元化的学校教学督导运行机制。这也保障了在人力资源上,有足够的师资力量来对督导工作进行时监督和管理,而不至于产生老师疲于平时的教学任务,无法两者兼顾的问题。这也是这一模式一大闪光点。

4. 我校教学督导工作存在的问题

1) 相应考核、评价制度的缺乏

虽然我校已建立较为完善的督导工作制度和实施方案,也提供了足够的保障措施。我校不论是对后勤、奖励激励机制,或者是举办定期的教学督导培训提供知识、人才保障都有较强有力的支持,但由于考评制度的缺乏难以规范化专职和兼职督导人员的工作流程,以及难以确保他们的工作质量。这间接导致了督导相关人员的工作参与感下降,易产生职业倦怠和社会堕化现象,这也就难以提升教学督导体系的高效高质量运行。

2) 对于校内教师的帮扶欠缺、教育成果难以保证

我校的教学督导工作内容大多专注于常规性教学秩序检查与监督、听课评教、试卷复核复审、毕业论

文复查、精品课程公开课等工作上,但学生评教不理想的教师之后的专业素养培训与帮扶工作并未落到实处、未及时跟进,而教师教学问题仍未得到高效及时的解决,也就难免导致会督导工作的作用形同虚设化;同时,这也使得教学效果难以得到本质上的提升,学校教学质量难以得到真正的发展。

3) 我校教学督导工作流程尚未适应现代信息化背景下的高校教学发展需求

在当前信息化的时代背景下,互联网与我们的生活息息相关。当然,这也包括学校教学,那么,我校该如何利用好互联网的优势,紧跟时代的发展,这仍然值得深思。

(二) 一流本科专业建设的视角

1. 一流本科专业建设与教学督导体系的关系

一流本科专业建设是一流本科教育建设的国家政策的延伸,它的立足点基于"一流本科教育",是我国高等教育改革的必然趋势。而"一流本科教育"作为"双一流"建设的重要任务之一,也是符合国家和政府高度重视的政策目标之一,随着高等教育改革的发展,一流本科教育必然趋近实现一流本科专业建设,从而到一流专业课程建设,最后实现有中国特色的高水平本科教育。所以为了积极推动一流本科教育建设,切实促进一流本科人才教育与培养,实现一流本科专业建设是我校教学教育、教学督导体系的重中之重。

2. 一流本科专业建设的根本任务——专业建设

基于建设"一流本科专业"的核心要求,我校应该以不同专业的高质量建设为根本任务,明晰不同专业特点和定义,具体化教学方式与培养方案,并将理论传授与实践实习有机结合。具体可根据我校不同的专业所需的专业技能和理论基础,设立更加有针对性的考核评估标准体系,确保本科专业教育教学过程可以有效提升本科生的专业素养和实践技能,从而避免国家"双一流"建设导致的高校更加重视科研产出而削弱人才培养的弊端。

3. 一流本科专业建设的基本方向——提高学生的专业知识和技能

在建设"一流本科专业"的过程中,专业知识与技能的培养不可或缺,只有真正地在本科人才培养上做出实绩,才能确保我校本科专业教育与建设的效果落到实处,进而推动我国高等院校本科教育事业不断发展和突破。而学生专业知识与技能的提升,根本上在于高效、高质量的教育教学互动过程。

4. 一流本科建设与教学督导体系的关系探讨

教育教学成果依赖于学生与教师的积极互动,教师教学有要求,学生学习有反馈,要保证"教"与"学"的良性互动和双向沟通。这就要求高校教师不断寻求教学技能和专业知识的提升,这也反映了学生的学习反馈和建议有其必要性。而教学督导体系的建立与完善,从教学管理制度上促使教师教学在专业人士的监督下,有严格的自我要求和自我省视。同时,存在一定教学缺陷或者学生有合理建议需要甄别、进行纠正、教育改革的情况也难以避免,并且不同特点的专业教学需要具体问题具体分析,当出现问题或发现陈旧教学模式已经难以适应专业和时代发展时,督导体系应能够及时监控、给予反馈和专业建议,从而教师可以在相关专家的指导下,逐渐克服和纠正。只有从根本上落实教学过程高质量、教学管理高效率,才能切实提升包括我校在内的国内高等院校的"一流本科专业建设"。总之,我校要落实"一流专业"的建设工作,不仅要依靠专业建设管理机制的创新,突破陈旧思维与管理方式,而且也要依靠融入创新性理念的科学、高效的教学管理与教学督导模式。

(三) 一流本科专业建设视角下对于教学督导体系的要求

那么,结合上述讨论包含我校在内的国内本科院校存在的教学督导体系的发展现状以及基于一流本科专业建设的视角,本文对于我校教学督导体系的发展提出以下几点要求。

1. 丰富教学督导形式,完善教学督导考评制度和运行流程

首先,我校的督导形式较为单一化、固定化,必须进行改变。比如,在传统督导听课的基础上增加督导看课这一形式,以及通过问卷调查收集班级同学课程反馈等增加教学督导的形式,提高其有效性和实用性。此外,我校教学督导缺乏科学合理的考评制度带来了教学督导体系的停滞,因此,促进教学督导考评体制的完善也必不可少。我们可以通过受督导教师的课程改进意见收集、改进效果评估等进行量化、评价。这样既可以提供客观的标准来审核受督导教师的督导效果,又可以促进教师积极纠正,通过效果的提升来评定奖惩情况,对教师教学起到一定的激励作用。同时,这也完善了教学督导"督"与"导"的完整运行流程。

2. 增强教学督导在现代背景下的信息化建设,促进教学、督导现代化推进

随着现代社会信息化快速发展,使用信息化手段进行辅助教育教学活动与学校管理已经是历史必然,必然成为加速推进我国教育改革、教育现代化、教育国际化的关键要素。而我校督导工作整个流程存在不能适应现代信息化背景下高校教学发展要求的情况,仍然使用较为陈旧的督导运行机制,督导效果和教学成果是否得到改善也难以客观评估。这样必然会导致教学督导体系的运行不畅,从而从根本上影响我校一流本科专业建设和教学督导体系高效运转。因此,我校需要构建以教学质量提升为根本目的,以"检查—评价—反馈—提升"为主要环节的"互联网+"教学督导工作闭环运行体系。而闭环性强调从督导考核指标的制定、教学质量检测要点、督导相关人员、信息反馈人员或途径、教学问题的情况、指导改进意见和督导效果与质量评估全程,都实行全面封闭循环的过程管理,确保环环相扣、一步一脚印才能保证整个督导过程高效、完整、科学、可行。国内已有先行高校建成了网络评教系统,评教系统为保证公正性、现实性,一般包括督导专家评估意见、同行同专业教师评估意见、所教授学生反馈意见三个主要部分,对于我校也有较高的借鉴意义。如何真正将评教工作落到实处,而不仅仅沦为形式主义的产物,能够对于督导实际运行、教学质量提升真正起效用,这也是一流本科专业建设对于教学督导体系提出的要求之一。这也就引发我们对于如何利用好互联网时代带来的便利之处,如何借助网络信息化进行管理,如何利用好大数据进行分析、判断教师和学生的问题所在,如何制定饱受好评的新型教学模式、教学督导成功方案,从而由浅入深、由现象到本质上提高教学督导科学性、专业性、规范性的思考。

3. 定期举办教学督导工作反馈座谈会以及邀请行业专家进行针对性培训

由于我校教学督导体系中缺乏相关督导专业人士,特别是缺少专业学科经验丰富的学者和教学一线的优秀教师,所以对于教学过程中的督导工作难以给出针对性的指导意见,也不能够保证在监督过程中有具备敏锐的洞察力和学科专业性的人员,去敏锐地捕捉教学过程中的关键问题。我校应该设置固定的教学督导工作反馈座谈会,比如,每半学期将每个月的督导问题和督导后纠正情况或效果加以收集、整理,形成汇总报告,每月、每个学院一报,在学期中、学期末形成两次固定的座谈会,邀请相关人员进行讨论、互动、分享自己的个人经验和教学成果。同时,督导人员队伍里涉及专职教师和兼职教师,督导相关能力和理论知识水平参差不齐,因此可根据实际需求,每学期一次或两次邀请教学督导专家到我校对督导人员队伍进行专业培训,对我校所遇到的教学状况、后续处理措施的制定、改善效果的评估都进行督导和反馈。这样得到督导专家的客观性评价后,从而可以评估我校的督导工作成绩是否真正得到了发展。

四、预计困难和解决措施

本项目的实际执行需要学校和老师的大力支持和高度重视。我们需要认识到高校教学督导体系与教学质量之间的关系密不可分。我们不能仅重教学质量而忽略教学督导在其中发挥的指导和监督、促进作用,否则容易将该落到实处的改进措施沦为形式主义。另外,如果各项措施执行跟进不到位,就会导致各个途径的改进措施无法真正发挥作用,容易陷入停滞和中断状态。

对此相应的解决办法如下:

首先,设置一定的进度安排。对于整体项目的实施情况分阶段、分层次地进行一定的监督和检查。例如,通过对半年内须达到哪些具体的阶段性目标和某些效果、成果进行汇报以及对于阶段性成果也进行质量评定和指出对应的改进措施等方式,实现有问题及时处理、及时解决,而不是进行忽视、积压。所谓"千里之堤,溃于蚁穴",这方面的意识要加强、贯彻,切忌纸上谈兵,空有理想与目标,疏于实践。

其次,加强教师对于教学质量评估的全面意识。教学质量评估不能沦为单纯的自我感觉良好的主观评定和预估,对于教学质量的评估要全面、完整。我们可以从教师课堂教学、实验实践教学、布置作业及作业结构与设计、课堂教学互动等环节以及教学管理制度与改革方案的实施各个方面,进行客观评价,关注每个方面从而形成较为系统、完整、客观中立的可靠评价。这样才能切实对高校内部、自身教学的教学教育质量有合理、适当的评估,才能真正地发现问题,否则解决问题从何谈起。

再次,对于学生的教学质量评价要注意让学生实现"有话可说,有话敢说",而不是成为硬性指标、形式主义的空谈。我们可以实行匿名评价,形成鼓励有建设性意见的措施,也可以结合对应科目教师对于班级同学的了解从而倡导有价值的意见输出,从而形成对于课程教学和实践实验活动有针对性、有落地价值的评估和意见。这样也能促进、激发学生的学习参与感、学习热情和促进教学质量评估体系实际运行。

最后,对于本项目所提及的解决措施的真正实施过程进行切实的把控、及时的追踪,遇到实施上的困难能够早日发现和经过协商调整确定有效的解决办法,及时进行解决。

五、预计成果

本项目从宏观层面上将实现以下几个目标。

1. 院、校两级督导关系合理化,职责明晰化

从主要目的上,院、校具备一致的目标,即提升教学督导体系高效运转进而保障教学质量稳步提升的核心目标而服务,但校级层面和院级层面的分工需要明确,尽量不跨级决策,实现院级决策从本质、基本问题出发,发现问题及时上传达到校级层面,形成更高一级的整体部署和指导性意见,院级层面再听取主要建议,把握主要方向,再根据实际的问题所在、缺口缺漏对大局观下的指导意见进行把握和灵活变通,为的是将问题有针对性地解决,两者之间应有机结合,明确各自的职责,做好分内之事。继而实现院级督导从自己学院自身的情况出发,因时因地制宜,使得督导工作更加具体、精准、有针对性和时效性,按照自身学院的工作特点和人员安排,从细节上把握好具体督导工作的运行;同时,校级督导对于院级的工作进行监督监管、统筹指挥和专项督导,进行指导的过程又通过互动交流来实现,侧重于宏观层面的系统性、引领性意见和检查,对各个学院层级的教学督导工作进行指导和监督、评估。

2. 督导队伍成员多元化、专业化程度进一步提高

我校甚至国内高等院校皆存在督导人员不够专业化,存在教学教务人员兼职兼顾,或者是返聘已退休的教学经验老到、丰富、教龄较长的老教师、老教授等情况,他们本身具备丰富的教学实践经验和独到的见解,能够对教学督导工作提出一针见血的意见和指导,但同时他们也存在身体状况无法实现高精力、高投入的工作状态的情况,并且对于新时代下的新型教育理念,比如,发现学习模式,以学生为中心的模式、教学改革的新增举措,可能出现了解不够、无从下手的窘境,这无疑对教学督导体系的发展埋下隐患。那么,如何将老一辈的教师转化为校内教学督导体系的财富,如何更好地结合、发展其优势?既然认识到这一点,加入对教学改革趋势有所了解、对新型教学、授课模式有所了解和深谙其道的中青年教师和以督导为主要专业和工作核心的专家就显得格外重要。那么,预计本项目稳定稳步开展的同时,我校内部的教学督导队伍成员能够实现年龄上老中青三代结合、各个教学科目类型对应教师、督导为主的针对性专家的多种人才相结合的人员队伍,专业化程度、多元化程度皆得到较大提升,并且按照教学督导运转情形

进行可随时更新和更换，以实现我校教学督导质量的提升。

3. 督导重在"导"，督学重在"学"

高等院校建立督导体系是为了更好实现"督"和"导"两个根本方向，使督导工作更好地帮助学校教学教育活动在开展过程中更高价值、更有针对性地发现问题、解决问题，不是站在教师教学的对立面，而是实现有效地引导、指导，都是为了共同目标——更好地教育和教学、学生能够学到真正应学习的知识和技能而服务的；不是产生有误解的对立状态，而是跟各个科目授课教师实现良好的互动帮助关系。在专业化、多元化的督导人员队伍的指引下，用合理的工作方式、方法，就事论事、有亲和力、有鼓励、热情、真诚之心，与授课教师形成长期、稳定的、督导督学的工作关系和联结，从而使教师逐步形成良好的教风教态，学生形成规范的、良好的学风学态。只有在学生和教师和督导队伍的良好交互下，才能实现教学督导体系的良好运转和高质量工作效果产出。

4. 督导理论在实践中逐步形成，评价标准进一步规范、完整

与国外开放的教学督导体系相比，我国的教学督导体系并未形成稳定有体系、有参考价值的理论基础，各个高校的教学督导工作都是在"摸着石头过河"，在实践中逐步探索、修改、完善。这个现状与我国开展这部分工作的时间较短、年限不长的情况也息息相关，这也就导致现如今教学督导工作缺乏理论指导、不能完全适应教学改革工作和教学质量提升的新发展和新要求。所以如果本项目取得较为圆满的成果之后，也将能够以我校的成功实践经验为出发点，形成初步的理论设想，形成一定的督导理论成果，进行归纳总结和思考之后，形成更加全面的理论基础。这一成果也将为我校督导工作的继续推进提供针对性、指导性的理论基石，并可以逐步进行推广，将我校的成功经验提供给国内各大高校作为参考，它极具借鉴意义和理论价值。它也可以推动我国国内教学督导体系的理论形成，同时，它也是一大开创性成果，极具实践和理论意义。

本项目的实现也可以完善教学督导体系中的评价指标从而形成有体系、完整度高的评价标准。比如，教师督导督学满意度量表的创建和检验、学生教学质量评估客观标准量表的创建和检验、教学督导体系的运行的指标定性化。又如，完成时间合理性、优秀教学成果数量、师生评价一致性等，通过实践逐渐形成一定的评价指标，并在实践中运行加以验证。这也将为促进教学督导体系未来的评价标准客观化、可量化，提升其可操作性、可评价性作出了一定贡献。

以上几个方面是宏观的预计成果目标，而从微观层面上有几个较为具体的指标可作为本项目的评估、量化指标和标准。

首先，本项目预计以实施前后，教学督导体系内的督导老师对于督导工作的工作满意度、具体运行流程的切实感受作为主客观的评价指标，评价新的督导体系是否真正落到实处。运用一定的调查调研手段，预计将会提升督导体系内的老师的工作满意度和使他们对于新的教学督导体系有较高的评价。

其次，学生也参与教学督导体系的运转，积极建言献策，并且产生与之息息相关的直观感受，对于学习活动、教学任务的安排和实施也更具备学习动机，也更能保障学生对于高校内的教学质量有切实的、更高、更积极的评价。

最后，邀请专家、校内领导和有经验的老教师，对于实施新的教学督导体系前后，对于我校的教学质量情况进行对比和评估，确认新的教学督导体系是否推动了教学质量的提升，是否收获了其他形式的优秀的教学成果，是否在师生内部都得到了一致好评。综上所述，我们预期教学督导体系将高效率、高质量地运行，可提升体系内外老师的工作积极性和满意度，确保我校的教学督导工作得到高重视、高支持、高质量、有成绩，并且将更加适应时代和教育改革的趋势，具备较高的信息化程度，紧跟国家教育政策和要求。

参考文献

［1］乔丽敏.高校教学督导队伍存在的问题及对策分析[J].吉林农业科技学院学报,2018,27(03)：21-22,9,116.
［2］常学辉,孙燕,张良芝.高校教学督导工作面临的问题与应对策略[J].中医药管理杂志,2018,26(14)：32-33.
［3］沈健,郑宁国.论电大"多元、动态、闭环"教学督导模式[J].厦门广播电视大学学报,2013,16(01)：1-5.

作者简介

王　晶　硕士,上海立信会计金融学院教务处研究实习员;主要研究领域为高等教育学;联系邮箱为20180052@lixin.edu.cn;本文的通讯作者。

四重变奏：高校青年教师教育教学能力培养策略研究

博物馆 孔晨旭

摘要 青年教师作为高校教师队伍的生力军，其教育教学能力直接关系到人才培养质量。新时代高校青年教师队伍建设需要推建以"问题需求"为导向提升青年教师教育教学能力的研修培训，创建以"教学团队"为平台提升青年教师教育教学能力的合作模式，构建以"校院协同"为抓手提升青年教师教育教学能力的工作机制，筹建以"激励计划"为保障提升青年教师教育教学能力的实践体系。唯有如此，高校青年教师才能不断提升自身教育教学能力，把履行教育教学职责和实现卓越教学作为评价标准，成为适应新时代高等教育改革需求的"四有"好老师。

关键词 青年教师 教育教学能力 提升策略

《关于全面深化新时代教师队伍建设改革的意见》指出："全面开展高等学校教师教学能力培养培训，重点面向新入职教师和青年教师，为高等学校培养人才培育生力军。"《深化新时代教育评价改革总体方案》指出："突出教育教学实绩。把认真履行教育教学职责作为评价教师的基本要求，引导教师上好每一节课、关爱每一个学生。"推进新时代高等教育改革，做好坚持"以本为本"，推进"四个回归"，要切实把提升青年教师教育教学能力作为高校教师队伍建设中重要内容。作为加强高校青年教师教育教学能力的重要举措，如何利用好设计好实施好校本培训是一项重要课题。新时代高等教育改革要求为这一问题提出了答案，就是结合学校的办学目标、办学特色，结合青年教师的教育教学实际情况，促进青年教师教育教学能力培养工作。其中，本文认为创新高校青年教师教育教学能力培养策略应该重视以下四个方面。

一、推建以"问题需求"为导向的青年教师教育教学能力培养的专项培训

在以往的高校青年教师教育教学能力培养培训中，我们碰到的问题是，老师们积极性和参与性不够。即使被迫参与校本研究，也是为了完成一项任务。根据这一问题，我们通过访谈调研，发现主要存在以下问题：一是培训内容偏理论且内容单薄；二是培训方式以理论讲解为多，时间操作偏少；三是培训不能贴合学校办学实际及青年教师自身情况；四是培训方式单一。这些问题导致即使开展了教育教学能力提培训，青年教师教育教学能力中的老问题也没有得到解决。之所以造成这样后果，与培训部门制定的培训方案密切相关。方案制定者在制定培训方案中没有好好调查研究，没有发现到底是什么问题阻滞了青年教师教育教学能力的提升。另外，培训方案缺乏针对性，形成了只是为培训而培训，为研修而研修。流于形式，难以达到培训效果，更不能说是有效的。

要解决这一问题，要建立以"问题需求"为导向提升青年教师教育教学能力的研修培训方案设计思路和工作方式。如何才能发现问题呢？习近平总书记倡导在调研问题上，做到"五个字"，就是"深、实、细、准、效"。"深"，就是要深入基层。在这里就是培训者本人一定要走到青年教师中间。"实"，就是要实实

在在,不能搞花架子,就是既然走进青年教师中间,就要与他们"交心",让他们感觉你确实是来发现问题的。"细",就是不能走马观花,要仔细了解实情,就是一定要调查清楚是什么因素影响了教师教育教学能力,是教学理念、教学方法、教学手段,还是教师本身轻教学重科研的思想作怪。"准",就是要对基层调查的东西认真研究,就是要找准影响青年教师教育教学能力培养的真问题。当然这些问题有共性也有个性。对待共性问题要分类、分层解决,对待个性问题要制定具体的点对点举措。"效",就是调查研究要有效果,就是既然去调查了就要有成果,不能走马观花。

发现了这些影响青年教师教育教学能力培养的"真问题",就可以有针对性地制定相关研修方案。具体而言,以"问题需求"为导向的青年教师教育教学能力培养的研修培训有利之处在于:一是培训部门要针对调研中凝结的"真问题",构建专项培训模块。它可以是教学理念模块,也可以是教学手段模块。二是在围绕"真问题"研讨中,动态生成培训主题。刚刚走上讲台的青年教师,大都面临着"站好讲台"和"站稳讲台"的问题,即对教学内容的具体把握,对课堂师生冲突的平稳解决。三是要提供解决"真问题"研修培训菜单。可以设计出多种培训方式,坚持结果导向。只要可以解决教师在提升教育教学中的效果,青年教师可以根据自己教育教学实际,选择适合自己的研修培训方式。四是提供多样化的培训平台。专题一旦确定后,我们可以积极构建多种培训平台。青年教师可以自由选择,可去听课、去评课、去听讲座等。

二、创建以"教学团队"为平台的提升青年教师教育教学能力帮扶模式

教学团队是教师共同成长的学习共同体。共同的教学目标、明确的教学分工和教学责任,将各位教师连接在一体。在教学团队中,不同的教师个体之间能够实现优势的互补,他们互相配合为实现共同的教学目标而努力。教学团队既可以通过合力,利用各位教师教育教学专长,实现一个个体难以达到的教学目标。同时,参与教师也可以从教学团队建设中对自己教育教学能力进行锤炼。因此,在教育教学能力上它既能育人又能育己。

在教学团队的结构上,团队的负责人,一般是由教育教学经验丰富、组织协调能力较强的专家型教师担任。由于是针对青年教师教学能力组建的团队,在确定好负责人后,一定要尽可能多地吸纳青年教师加入。没有必要一定要具备智多星、外交家、审议员、协调者、鞭策者、凝聚者、执行者、完成者、专业师九种角色[①]。如果要是配齐这几种角色,也一定要由青年教师担当。随着学科交叉发展,学校希望青年教师既懂本学科教学,又懂其他相关学科教学。因此,在教学团队中,一定要重视跨学院、跨学科、跨业态青年教师的参与。没有必要完全局限于某一个学科,或某一个学院,否则无法建设综合化学科教学体系、践行高校教学改革服务,满足新文科新工科的建设需要。

首先,在教学搭建完成之后,教学团队要充分发挥优秀教师的模范带头作用。在一个集体中,榜样的力量是无穷的。优秀教师的行为示范可以提升青年教师的职业责任感和从业积极性。在团队中,老教师发挥"传、帮、带"作用,鼓励青年教师向同行学习,开展集体备课、听课、评课等合作学习,互相取长补短,同时,一起探讨教学方式方法的改革,实现知识传授和思政教育的有机统一,共同提高教学能力。团队成员积极参加各类教学技能比赛、课程思政比赛,互相交流学习,促进教师教学水平和教学能力的提高。

其次,要充分发挥团队的协助互补作用。既然是一个团队,团队的协作与互补是团队发展的关键所在。由于是教学团队,教育教学成绩是衡量整个团队建设的关键指标。而在这个关键指标中,潜在的最大影响,就是关于青年教师教育教学能力。按照"木桶理论",青年教师教育教学能力将决定教师个体教学能力培养在团队发展中重要性。因此,团队一定要重视对青年教师有针对性开展"短板补修",在提升教学团队能力的同时,提升个人教学能力。将整体的教学团队教育教学质量作为考核目标,这使得团队

---

① 依据"贝尔宾团队角色理论",在一个团队中至少应具备智多星、外交家、审议员、协调者、鞭策者、凝聚者、执行者、完成者、专业师九种角色,每种角色相互配合,形成良好有序的团队。

的负责人及其成员必须重视自己团队出现短板。如果出现了短板,就需要进行提升。

最后,教学团队一定要重视学科特色,只有这样才能培养出具有特色的青年教师教育教学个性。我们办学特征强调的是地方性和应用性。这种地方性就是服务于上海金融中心建设,这种应用性就是能为上海金融中心建设提供可操作的建设方案。1907年,时任普林斯顿大学校长的伍德罗·威尔逊在哈佛大学演讲时说:"普林斯顿不像哈佛,也不希望变成哈佛那样;反之,也不希望哈佛变成普林斯顿。"

我校地处浦东,有其他财经高校没有的地区优势,我们没有必要刻意模仿其他财经高校。教学团队一定要结合我校办学实际,打造出自己教学特色。根据这种帮扶模式,学校积极推荐教学团队建设,着力以此提升我校青年教师教育教学能力。学校的"名师工作室"由获得市级以上荣誉的优秀教师牵头组建,积极吸纳青年教师,主要围绕青年教师教育教学能力培养。参加的青年教师先后在校级和市级青年教师教学比赛中逐渐崭露头角,获得可喜可贺的成绩。

三、构建以"校院协同"为抓手的提升青年教师教育教学能力工作机制

校院联动是高校校院两级教学管理体制创新。推进校院二级管理虽然实现了权力下放、重心下移,但是在校院二级联动的工作机制还没有形成,依然存在校院分离两张皮的现象。在青年教师教育教学能力培养工作方面,依然存在各做各的情况,学校做学校的,学院做学院的。通常而来说,这些问题主要集中体现在:

一是重校级层面轻院级层面。随着对教师培训越来越为重视,各高校几乎都成立了教师发展中心。教师发展中心的主要功能在于针对教师的教育教学开展各种专题培训。但这种培训的主题设计重在全校教师,它能够解决教师教育发展过程中的普遍性的问题。但随着学科发展的不断细化,一些学科的教育教学呈现出很强的个性特征,青年教师在教育教学发展遇到的个性问题也越来越突出。近几年新进的教师,在聘期内,能够较好完成科研任务,但在教育教学综合评价中总是不尽如人意。要解决教师教育学校遇到的个性问题,学院的培训也是不可或缺的。从实际的教学运行来看,每个学院也都在积极推进学院层面的教学培训。但在实际工作中,这种培训还是非常少的。经常的形态是以教研室为单位的教学研讨和教学经验的分享。这种研讨是非常有必要的。

二是院级层面培训又往往局限于针对学科的个性问题,忽视了青年教师教育教学中共性问题。毫无疑问,学院培训非常熟悉本学院的学科发展特征,也能够针对青年教师在教育教学中遇到的个性问题进行针对性较强的个性化解决方案。然而,个体毕竟是整体的一部分,个性问题的完整解决最终呈现出的是共性问题。也就是说,我们在对个性化教育教学问题认知过程中,要把它们进行归纳总结,发现个性问题背后的规律性问题,并将这种规律性问题进行抽象。因此,对青年教师在遇到的教育教学个性问题的彻底解决,离不开关于教育教学共性问题的研修培训。也只有站在这样的高度,才能彻底解决青年教育教学中的个性问题。然后,在针对青年教师教育教学中共性问题时,院级层面的研修培训往往难以驾驭,或者是在制定自己的培训研修方案中自觉不自觉地会忽视这个问题。这样造成的结果是青年教师在解决教育教学中的个性化问题后,不能再进一步抽象升华,在方法论上形成解决相关的问题的思路和举措。也就是他们即使做了教学培训,掌握了解决某些具体问题的方式,但也不能够做到举一反三,深化总结。

针对上述问题,出现了这样一个问题,我们既不能偏重校级层面的青年教师的教育教学能力培训,也不能忽视院级层面的青年教师教学培训,最好的选择路径在于建立以"校院协同"为抓手的提升青年教师教育教学能力工作机制。在这种工作机制中,要坚持校级的主导地位和学院的主体地位。这种校院协同的工作机制的好处在于:

一是将共性问题教育教学培训与个性教育教学问题有机地结合起来。在具体操作上,可以学校出题,二级学院结合命题承办。这种做法的好处在于,学校站在整个师资队伍的建设高度,提出青年教师教育教学发展过程中遇到的个性问题,而通过这个共性问题以某个学院根据自己的学科教育教学提升来具

体解答,从而实现针对解决教育教学中共性问题的具体解答。这样便于青年教师理解和操作。值得注意的是,在具体实施过程中,学校负责教师教学发展部门一定要认识到二级学院青年教师教育教学中遇到的个性问题,并在充分调研的基础上进行汇总抽象,实现共性问题与个性问题能够有机对接。与此同时,也可以由二级学院出题,学校承办。这种做法相对于第一种做法,是学院能够基于自己青年教师在教育教学中遇到的个性问题,提出个性化的问题。然后再由教师发展中心根据学院提出的这些个性问题,抽象总结到共性问题上,进行涉及相关教学方案,从而开展全校青年教师教育教学培训。

二是可以实现校院青年教师教育教学研究培训资源的最大化使用。校级层面的培训更侧重宏观层面,可以统筹全校师资资源,甚至可以以学校名义,邀请校外教育教学名师来校进行指导。更为重要的是,根据教育的要求,高校都建立了自己的教师教学发展中心。该中心有组织管理人员保证、教育教学培训研修场地保障,还有经费保障以及其他教育教学的资源。这些优势是学院无法比较的。但是学院也有自己的优势,针对某一学科的教育教学,学院有这方面的优秀教师。同时,学院也能更能懂得哪些资源对解决青年教师教育教学能力更有效。总之,学校与学院都有自己的优势,彼此协调统筹,可以最大化使用,既能达到效果,又可节约资源。

三是可以调动校院提升教师提升教育教学能力的两个积极性。由学院承担这项活动,这也必然是一场校级层面的活动。学院承办这样的培训,必须达到校级层面的,必须投入相当力量。因为办好这次培训既是学校的荣誉,同时也更是学院的荣誉。这样能够实现学校层面的要求与学院具体工作之间实现有效的对接,从而使学院更加积极去参与这种工作。另外,学校层面组织提升青年教师教育教学能力的活动,能否得到学院的有力支持,学校层面的工作也能更好地开展推进。

四、筹建以"激励计划"为保障的青年教师教育教学能力培养的实践体系

"激励计划"是针对本科教学教师激励计划。这项计划是根据2012年《上海市教育委员会关于开展市属本科高校骨干教师教学激励计划试点工作的通知》的要求,自2014年起组织开展试点工作,实现上海市属本科高校全覆盖。从计划实施到今天常态化运行,已经足足8年时间。这项工作的实施有效巩固了本科教学中心地位,强化了全体教师立德树人意识及行为规范,有效提升了本科教育教学水平和人才培养质量。

新时代高等教育改革坚持"以本为本",推进"四个回归"。坚持"以本为本",把本科教育放在人才培养的核心地位、教育教学的基础地位、新时代教育发展的前沿地位。推进"四个回归",把人才培养的质量和效果作为检验一切工作的根本标准。"激励计划"中每一个要求,每一个动作,也就是筑牢"以本为本"和推进"四个回归"意识,培养愿意投入本科教学、积极投入本科教学的行为自觉。

青年教师作为教师中的重要群体,更是本科教师教学中生力军。在高教综合教育管理中,上海市高校以本科教学教师激励计划为核心,重塑整个教育教学综合评价体系。在学校的教学改革情况、指导学生情况、课程和教材的建设、教学成果等中,青年教师也都在积极参与。无论是本科教学教师"激励计划"要求的指标体系,还是教育教学综合评价体系的指标设定,都体现了很强的实践性要求。筹建以"激励计划"为保障的青年教师教育教学能力培养的实践体系的优势在于:

一是在于"激励计划"可以为青年教师教育教学能力培养提供一个实践全景。青年教师从高校毕业进入高校,在完成从学生身份到教师身份的转化过程中,最大的茫然就是在于教育教学能力培训提升的着力点。青年教师在参与"激励计划"中难以与自己职业发展相结合起来。如果将"激励计划"作为青年教师的教育教学能力实践体系,其中相应的指标要求,也就是青年教师必须要完成的,自然也就是成为教育教学发展的着力点。

二是可以将校院实践青年教师教育教学实践统一起来。"激励计划"有对教师的个人要求,如教师要进行基础团队建设,进行学科教学的研讨实践。教师有指导学生的职责,进行大学生科创项目的指导等。

学院有学院具体要求,学校在执行"激励计划"中也有具体的要求。从要求的层次上讲,学院要求教师完成教育教学的基本动作,成为一个关心学生成长的合格老师。那么,学校层面的要求,属于拔尖性的要求,要求教师能够有优秀成果和作为典型案例。也就是说,青年教师教育教学不仅仅是完成课堂教学,还应该对自己教育教学能力培养有所要求,成为一名优秀的教育教学教师。

三是可以使青年教师教育经费有保障。青年教师教育教学能力培养,无疑是"激励计划"的一个重要内容,完全可以设立专项进行支持。进行本科教学计划专项资金的拨付,一方面,解决经费紧张的问题。"激励计划"是市教委实施的项目,现在已经常态化运行,每学年进行经费拨付。它实行青年教师提升项目并将其作为一个子项目,这就意味经费拨付也是常态化的。另一方面,它便于学校优化经费的使用。经费充足是个好事情,但并不是给予更多的经费,教师就能够有更多的产出,实现更好的经费产生成果。有时候经费过多,反而不能产出成果。纳入"激励计划"后,青年教师教育能力培养可以作为一个专项特色提升项目给予支持,并将其与教师基础教学团队建设统一,与"激励计划"中其他教学改革创新项目相统一,同时在经费上实现项目之间勾连,避免重复拨付使用的问题,可以在经费合理使用下做好这件事情。

参考文献

[1] 姚利民.高校青年教师教学发展论[M].北京:中国社会科学出版社,2019.
[2] 曾晓娟.高校青年教师心理资本研究[M].沈阳:东北大学出版社,2019.
[3] 黄培森.高校初任教师教学能力发展论[M].北京:中国社会科学出版社,2019.
[4] 张琸玡.应用型地方本科高校教师教学能力发展研究[M].长春:吉林大学出版社,2019.
[5] 冯美娥.新教师教育教学能力培养与训练[M].天津:天津教育出版社,2018.
[6] 李芒.大学教师教学能力的培养:基于北京师范大学教师发展案例研究[M].北京:科学出版社,2018.
[7] 王卫军.教师信息化教学能力发展研究[M].北京:中国社会科学出版社,2018.
[8] 于畅.高校青年教师教学能力发展研究[M].沈阳:辽宁人民出版社,2016.
[9] 刘鹂.教师教育者教学能力研究[M].西安:陕西师范大学出版总社,2016.
[10] 王守仁.教学改革的探索与实践:南京大学教师教学能力培养研究成果集萃[M].南京:南京大学出版社,2016.
[11] 于丰园.知识社会中的大学教师教学能力发展途径研究[M].北京:海洋出版社,2016.
[12] 梁君思.高校青年教师专业发展问题研究[M].南昌:江西人民出版社,2013.
[13] 王宪平.课程改革与教师教学能力发展研究[M].上海:学林出版社,2009.
[14] 那瑞琴.教师课堂教学能力的培养与训练[M].哈尔滨:东北师范大学出版社,2004.
[15] 孙玖莉.教师探究教学能力的培养与训练[M].哈尔滨:东北师范大学出版社,2004.

作者简介

孔晨旭 博士,上海立信会计金融学院人事处教授;主要研究方向:为高校人力资源管理;联系邮箱为20069634@lixin.edu.cn。

我校教务系统面向教学单位工作流模块拓展研究

付晓宇

摘要 教务管理系统面向教学单位的工作流模块拓展研究项目主要针对目前学校教务管理系统的功能局限性进行研究。研究结合学校教学管理的流程，进而设计教学单位与教学管理（评估）单位之间产生的业务关系，研究解决实际工作中存在的业务繁杂、效率不足，且工作流程无法监控的短板。充分利用技术手段和数据库优势，引入工作流和业务流程管理的概念，旨在解决实际工作中存在的问题，以期提升学校整体教务管理效率和规范。

关键词 教务管理 系统 工作流 流程管理

随着高校教务管理信息化技术的发展，学校教务管理通过应用信息技术，不仅改变了高校教务管理的工作模式，也提高了教务管理的工作效率。然而，随着学校教务管理信息化工作的不断推进，许多问题也逐渐凸显出来。近年来，随着各类线上教学平台的建设、混合式教学的深入推进，以及办学多样化的趋势，教务管理的工作难度和复杂性也在不断增加。改善教务系统的数据利用效率，简化教学管理流程，打通教务管理部门和教学单位之间的流程支持，通过智能化的手段实现全方位的管理过程的运行和控制是突破教学管理效率瓶颈的有效途径。目前我校教务系统功能有限，但随着工作需求的扩大，系统功能需要有进一步的拓展。

一、教务管理系统使用需求分析

（一）我校教务管理组织结构

教务处是学校的教务管理的主要职能部门。教务处根据管理需要下设多个科室。部分教学质量监督等工作内容，由学校教师教学发展中心作为主要职能部门进行管理和统筹。教师教学发展中心下设若干科室。各二级学院均有分管教学工作副院长负责学院的教务工作，同时二级学院下设教务办公室，其中设教务办公室主任1名和教务秘书若干名。通常学校内相关教务工作的开展由主要职能部门统筹，通过学院副院长或教学秘书进行各项工作的传达、组织、沟通、统计、上报等相关工作。

学校教务管理主线通常以自上而下的结构展开。教学教务管理职能部门对整体工作进行部署，工作任务要求分配至各教学单位，学院形成切合实际的工作方案或形成相关管理制度由学院领导班子审议通过后，总体由教学副院长负责整体安排，教务办公室具体执行，内容会涉及专业、教研室、教师等。

二级学院教学单位的日常教务运行多以自下而上的结构进行。学生或教师向教学秘书反馈教学中的事务，教学秘书直接进行处理，或汇总上报至学院分管领导，经由学院领导班子讨论后形成执行意见。

部分学校具体工作,各学院具体工作方式不同,由教学秘书接收教学职能部门通知直接执行后汇报学院分管副院长,或汇报后根据具体要求进行执行。

学校教学管理职能部门在面向二级教学单位的具体教学工作中,根据工作内容下达通知至教学单位,由教学单位完成并反馈。

(二) 主要职能部门与二级学院间教务工作事务流程

综合主要职能部门与二级学院间产生的教务工作内容来看,除了一部分需要实地组织、协调、管理的内容,如实验室管理和维护等工作,大部分的工作均由教务处下达通知至二级学院,由二级学院布置完成后向教务进行反馈。在实际的工作中,多由教务处各个负责的科室工作人员与二级学院教务办公室教学秘书联系与沟通,或由教务处主管(分管)处领导与二级学院分管教学副院长讨论沟通之后,在二级院内布置完成。完成后学院将完成结果反馈至教务处。各项工作在过程中教务处和二级学院通过各种渠道进行联系。

(三) 二级学院教务工作面向主要职能部门的反馈

二级学院需要在指定时间内完成职能部门下达的事务安排。在完成相关事务后,通过总结、报告、报表等形式向教务处、教学发展中心等职能部门反馈完成情况或统计情况等。反馈后或可进一步沟通进行修正或补充,继而达到完成整体工作任务的目的。

(四) 现有教务系统的功能情况

1. 偏向数据库的操作

现阶段教务系统在与二级学院进行交互的功能总体以对数据的操作为主。以数据的处理为主要操作手段,在日常的教学事务中工作中,对数据库中的数据进行输入、审核、查询、修改等操作,主要的数据内容涵盖了教师信息、学生信息、课程信息、教学班、考试、成绩、教室等教学运行相关的主要信息。这极大地方便了教学日常管理的效率,方便了教学相关职能部门工作人员和二级学院教务管理人员信息查找,以及提高了事务处理的效率。

2. 偏向过程的操作

教务系统仍提供了一些功能来方便数据处理的操作,主要体现在排课、排考的操作中。这些操作主要是为了满足教务处相关工作人员的使用需求,这样可以在校级层面的大量数据处理中减少使用时间,继而达到提高工作能力的目的。严格意义上来讲,这些操作仍是对数据库进行字段数据输入,仍可以将其归纳为面向数据的功能。

(五) 现有系统的使用群体

现有教务管理系统的使用面向相关职能部门工作人员(管理员)、二级学院教务秘书、全校教师、全校学生。不同的用户群体可以设置不同的功能权限,对应相应群体的使用需求。

二、教务管理和系统使用中存在的问题

(一) 交互方式模糊

在日常的教务管理中,各项通知和工作任务安排渠道分散。对于发布工作任务或通知的主体来说,它们通常习惯采用自己更为方便的方式。而对于通知接收方的教学单位二级学院教学副院长、各教学秘书来说,他们会收到来自OA系统、邮箱、微信群等多方的信息。发布途径不统一和接收人员

群体面大,这在操作流程上导致学院教务秘书注意力分散,消耗了工作人员大量的精力。不同人群接收到工作任务后采取不同的处理方式,在长期多校区办学的大环境下,学校各教学职能部门、教学单位的工作人员、教务秘书人员数量庞大,相互之间对工作范畴缺乏了解,会产生责任不清或执行不力的情况,不便于学院整体教务工作的统筹管理。同时,多途径的通知也会造成信息被忽略的可能性大为增加。

在工作的开展过程中,为了弥补多校区办学带来的困难,提高工作执行的效率,沟通主要采用线上交流的方式。我校现状是微信和微信群成为主要的沟通手段,但微信群组设计没有系统性,工作伙伴没有良好集成的方式,文件传输有时效性(过期则无法查看)、存在文件包丢失或文件覆盖的情况。消息的传达没有保障,这也让工作在交互过程中出现很多不确定的因素,造成沟通不畅的情况。

(二)系统数据内容仍有局限

作为教务工作日常管理和教学运行提高效率的信息化手段,教务系统将诸多信息整合在一起,形成庞大的数据库,并进行管理和查询。在使用者的角度,数据库包括学校大量的课程、学生信息、成绩信息,它方便相关职能部门和教师、学生查询相关的信息,但仍有些数据可以以数据库的形式进行管理,教务系统所覆盖的内容仍显不足。以学校教务管理整体内容作为参考,包括教学研究、课程建设和课程信息等内容,现阶段工作人员在管理中仍使用 Excel 等软件进行统计和管理,同时,采用另外的信息管理系统进行收集和管理,功能上与教学单位二级学院间的交互不足。如果这些内容能包含在教务管理系统中,就能够使系统更加完整。

三、教务管理系统功能拓展

作为服务管理的使用软件,它的功能应面向管理的多个环节,尤其在教务管理职能部门的工作中存在相当多与教学单位二级学院有联系和互动的内容。这就需要在现有功能的基础上,根据工作需求增加更加实用的功能模块,搭建管理职能部门和教学单位二级学院之间的协作桥梁,这样的目的在于更好地服务于工作运行流程,统一管理标准和过程控制。

功能模块拓展可以从数据管理功能模块和工作流功能模块两个方向入手。数据管理功能模块仍主要针对数据的存储和修改、查询,对现有的数据库进行进一步的拓展,以发挥数据库管理系统的优势。工作流功能模块作为拓展的主要功能,面向管理工作流程,为规范的工作流程提供实际的解决方案,注重工作的运行和交互过程。

(一)可拓展数据管理功能模块

为了更好地服务教学安排和教务管理,实现教务管理的全面信息化覆盖,方便在管理中整合数据、分析信息,为教学管理的决策和安排服务,学校现有教务管理系统的数据库内容还需要进一步地扩充。基于学校教务工作的需求,数据可涵盖各级教学研究项目信息、各级课程建设信息、各类校内教学相关团队信息,以及各类大型实践项目的相关信息。

1. 教学类团队信息

教学类团队信息包括课程团队、基础教学团队等教学组织形式的人员信息。这部分信息可以与已有的教职工信息相结合。已有的教工信息也需要进一步的梳理和规范,在人员上能够与学校人事信息相匹配,在此基础上扩展教师信息的字段,为团队信息的查询和调用提供方便。在学校进行教学数据采集、本科教学激励计划相关信息管理以及掌握全校教学团队情况的过程中能够提供便利(见图1)。

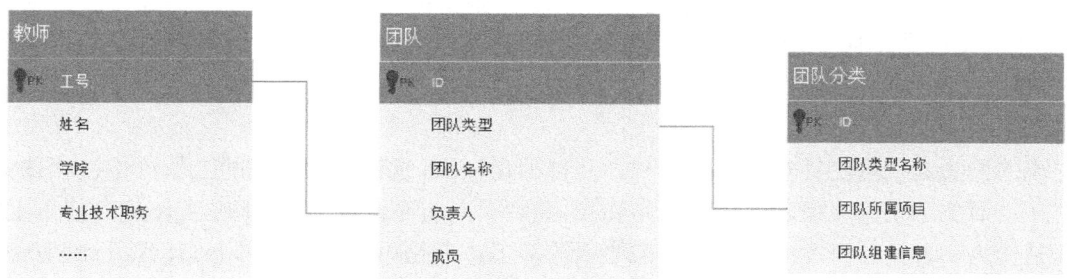

图 1　教学团队信息实体关系图

2. 项目信息

项目信息包括各级别、各类别，如市级、校级的教学研究与教学改革项目、课程建设项目等项目类的信息（图 2）。这类信息为学校整体管理带来便利，尤其是相关项目的搜索、检查、汇总过程将会有所优化。同时，数据的共享也会更加准确和清晰，避免了通过 Excel 文件分享后，随着时间的推移带来教务处和学院信息不统一或缺失的情况。数据库中的信息可与申报程序相结合，从项目申报初期即可作为信息字段录入的开始，经过审批后，作为准确信息留存在数据库中。数据库中项目信息作为准确信息留存，随着工作的推进随时更新，学校、教学单位二级学院在查询或各类数据上报等工作时，统一获取方便，也避免了职能部门反复向学院要数据的烦琐工作。

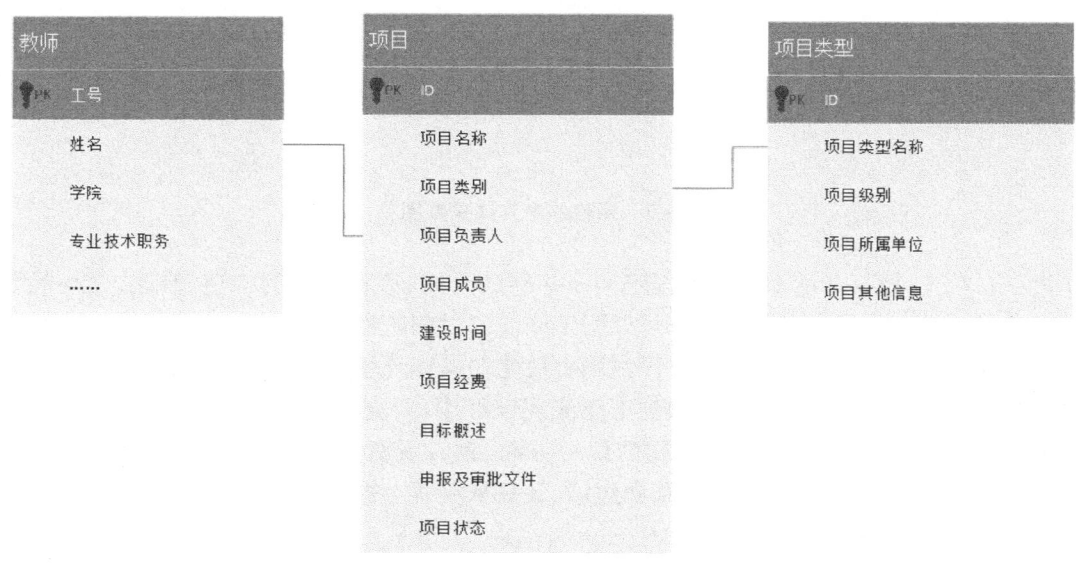

图 2　项目信息实体关系图

3. 课程信息

现有课程信息平台与教务管理平台合并，统一登录、统一管理，数据互通。现有课程信息平台已包括各个学期学年的课程基本信息内容，如课程代码、课程名称、开课学院、课程类别、课程负责人、课程团队等，并由课程负责人每学期上传课程简介、教学大纲、授课计划、教材和参考书目等相关内容。课程数据的整合，可以为之后课程管理以及各类数据统计提供极大的便利。

（二）可拓展工作流功能模块

在一些以纸张作为载体的业务交互活动中，信息的处理在这个模式下存储、传输和处理、查询都非常低效。面对工作日益增长的信息量和信息处理需求，在信息化办公逐渐深入的今天，信息管理系统不能仅局限于进行数据的操作,采用信息技术进行流程的处理也显得十分必要。工作流在办公自动化中有相当多的应用,对文件进行管理,包括公文的起草、核稿、签发以及报告的审批、传阅和计划的定制等。在日常的工作开展中,工作可在统一平台中显示进程。

1. 工作流的概述

工作流的概念诞生主要针对生产组织和办公自动化领域,它将对象之间的工作协作过程作为一个流程进行定义。而关于工作流概念的定义,不同的研究者对其有不同的表述,但在工作流的使用上,他们较为明确其是作为一种业务流程的执行手段来使用的。工作流是可以完全或部分自动执行的业务流程,将一个工作分解成若干个任务来完成,基于一套流程法则,对象之间的协作按照相应的规则流程执行完成,信息、任务或者文档在不同对象之间传递和执行(图3)。

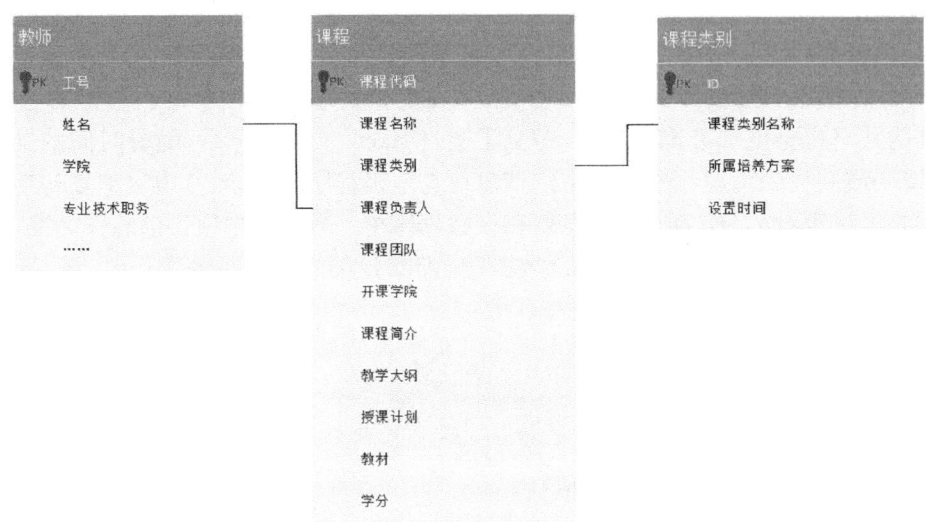

图3 课程信息实体关系图

工作流在系统中,所有活动都是以流程定义为基础展开的,流程定义的构造、修改、交换涵盖了工作流系统中的各种活动。公共信息的交流都可以用工作流的思路来解决,这为办公提供了一套直观的工作流程控制的方法,它便于操作,工作人员可以利用可视化的操作环境实现文件的流转和业务流程的控制。流程混乱会带来时间的浪费。在拓展模块的工作流程设计中,要充分考虑流程的简洁实用,在针对我校教务系统面向教学单位工作流模块拓展研究时,一方面,针对现有工作流程做一个有效的梳理,另一方面,也要为教务系统的进一步升级提供思路和建议,最终从流程上提升业务交互的效率和准确度。

工作流参考模型如图4所示。

2. 工作流相关对象的划分

在业务流程中,常用的流程对象包括使用者对象和操作对象。使用者对象可包括教务管理条线的工作人员,可根据职责范围划分为教学管理职能部门领导、教学单位领导、职能部门工作人员、教学单位工作人员、系统管理员。操作对象包括信息、文档、数据库、数据流指向。

3. 教务系统中下达任务类工作流拓展模块

任务下达类模块流程图如图5所示。

(1)初始由职能部门工作人员拟稿,职能部门相关分管副职领导审核,审核过程中可进行修改,审核无误后签发给各教学单位教务副院长。审核过程中如有必要时,可由职能部门副职领导发送至正职部门负责人和其他相关副职领导审阅。因通知涉及的范畴不同,可根据教学单位特点进行群组设定,方便签发时选择正确的群体,如"所在校区""归属学科""是否有学生"等条件。

(2)通知到达教学单位教学副院长后,由教学副院长进行判断和工作部署。如果二级学院不做执

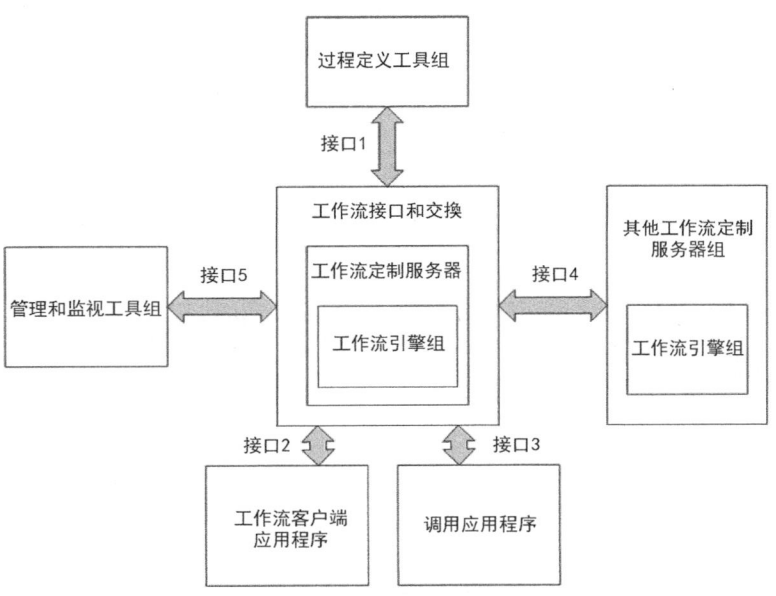

图 4 工作流参考模型

行,则直接反馈;如果学院需进行相关工作部署,则分配给学院相关工作人员进行执行;工作人员可视事务内容补充学院部署要求后分发至相关专业主任、教研室主任、督导等相关群体。

(3) 工作完成后,形成简要报告或工作所需的数据信息,反馈给职能部门工作人员。

(4) 流程中设置工作部署和截止时间,当截止时间即将到达时,可由系统自动对教学单位二级学院教学副院长和流程涉及工作人员进行提醒。职能部门领导和工作人员可随时查看各教学单位的开展流程,及时予以关注和指导。

(5) 各类教学任务安排、人才培养方案编制落实、教学检查、教学事故处理、教师评价、数据统计、教学督查督导统计、激励计划材料上报等工作下达发布可由此模块进行。

4. 教务系统中申报类工作流拓展模块

项目申报类模块流程图如图6所示。

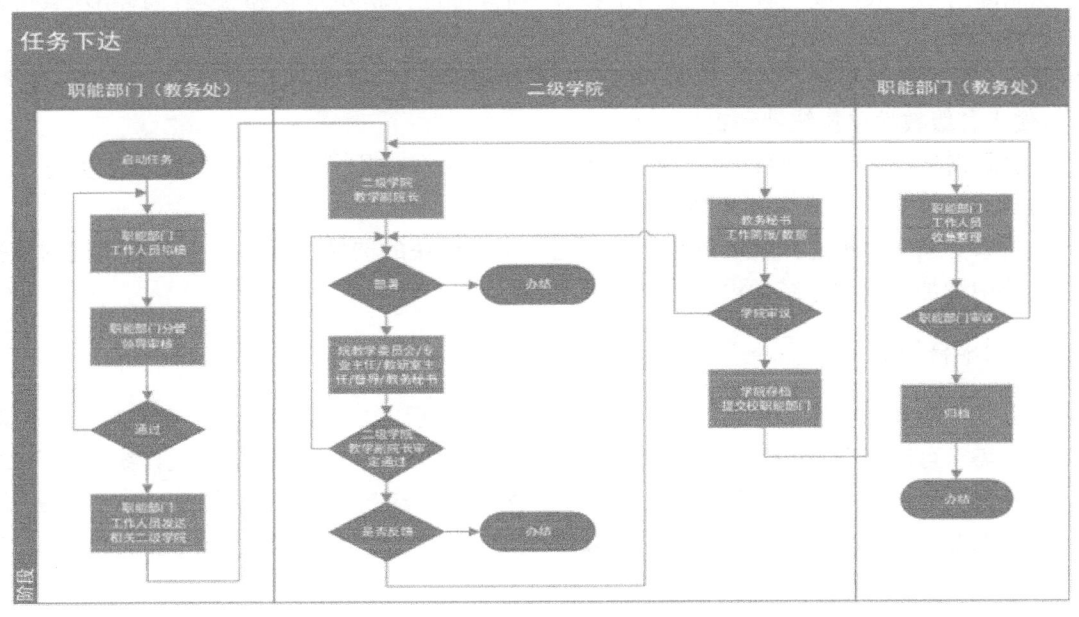

图 5 任务下达类模块流程图

（1）职能部门工作人员将申报的要求和申报的材料发至各二级教学单位教学副院长。

（2）教学副院长根据申报要求进行教学单位内部部署和截止期限设置。学院内经由教务办公室转发至全院或专业负责人或课程负责人等相关教职工，在学院截止时间内将所有申报材料提交教务办公室，包括相关数据点和支撑材料，其中必要材料可做必要上传设置。学院收到的申报材料直接形成汇总清单，可根据需要分发给不同群体如二级学院教学委员会、学院领导班子等进行审核和排序统计。二级单位确认推荐名单并系统中处理后，由学院教学副院长签发提交教学主管职能部门。

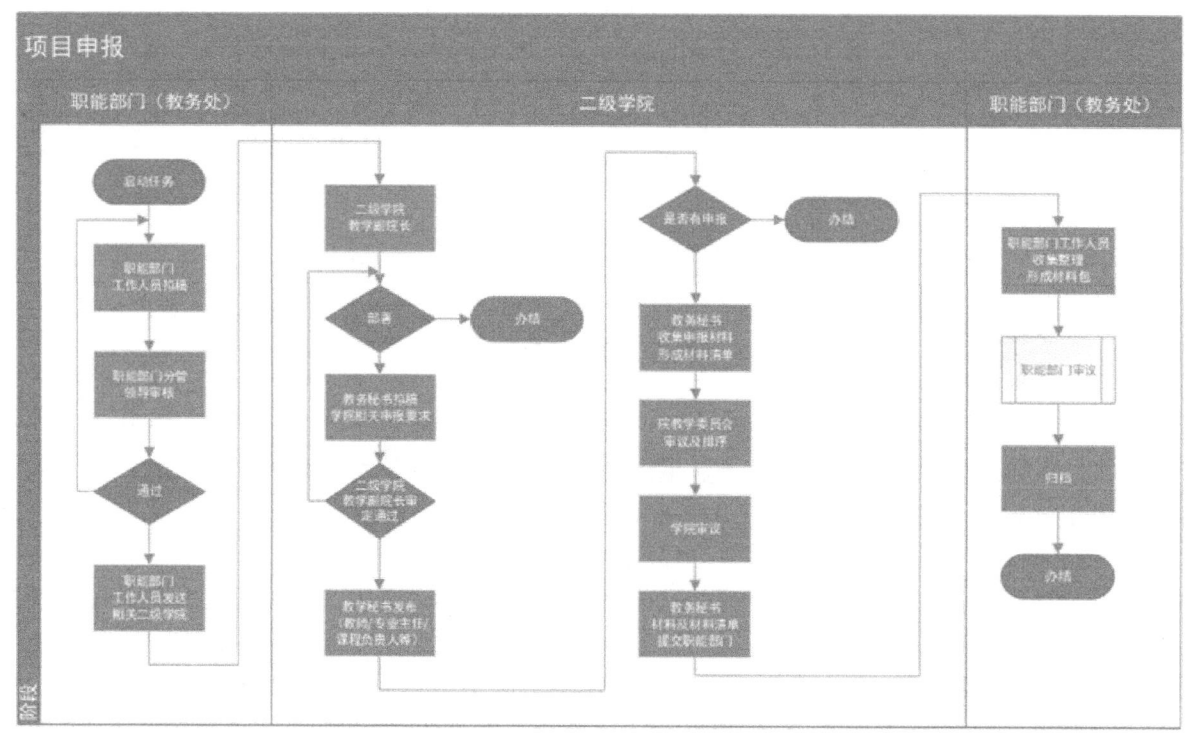

图 6　项目申报类模块流程图

（3）职能部门工作人员收到教学单位的推荐资料后，可进行初步审核和整理，同样形成材料清单后分发校级审核群体进行审核和评价。

（4）最终产生评价结果后可通过教务管理系统通知教学单位，并将相关材料分门别类归至项目信息数据库中，便于各级教学单位统计和查找。

（5）教学研究与教学改革项目申报、课程建设类申报、专业申报等均可采用此流程模块进行。

5. 教务系统中临时事务类工作流拓展模块

临时类的事务通知根据通知性质进行任务下达或申报模块的选择。若有产生无需反馈的事务，可在任务下达模块中增加在学院办结的设置。

（三）通知平台界面

各类事务的通知和督办在教务系统设置的统一平台上显示，二级教学单位可在平台上查看和跟进，进一步拓展的需求可以与现行 OA 系统的任务中心平台相结合，工作任务在学校工作统一平台发布和显示，同时可在手机 App 上进行操作和处理。这样既方便了职能部门工作人员，也能让二级教务单位教务管理人员不会遗漏重要的事务。教务工作做到领导知情，分工明确，责任到位，效率提升。

四、结论

学校的教务系统使用目的是为教务管理工作人员的日常工作提供有效的帮助,进而能够提升管理的效率和效果,提升管理的能力和水平。作为服务于管理体系的软件系统,教务系统的功能的覆盖面有必要拓展至整个管理的各个环节。这样既能保证管理数据的统一,也能够达到规范管理流程和过程监控的需要。在使用中,教务系统功能完整,登录界面统一,设置电子签名功能,减少纸质材料提交实现无纸化办公,精简办公程序,减少审核流转时间。在面向教学单位的功能模块拓展的研究中,功能模块的增加应根据工作的需求增加或删减,在基于实际工作应用中最大限度发挥管理系统的性能优势,降低繁杂工作对人员群集规模的依赖,提高工作效率。在我校现阶段的教务管理中,可以在多校区的教务工作运行中实现管理标准统一、管理效率稳定的目的,并为之后进一步扩展功能提供思路。

参考文献

[1] 王涵一.基于BPM的教务管理系统流程优化[J].华北电力大学学报(社会科学版),2017(02):134-140.
[2] 吕博文,杨怀洲.工作流技术综述[J].智能计算机与应用,2018,8(01):159-161.
[3] 黄珊,谢燕,孙艺嘉,等.基于工作流的学院教务管理系统[J].智能计算机与应用,2017,7(03):142-146.
[4] 徐雯.办公自动化中的工作流及数字签名技术综述[J].科技广场,2014(11):150-152.
[5] 殷正坤,蓝敏.工作流和Web技术的OA系统设计初探[J].电脑编程技巧与维护,2020(02):82-83,94.

作者简介

付晓宇　硕士,上海立信会计金融学院体育与健康学院助理研究员;主要研究领域为教学管理及计算机应用;联系邮箱为fuxy@lixin.edu.cn。

浅谈大学生群体上交叉综合征的成因、危害与运动疗法

刘 洋

摘要 运采用文献法,对大学生群体 UCS 的成因、危害、干预方法三个方面进行了系统梳理。研究表明,大学生群体 UCS 的成因包括错误姿势、缺乏运动、长时间使用电子设备等;而危害主要表现在对身体形态、身体机能、心理健康、产生疼痛四个方面,对脊柱锁链结构的研究清晰揭示了不良身体形态成因;抗阻力训练(加强薄弱肌群肌力)结合牵伸训练(改善紧张肌群初长度)则是有效运动疗法。最后,本文强调高校应加大普及健康知识力度,引导大学生养成健康的生活方式,培养德智体全面发展的人才。

关键词 上交叉综合征 肌力失衡 成因 危害 运动疗法

上交叉综合征(Upper Crossed Syndrome,UCS)是一种由肌力失衡引发的一种上肢动作模式。上斜方肌、胸锁乳突肌、肩胛提肌、胸大肌、胸小肌、背阔肌等肌肉处于紧张、缩短状态,而深层颈屈肌、中下斜方肌、前锯肌、菱形肌、三角肌后束等肌肉处于无力、被拉长状态,两种不同状态肌肉形成 X 型的交叉,主要表现为头前伸、圆肩、驼背等不良体态。目前国内尚未将 UCS 列为一种疾病,而是将它将其归为颈椎疾病,并认为 UCS 是颈椎疾病的早期阶段,它和颈椎疾病并不完全等同。

根据 2015 公布的《国民体质监测报告》,较 2010 年前相比,我国大学生群体尤其是男生身体素质各项指标,呈现持续下滑趋势,结果令人担忧;同期相关身体姿态监测和研究的数据也表明,上交叉综合征、脊柱侧弯、骨盆前倾等不良身体姿态发生率也在大学生群体中呈上升趋势,其中上交叉综合征出现率远超其他不良身体姿态。随着智能手机、电脑等电子设备的普及,大学生群体采用长期伏案姿势的时间大大增加,上交叉综合征的发生率呈现出高增长的趋势。国内外诸多以大学生为调查对象的研究显示,UCS 发生率男大学生约为 11%～19%,女大学生发生率约为 18%～36%,女生远高于男生。

一、UCS 的成因

UCS 是由于颈部、肩部、背部长期的肌力失衡而形成的不良体态,球类、力量训练等运动中因训练导致的肌力不均者、学生以及坐姿类职业人群是 UCS 的主要人群。

(一)大学生 UCS 产生的主要原因

在学习和生活中的错误姿势,如斜着或趴着看书、做作业时身体前俯过多、长时间采用同一姿势使用手机电脑等,这些错误姿态致使部分肌群缩短、劳损,产生无力性紧张,而与此相拮抗的肌群被拉长,导致肌群力量失衡,最终形成不良体态。女大学生 UCS 的发生率远比男性要高,主要原因是女性颈部的肌肉

力量远小于男性,同时还有女性的呼吸模式以胸式呼吸为主,而男性则是以腹式呼吸为主,而胸式呼吸很容易导致颈部和胸部的肌肉的紧张,从而引发UCS。

(二) 训练导致UCS的主要原因

运动训练导致的肌力失衡也是UCS产生的重要原因,如健身健美爱好者,因过度练习胸部肌群力量和上斜方肌,忽视背部肌群的训练,发生胸背肌力失衡现象,从而会形成头前伸、圆肩、驼背的不良体态。

(三) 坐姿类职业人群UCS产生的主要原因

随着现代社会工作节奏的加快,坐姿类职业人群因注意力高度集中进行工作,身体姿势很容易在不知不觉中长时间处于错误状态,加上工作繁忙而进行健身锻炼的机会较少,使颈部、肩部肌肉长期处于劳损的状态,越来越多的年轻白领成为UCS的受害者。经过分析可知,不科学的工作和生活方式是UCS发生率越来越高并呈现年轻化趋势的重要原因。电子设备的普遍应用,使坐姿类职业人群形成了上班、下班都在高频率使用电子设备的习惯,使健身锻炼时间被挤压并呈现出越来越少的趋势;而且我国快速地城市化也使开车上下班的白领人群越来越多,白天工作长时间伏案,开车长时间保持固定坐姿,晚上伏案加班成为常态,加上社会竞争产生的精神压力,导致胸部、颈部、肩部肌群长期处于过度收缩状态,而且颈部、肩部肌群在变得紧张缩短的同时还会产生劳损;而相拮抗的菱形肌、中下斜方肌等肌群在被拉长的同时肌力变弱,最终形成头前伸、圆肩、驼背的不良体态。通过以上分析可看出,坐姿类职业人群UCS的防治已成为社会热点。

二、UCS的判定标准

根据当前已有研究的共识,将以下指标作为UCS的判定标准。

(一) 头前伸

测量方法以身体侧面侧中线为参照,耳垂发生前移的距离,轻度为0~3 cm,中度为3~5 cm,重度则大于等于5 cm。

(二) 圆肩

测量方法为肩部前旋与肩胛骨后凸外翻,以身体侧面侧中线为参照,肩峰前旋距离,轻度为0~3 cm,中度为3~5 cm,重度则大于等于5 cm。

(三) 驼背

测量方法为胸椎过度后凸,以身体侧面侧中线为参照,最突出处后凸距离,肩峰前旋距离,轻度为8~11 cm,中度为11~13 cm,重度则大于13 cm。

(四) 头前倾角(FHA)与圆肩角(FSA)

从第7颈椎棘突(C7)向地面画垂线,并将该点与耳屏和肩峰分别以直线连接,耳屏到C7连线与C7垂线的夹角为FHA;肩峰与C7连线与C7垂线的夹角为FSA。FHA大于35度,FSA大于40度可判定为UCS(图1)。

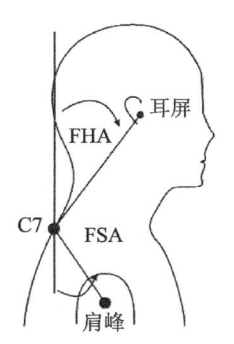

图1 FSA和FHA示意图

三、UCS 的危害

（一）UCS 对身体形态的影响

1. UCS 对头前伸和圆肩的影响

根据相关研究头前伸人群头部疼痛发生率高于健康人群。颈椎与颈枕角的屈曲、旋转存在密切的相关关系，老年人胸椎后凸角增大，必然引起颈枕角变小。前倾的颈椎会让头部的重力都由颈椎的某几节来支撑而不是平均分配给全身，久而久之就会让过度负担的颈椎产生关节炎、骨刺；而圆肩使横膈膜变得紧张缩短，对腔静脉、大动脉的压迫加大，心脏负担增加。

2. UCS 对颈椎与胸椎结构的影响

头部经常不由自主地向前延伸时，颈椎前屈幅度明显变大，而枕骨-颈椎角明显减小，造成背部胸椎弯曲过大，最后凸处远离侧面中线，对人的形象与气质产生负面影响，这种不良体态就是驼背。

3. UCS 对人体整体姿态的影响

人的脊柱从侧面看有四个生理弯曲，这四个生理弯曲与人体生物力学原理相吻合，对缓冲外界对人体的冲击力具有重要意义。在身体处于中立位置时，脊柱由椎骨之间的骨结构进行支撑，而 UCS 造成的头前伸、圆肩、驼背会使这些生理弯曲发生变化，力线发生偏移后，脊柱中立位只能由于肌肉、软组织、韧带来维持，如果长期维持这种状态，会导致椎间盘损伤。UCS 人群在坐姿或站姿时会有习惯性弯腰的习惯，主要原因是下巴前伸导致颈椎上下段分别出现伸展、弯曲的异常变化。正常脊柱由上到下分为颈曲、胸屈、尾屈三个合理屈曲部分，每一个屈曲曲度的改变都会引起其他位置产生代偿。如果长期保持这种状态，就会造成不可逆的负面后果。因脊柱的链锁结构，上交叉综合征的出现，通常伴随下交叉综合征（骨盆易位）的发生。颈椎、胸椎、骨盆像三个齿轮相互配合维持人体稳定状态，如果一点出现不稳定状态，其他两点就会代偿发力，三点之间的位置都会发生变化。

如图 2 所示，不良的坐姿（左）会导致骨盆后倾。这由逆时针齿轮指示，并且表明腰椎的正常脊柱前凸减少。这可以通过顺时针齿轮逆转正常的胸椎后凸，然后在颈椎中产生逆时针旋转，导致头部向前伸出颈部，这是不良姿势的典型示例。要采取正确的姿势（右），反转下齿轮（顺时针）以向前旋转骨盆。依次旋转中间齿轮（逆时针）向上抬起胸部，同时旋转上部齿轮（顺时针）拉伸脖子并重新定位头部。如图 2 所示，第一个齿轮就是我们的颈椎，第二个齿轮就是我们的胸椎，第三个齿轮则是我们的骨盆。我们转动这三个齿轮让我们的身体更加灵活。

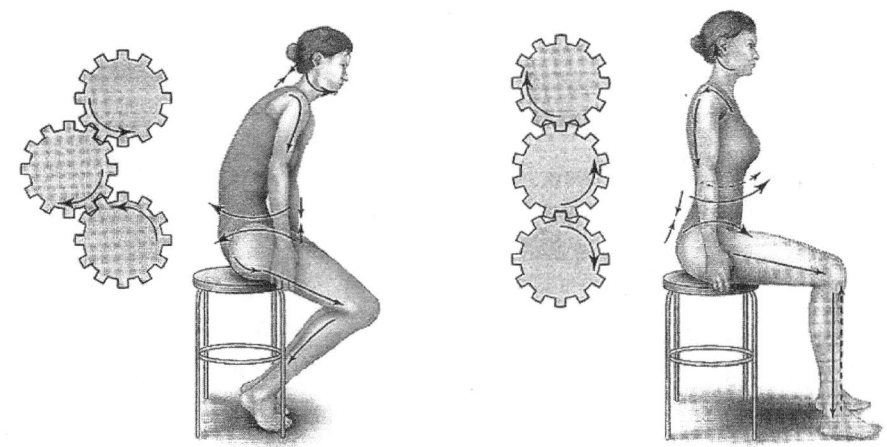

图 2　颈椎、胸椎、骨盆位置与体态关系示意图

(二) UCS 对人体机能的影响

1. UCS 对肌肉激活与抑制的影响

从肌力失衡的角度来分 UCS 析,胸肌、上斜方肌、胸锁乳突肌、肩胛提肌等肌肉容易变短并过度激活;与此相拮抗的中下斜方肌、深层颈屈肌、菱形肌、竖脊肌等变得虚弱,抑制了肌肉激活。长期采用坐姿会过度使用胸大肌、胸小肌、枕骨后肌、上斜方肌、胸锁乳突肌、肩胛提肌,这些肌肉变短、紧张和过度激活,且上斜方肌等还会出现缺氧缺血而导致的劳损现象;与此相反的是,斜方肌中下束、菱形肌、深层颈屈肌、竖脊肌会变弱并被拉长。肌力失衡会改变运动模式,此时短而紧的肌肉会过于活跃并更快收缩。与此相反,弱而长的肌肉受到抑制,收缩比平常慢。而人的身体的运动,是不同肌肉协同配合工作的结果,很少有一个肌肉能独立工作。相关研究显示,UCS 人群肌电测试显示,身体处于圆肩状态时,上斜方肌、下斜方肌的肌电反应明显增高,前锯肌肌电反应降低;而研究 UCS 在不同体态下的颈肩肌肉激活情况,发现上斜方肌、前锯肌与 UCS 有密切关系。

2. UCS 对运动能力的影响

身体肌力的平衡影响着健身爱好者与体育运动员的运动表现,对于普通人的日常生活同样如此。如果不断在错误的体态下进行活动,会进一步强化错误的运动模式,长此以往会导致更严重的病变。而且 UCS 的不良体态会使人体重心前移,人体稳定性下降,容易摔倒而对身体造成伤害,如多项研究均显示 UCS 人群平衡能力低于正常人群。

3. UCS 对呼吸模式的影响

胸锁乳突肌、胸部肌群、肩胛提肌、斜方肌、斜角肌是人体主要辅助呼吸肌。头前伸的不良姿态会造成颈肩周围肌肉和膈肌运动异常,还会过度激活胸锁乳突肌、胸廓上提,胸腹部运动减少;为了弥补膈肌收缩降低,辅助呼吸机代偿改变了呼吸方式,新的方式降低了呼吸效率。辅助呼吸肌的过度使用会导致其疲劳的发生,造成损伤。呼吸肌受损使肺通气量变小,二氧化碳排出减少,破坏人体酸碱平衡,对生活、运动产生负面影响。同时相关研究也显示,UCS 人群肺活量低于健康人群,而胸锁乳突肌、胸肌的激活程度却高于健康人群。

4. UCS 对关节活动度的影响

当 UCS 人群的肌力不均肌群相拮抗时,随着关节角度的改变,收缩一侧的肌肉会引起关联部位向其移动。UCS 正是因为肌力不均使关节、骨骼受力不均,最后对关节活动度产生影响。

(三) UCS 对心理健康的影响

不良体态会造成 UCS 群体负面情绪和反应的明显增加,如果长期处于这种状态,已有的负面情绪和反应甚至会升级成为心理疾病,如抑郁症、恐惧症、焦虑症,对未来的工作、学习、生活、社交活动等都会产生较大负面影响。相关研究发现,自信心较强的人群,往往呈现出身姿挺拔的体态,而 UCS 群体则对社交活动敏感,个人特质呈现出神经质特点。在进行运动或医学干预的同时也有必要 UCS 群体进行心理干预。

(四) UCS 与身体疼痛的关系

UCS 群体在体态上出现的不良变化主要有头前伸、颈椎上段、下段过度伸展、屈曲,这些异常的体态变化会使人体力学结构与功能发生变化,引起颈、肩、后背的疼痛,持续下去会引发颈椎病的出现。

四、UCS 的干预方法

目前对 UCS 的干预方法包括临床疗法和运动疗法。临床疗法的主要手段有小针刀、推拿、电针等,但临床疗法存在着"治标不治本"的缺陷,从长期来看容易复发;而运动疗法的主要手段有针对性抗阻力训练、牵伸训练、运动机能贴布、胸腹式呼吸训练。目前公认干预效果较好的疗法是运动疗法,其中牵伸训练、抗阻力训练结合牵伸训练两种方法干预效果较好,胸腹式呼吸训练对女性UCS的干预效果也不错。为保证干预质量,以上几种运动疗法要在专业人员指导下进行。

(一)牵伸训练对UCS的干预

牵伸可分为动态牵伸、静态牵伸、本体感受性神经肌肉促进术(PNF牵伸)与摆动牵伸,其中静态牵伸是使用最普遍的牵伸。

动态牵伸与摆动牵伸相类似,均是利用肢体的快速运动达到牵伸目的,容易引起牵张反射;静态牵伸速度较慢且肌肉放松,PNF牵伸则是收缩与牵伸相结合可使紧张的肌肉放松,还能使关节活动范围最大化,这两种牵伸均不会引起牵张反射。因静态牵伸和PNF牵伸能有效改善肌肉初长度且不会引起牵张反射,对UCS干预效果较好,已得到较为广泛的应用。

(二)抗阻力训练对UCS的干预

抗阻力训练(Resistance Training)是一种对抗阻力的运动,以训练人体肌肉为主要目的,抗阻力训练有哑铃、杠铃、徒手、轻器械等方式,具有延缓衰老、减脂、减少损伤与疼痛、改善体形体态等作用。抗阻力训练对UCS的干预主要体现在有针对性地锻炼深层颈屈肌、菱形肌、斜方肌中下束、竖脊肌的力量,与胸部肌群、上斜方肌的拮抗能力得到加强并调整了肌力失衡现象。

五、结束语

随着智能手机、电脑等电子产品越来越普遍和广泛地进入学习、工作、生活,加上运动健身的减少,UCS已成为当下和未来影响大学生身心健康的重要征状。高校应在《"健康中国2030"规划纲要》指导下,对大学生普及健康知识,引导他们养成健康的生活方式以及积极参与体育运动,降低UCS等亚健康征状对他们身心健康的影响,为国家和社会培养德智体全面发展的人才。

参考文献

[1] JANDA V. Muscles and cervicogenic pain syndromes[J]. Physical theraphy of the cervical and thoracic spined,1988:153-166.

[2] GU S Y,HWANGBO G,LEE J H. Relationship between position sense and reposition errors according to the degreeof upper crossed syndrome[J]. J Phys Ther Sci,2016,28(2):438-441.

[3] MUSCOLINO J. Upper crossed syndrome[J]. Journal of the Australian Tra-ditional-Medicine Society,2015,21(2):80.

[4] 杨锡让.实用运动生理学[M].北京:北京体育大学出版社,1998.

[5] 姜淑云,房敏,左亚忠,等.颈部肌群与颈椎病[J].颈腰痛杂志,2006(03):235-238.

[6] 蒋玉梅.青少年异常身体姿势现状的特征分析[J].北京体育大学学报,2010,33(10):61-64.

[7] 杨可文,谯建华.按摩松解联合牵伸法对大学生颈肩肌肉失衡的干预效果[J].中国学校卫生,2019,(4):555-562.

[8] 王蕴琦.胸腹式呼吸训练对上交叉综合征影响的研究[D].北京:北京体育大学,2017.

[9] THIGPEN C A,PADUA D A,MICHENER L A,et al. Head and shoulder posture affect scapular mechanics and muscle activity in overhead tasks[J]. J Electromyogr and Kinesiol,2010,20(4):701-709.

[10] OHMURE H,MIYAWAKI S,NAGATA J. Influence of forward head posture on condylar position[J]. Journal of oralrehabilitation,2008,35(11):795-800.

[11] SEO-YEUNG GU,GAK HWANGBO,JEON-HYEONG LEE. Relationship between position sense and reposition

errors according to the degree of upper crossed syndrome[J]. J Phys Ther Sci, 2016, 28(2): 438-441.
[12] LEWIS J S, GREEN A, WRIGHT C. Subacromial impingement syndrome: The role of posture and muscleimbalance [J]. Journal of Shoulder and Elbow Surgery, 2005, 14(4): 385-392.
[13] HUGGARE J A, LAINE-ALAVA M T. Nasorespiratory function and head posture[J]. Am J Orthod Dentofacial Orthop, 1997, 112(5): 507-511.
[14] 陈朝晖,张文娣.理筋正骨手法结合运动训练治疗慢性颈痛的临床观察[J].中国中西医结合杂志,2018,38(11): 1327-1311.
[15] 陶晶晶.健身气功·八段锦练习改善办公室人群上交叉综合征效果的研究[D].北京:北京体育大学,2019.

作者简介

刘 洋 硕士,上海立信会计金融学院体育与健康学院副教授;主要研究领域为体质健康促进;联系邮箱为39750643@qq.com。

新文科背景下财务会计案例课程教学改革与思考
——基于核心素养视角

于雪彦

摘要 随着"大智移云物"等新技术的普及,如何通过教学培养适应时代的学生,成为目前教学改革和人才培养面临的主要挑战。本文立足财务会计案例课程,基于新文科背景,从核心素养视角出发,提出从新目标、新范式和新技术三方面进行教学改革,以培养"全面发展的人"。具体教学实践中,从教学内容、教学手段和考核方式三方面优化课程,教学内容紧跟准则变化,教学手段力争多样化,有效吸引学生注意力,并引入学生互评机制,活跃课堂氛围,课程考核注重学习过程化,加强学生的知识应用能力。经过上述改革后,学生的学习积极性有了质的提高,思辨能力、探究能力和写作能力都得到有效提升。教学改革是个持续优化的过程,后续教学中,将秉持"一切为了学生"原则,不断探索更加科学合理的教改方法。

关键词 新文科 核心素养 财务会计案例 教学改革

一、引言

"大智移云物"(大数据、智能化、移动互联、云计算和物联网)时代,社会生活的方方面面都产生了深刻的变化,教育行业亦不例外,尤其高等学校教育。高等学校教育作为高素质人才的输出端,其人才培养模式受到"大智移云物"引致的产业革命的冲击,直接导致了教育教学手段的改革。因此,高等学校教学改革势在必行。

2014年4月,教育部发布了《关于全面深化课程改革落实立德树人根本任务的意见》,提出核心素养是课程改革和立德树人的根本出发点。2016年9月,《中国学生发展核心素养研究报告》在北京师范大学发布,正式提出培养"全面发展的人",从文化基础、自主发展和社会参与三方面着手培养。

2018年10月,教育部发布了《关于加快建设高水平本科教育全面提高人才培养能力的意见》。该意见要求启动"六卓越一拔尖"计划2.0,新文科建设由此提出。新文科建设是基于目前的时代特征提出的,要求促成学生学习成效和教师育人能力双提高。

新文科建设是传统文科建设的扩展与加强,强调学科间的有机融合与协作,与核心素养要求具有内在一致性,因此,可以从核心素养角度分析新文科建设思路。而会计学作为新文科的重要学科,在新文科建设中应起到排头兵的作用,率先进行教学改革,融合其他基础学科,从而带动其他文科专业建设。

财务会计案例课程作为会计学专业的必修实践课程,对学生的核心素养发展至关重要。因此,新文科背景下,进行财务会计案例课程的教学改革具有重要的教学意义和育人意义。

---

① 上海高校青年教师培养资助计划(项目编号:ZZLX20002);上海立信会计金融学院会计学院教改项目。

二、财务会计案例课程定位

任何课程设置与改革都是服务于人才端需求,在进行财务会计案例课程定位之前需厘清新文科背景下社会发展对会计人才的需求变化。传统的记账式会计人才逐渐被机器人替代,企业与银行的沟通也由信息系统替代。目前新兴经济体越来越多,业务模式创新层出不穷,对财务会计人才的创新能力和理解能力提出了更高的要求。因此,社会对财务会计人才的需求由记账式人才向综合能力强的复合型人才转变。

为适应经济形势的发展,会计人才的培养也由之前的理论型人才向高素质的复合型应用人才模式转变,从而倒逼会计专业的教学变革与发展。之前的财务会计课程重在知识的传授,旨在通过课堂使学生形成财务会计这一门课程完整的知识架构,极少讲授考虑财务会计知识在企业中的应用。作为会计的"黄埔军校",笔者所在的学校所培养的会计人才应当是适用当前社会经济发展的需要,能够应用所学知识分析实际问题,解决实际问题的高素质复合型人才。这种高素质复合型人才的最主要特征就是具有应用所学知识分析和解决问题的综合能力,而财务会计案例课程切合了这种需求。因此,对财务会计案例课程进行研究与改革对于培养高素质的复合型应用人才至关重要。

财务会计案例是会计学的专业必修课程,本课程引导学生对真实企业案例进行有目的的分析,是学生进行毕业论文写作的基础。对本课程的学习有助于学生在毕业论文阶段的选题和写作,有助于学生参加常见的商业案例竞赛。更重要的,本课程能有效发展学生的核心素养,增强学生的沟通表达能力、合作共赢意识和创新实践能力,并养成深度学习和积极参与的终身习惯。

三、新文科背景下财务会计案例课程体系改革

为适应"大智移云物"的时代特征,结合新文科建设的内在融合要求,可从新目标、新范式、新技术三方面对财务会计案例课程进行系统改革。

1. 新目标改革

财务会计案例课程之前定位为中级财务会计的实践课程,因此,课程的教学目标受限于中级财务会计课程,教学内容与教学安排均围绕加强学生对财务会计基础知识的消化与吸收。在新文科背景下,财务会计案例应融合会计学、思想政治、数据挖掘等课程,把社会主义核心价值观包含在课程体系中,培养懂专业、重实践、遵法规、政治修养过硬的高素质会计人才,满足新时代对复合型会计人才的需求。该目标不仅对学生提出了素养要求,而且对任课老师的专业素养和政治修养也提出了更高的要求。

2. 新范式改革

财务会计案例沿用了传统的教师讲授、学生听课的范式,重在知识灌输。该范式的缺点是课堂内容生涩,气氛比较严肃,难以调动学生积极性,不利于学生核心素养的培养。从核心素养视角出发,新文科要求课程主体由教师变为学生,一切"以学生为中心",强调学生的学习体验和课堂效率。因此,在新文科背景下,财务会计案例应以学生为课堂主体,教师进行统筹协调。该范式的转变对学生和老师提出了更高的要求。

3. 新技术改革

新文科提出的时代背景是"大智移云物",其最大的特征是数字化和智能化。该时代背景对教师的技术素养提出了更高的要求,不能仅限于对PPT的应用,应该与时俱进,做信息时代技术进步的追随者,努力学习新技术并应用在日常教学中,促进教学的改革。具体到财务会计案例课程,可充分利用虚拟仿真、数据库和App技术。在课程中利用虚拟仿真技术,可以让学生体会更加真实的财务环境;利用数据库,可以统筹课程各方面资源;可以开发课程专用的App,用于案例的讨论与展示。

四、新文科背景下财务会计案例课程教学内容及手段整体优化

本节内容分别从教学内容、教学手段及考核方式三方面阐述财务会计案例课程的优化。

1. 教学内容优化

1）增加课程思政内容

我国高等教育是社会主义建设中人才培养的重要机构，因此，要确保所培养人才具有爱国、敬业、诚信和友善的素养。课程思政可以解决"为谁培养人才"问题，因此，任课老师要积极寻找课程中可以进行课程思政的点，并加以放大，使其有教育意义。固定资产案例讲解可以结合尔康制药财务造假的案例，警示学生要严格遵守财务会计准则，做诚信会计人。现金流分析章节可以结合万福生科财务造假案例，警示学生不做假账，并为营造高质量的信息环境做出贡献。

2）教材建设

财务会计案例课程教材较多，但是缺乏权威教材，根本原因是学术圈内没有公认的财务会计案例分析框架。因此，教研组应在多年的案例教学基础上，研究国内财务会计案例教材，编写适用于本校的财务会计案例教材，并向兄弟院校推荐，以不断优化完善。

3）线上案例库建设

国内开发线上案例库的高校不多，主要是开发成本较高。作为会计学的"黄埔军校"，笔者所在学校应集中优质的教学力量，开发线上案例库，并向全国高校老师及学生征稿。案例库不仅服务于财务会计案例课程建设，还可以促进学生对实务的理解能力，切实增强学生的实践能力。

4）增加名师讲座

新文科强调融合，除了学科间的融合，还包括高校与高校、高校与企业和高校与政府的协作。财务会计案例课程可聘请更高水平高校的名师为学生举办讲座，增加学生的分析理解能力。课程还可以聘请案例所涉及公司的相关负责人作为职业导师，深入浅出地分析课堂案例的前世今生，增加学生的求知兴趣，发展其自主学习和创新创业的核心素养。

5）课程模块优化

目前课程模块缺乏模块间的递进作用，为调动学生的积极性，可以从易到难，从简单到综合的优化课程模块。

6）跟随准则变化及时更新课堂教学内容

我国的会计准则在不断完善中，因此应紧跟会计准则的最新变动，及时更新课堂教学内容。比如，针对财政部于2018年发布的关于修订印发《企业会计准则第14号——收入》（以下简称新收入准则）的通知，全面更新《财务会计案例》中收入相关案例的教学，并向学生详细讲解新收入准则前后的差异，引导学生及时关注会计准则的变化，培养较高的会计素养。

2. 教学手段优化

1）线上线下结合

在做精线下课程的同时，充分利用"大智移云物"带来的便利发展线上课程。财务会计案例课程一般安排于大四上学期，其缺点是学生社会事务增多且前期基础不扎实。因此，教师可以在超星平台设置"课程基础"板块，该板块内主要为任课教师录制的案例课程涉及的基础知识，以供基础薄弱的同学重新学习，基础较好的同学查缺补漏。对于传统的占用课堂时间的考勤、分组等都可以通过超星平台实现，避免了传统分组的熟人扎堆，有利于发展学生的沟通能力。线上课程的开展，可以使学生的学习摆脱了时间与空间的限制。

2）翻转课堂法

翻转课堂的核心是"以学生为中心"。对于案例课程，教师可以在进行基础知识和案例分析框架的讲

解后,充分使用该方法,将学生分成几组,以小组为单位进行课堂翻转,以提高学生的演讲能力和协作能力。

3）启发式教学法

对于案例课程,启发式教学法对任课老师的要求尤其高,要求老师提前预判可能出现的各种状况,并准备应对策略。该方法可以引导学生深入思考,增强分析问题的能力。

4）慕课(Massive Open Online Courses,MOOC)资源的充分利用

MOOC指大规模开放式网络课程,比较有名MOOC平台有学堂在线和中国大学MOOC。MOOC平台集结了各课程的国家精品课程,因此,教师可以精心挑选合适的慕课推荐给学生使用,供学有余力的同学开拓使用。

5）即时通信群的利用

目前笔者用于课程的即时通信群有企业微信群和超星群。任课老师鼓励学生在即时通信群里发布疑问,学生之间互相答疑并讨论,形成良好的学习氛围。即时通信群的使用使学生随时随地地进行答疑解惑,有利于学生奉献精神的养成。

3. 考核方式优化

考核方式是学习的指挥棒,如果仅进行课程内容和教学手段的改革,还沿用老式的考核方式,难以发挥改革成效,因此,有必要对课程的考核手段进行优化。传统课堂考核重成绩轻学习过程,容易形成学生突击一两周仍然能过关的局面,这样会使学生抱有侥幸心理,从而不积极参与课堂,甚至逃课。新的考核方式应该重平时,帮助学生养成重视学习过程、扎实掌握知识的态度。

针对财务会计案例课程,考核分为平时学习过程和期末课程论文两个模块,各占比50%。平时学习过程包括考勤、课堂参与程度和翻转课堂表现,其中考勤占比10%,课堂参与和翻转课堂分别占比20%。翻转课堂模块引入学生点评机制,在老师点评的基础上,引导学生对其他小组案例进行点评,并根据课堂活跃度进行适度加分。考核方式的转变可以引导学生加强对学习过程的重视,培养学会学习的核心素养。

五、结论

"大智移云物"使会计学教学和人才培养面临挑战和转型。新文科强调学科融合,核心素养强调培养"全面发展的人"。财务会计案例教学应以新文科为背景,从核心素养视角调整人才培养目标,从新目标、新范式和新技术三方面进行教学改革。具体从教学内容、教学手段和考核方式三方面优化课程,遵循"以学生为中心"的教学理念,全面提升教学效果。

经过上述教学改革后,在教学方式上,引入新兴教学方法,包括但不局限于启发式教学、线上教学和翻转课堂;在活跃课堂气氛上,引入学生互评机制;在授课模式上,突破传统以知识传授为主的模式,形成以学生参与为主的新型教学模式;在教学内容上,紧跟制度变迁,深入挖掘制度变迁背后的机制,引导学生关注制度变迁;在考核方面,降低死板的知识考核模式,以案例分析考试为主,并重视平时学习过程的考核,加强学生的知识应用能力。经过对上课学生的访谈和调查问卷,上述教学改革有效地调动了学生的学习积极性,并增加了对会计学科的认同感,约有95%的学生愿意以财务会计作为自己毕业后深耕的就业领域,为社会主义经济的高质量发展贡献自己的力量。

参考文献

[1] 柳夕浪.从"素质"到"核心素养"——关于"培养什么样的人"的进一步追问[J].教育科学研究,2014(03):5-11.
[2] 核心素养研究课题组.中国学生发展核心素养[J].中国教育学刊,2016(10):1-3.

［3］王华,王一航,石劲.卓越会计能力的"高校+"协同培养方法与实践[J].会计之友,2020(18):104-109.
［4］刘晓.《中级财务会计》"案例+启发"教学模式探索——基于应用型独立院校人才培养目标[J].产业与科技论坛,2020,19(10):171-172.
［5］唐衍军,韩士专,王芸.新文科会计人才培养的变革路径[J].实验室研究与探索,2020,39(11):275-278,308.
［6］纪纲,程昔武."新经管"背景下财务管理课程考核改革探究[J].商业会计,2021(08):120-122.
［7］唐衍军,蒋尧明.跨界教育理念下的新文科会计人才培养[J].财会通讯,2021(11):161-164.
［8］罗勇."新文科"建设背景下高校会计人才培养改革的思考[J].商业会计,2021(12):4-8.
［9］郑晓婧."新文科"背景下高校税法课程教学改革探索与实践[J].财会学习,2021(21):161-163.
［10］陈阿丽,邓福康,王元宝,等."新文科"背景下会计学专业教学模式改革的路径研究[J].西部皮革,2021,43(09):29-30.

作者简介

于雪彦 博士,上海立信会计金融学院会计学院讲师;研究领域为财务会计教学改革、信息披露质量与交易效率等;联系邮箱为 yuxueyan_pku@126.com;本文的通讯作者。

提升 EMI 课程互动效果的方法思考

万 超　陈 琦　杨新房

摘要　EMI 教育已成为高等教育的趋势,在财经专业中普遍展开。然而,由于 EMI 课堂中的互动教学开展比中文教学的课堂更加困难,影响了课程教学效果。本文从课前准备和课堂导入,课中鼓励、培养学生自主思考和创意激发,以及及时检验学生对教学内容的理解程度三个角度出发,在"师-生"互动和"生-生"互动的层面,分别设计了提升课堂效果的互动性活动,希望通过互动式教学激发学生对于课程的兴趣,加深课程理解,鼓励其培养自主学习的习惯。

关键词　EMI 教学　互动式教学　互动活动

EMI(English Medium Instruction)是指在母语非英语的国家或地区,使用英文进行非"英语语言类"课程教学。虽然 EMI 并不局限于高等教育,但随着经济全球化和教育国际化的发展,EMI 在全球迅速增长,EMI 目前在全球范围内迅速增长,特别是在高等教育方面尤为显著。2007—2014 年,欧洲大学的 EMI 课程项目增长率达到 239%。全英文教学已经成为目前高校课程建设的一大趋势,也是人才培养能力的重要反映。

中国 EMI 教学从双语教学开始探索,即在课程教学中尽可能使用英文教材和课件,采用中文和英文混合教学,其目的是培养既掌握现代专业知识又具备熟练的专业外语能力的高素质、复合型人才。随着中国经济的不断发展和国际影响力的不断提升,中国高校的国际化趋势越来越明显,国际交流日渐频繁,外国留学生不断增多,双语教学模式也逐渐过渡为全英文教学,即 EMI 教学。

目前,财经类院校越来越多的教师具备国际交流背景和全英文授课的能力,财经类专业普遍开设 EMI 课程。然而,EMI 教学的管理政策和评价标准等还尚不成熟。为了实现 EMI 的设立目标和保障课程教学效果,有越来越多的国家和学校开始针对 EMI 进行政策和规则制定,规范化 EMI 教学。清华大学、西北工业大学等高校展专门组织教师赴牛津大学开展 EMI 的专业化培训,广东外语外贸大学、华南理工大学等都以工作坊等形式针对 EMI 的教师培训本土化开展探索。目前国内各大高校对于 EMI 教学进行了探索,也涌现了针对各类课程的全英文教学研究。在教学中不断实践如何提高教学效果和保证课堂教学质量,是教师的一项需要不断学习的能力。

一、互动式教学及其在 EMI 课程中的实施现状

在传统的教学模式中,教师单方面提供知识信息,设置紧张的日程安排,对学生进行量化考核,这样

[①]　本文是上海立信会计金融学院国际经贸学院 2019 年教育与教学改革项目"基于知识迁移能力培养的探究式教学研究——以《国际经济学》为例",以及"全国教育科学'十三五'规划 2020 年度教育部重点课题:功能驱动视域下长三角地区高等教育一体化研究"的阶段性成果。

虽然对知识基础相似的大学生而言具有高效、准确、低投入、覆盖面大等优点，但仍存在学生被动理解、参与性差、知识迁移能力弱、系统构建能力不足、兴趣难以激发和持续等问题。特别是对于偏重抽象概念和数学推导的科目，加强互动教学更能够激发学生的主动性和学习理论的热情，并在构建互动的探究过程中，提高学生对理论的应用能力。

在EMI课程教学中开展互动较中文教学的课堂存在更多障碍，包括教科书文本障碍、传统授课思想障碍、文化障碍。教科书文本障碍，即虽然英语教学中绝大多数使用外文原版教材，但授课方式等非文字信息无法移植；传统授课思想障碍，即很多外文课，虽然用英语讲课，却仍然使用的是中国传统方式授课，这种教学模式在顶层设计中缺少互动理念的先天植入；文化障碍，即教师在跨文化使用素材时会因知识储备捉襟见肘或考虑严谨性而紧扣教材授课，难以发散内容和形式。学生语言或专业知识不足障碍，即学生不敢说、不会说、不理解、对专业术语不熟悉都会造成互动活动的失败。此外，还有教学考核导向不鲜明、教学时长限制、教学环境障碍等主客观因素，这些都可能对英语课堂互动活动开展产生影响。因此，本文试图研究如何通过多样化的活动设计，来开展有效的互动教学，提高EMI课堂的互动教学效果。

二、EMI课堂互动的课程准备和"师-生"互动导入活动设计

（一）对课堂情况的了解

（1）上课之前，教师应该了解影响互动活动开展的基本课堂情况。
（2）学生数：小班和大班的教学方法有区别，15人以下的小班更利于互动。
（3）教室情况：教室大小、设施类型、桌椅是否能自由移动等，提前了解可以根据具体情况设计相应的课堂互动环节和方式。
（4）学生程度：是本科还是研究生？是哪个年级？学过哪些相关课程？掌握得如何？
（5）学生组成：是否有留学生？中外学生的英文水平如何？

（二）对于师生英语水平的了解

授课前，教师需要对自己和学生语言程度加以了解。教师自己的英文水平？学生整体和个体的语言程度如何？除了通常的CET-4/6、雅思、托福等，可以通过"语言护照"来判断。教师可以自测，也可以让学生自测，针对评判标准（Common European Framework of Reference for Languages-self Assessment Grid）①的每一项填写判断自己的水平。其中，标准化考试，如托福等成绩与语言护照存在对应关系。测试后，象征性地拥有了"语言护照"（Language Passport），除了记录有学生的语言成绩历史，还能够看出学生在听力、阅读、口头交流、口头表达、写作这五个方面的水平。应当注意，在自评过程中，学生往往容易给自己打分偏低，可以在打分过后，让他们交叉检验修正。

（三）安排"师-生"互动导入环节

在传统课堂中，教师容易根据教学进度安排，一上课就直接进入主题。这忽视了学生对之前所学的必要教学内容的回忆，容易在介绍新内容时造成理解上的断层。教师可以通过三种热身活动帮助学生复习前课内容，快速完成教学上的引导和衔接。

1. 交互检查要点

一种方法是，可以先预留2～3分钟的讨论时间，用于复习总结上一节课的要点。然后，将学生配对，并分别分配给他们老师和学生两个角色。其中，老师的工作是列举出所有要点，学生的工作是对照他的

---

① 见网址 http://europass.cedefop.europa.eu/resources/european-language-levels-cefr.

列表,找到老师遗漏的知识点。

2. 设置"进入问题"

可以设置具体的"进入问题",通过课程管理系统,在线上即时发放问题和收集调查结果。这类问题的设置目标是帮助教师快速诊断学生的预习、了解和学习理解情况。导入的问题最好是简单的封闭式问题,要求学生回忆复习或预习要求中与当天课程相关的背景知识,例如,"根据你对于汇率标价方法的理解,以下哪一项表述是合理的?"这使得将学生的注意力快速集中在当天的主题上。

3. 勾选"未解问题"

通过在线学习平台发布调查,列出上一节课相关主题的一些特定、具体和明确的问题,并要求学生自查,圈出他们不知道答案的问题,从而评估学生的掌握程度和共性难点。

三、鼓励学生参与思考的教学"生-生"互动活动

学生通过收集信息、解决问题以及阐明他们的理解和发现来学习知识,有效的互动活动可以让学生通过应用概念和阐明新知识来加深学习。在教学过程中的"生-生"互动层面,可以设计一些鼓励思考的互动方法,举例如下。

(1) 口头阐释(Verbalise)。对于很多关键概念、专业术语及其用法,教师会在课上强调并频繁使用,但学生未必能够谙熟,从而会影响后续的理解和学习。给同伴解释他们学到的内容能够有助于加深理解,找出理解中的问题。因此,这个过程应鼓励学生尽量用英文表达,使用进一步熟悉关键术语的专业表达。

(2) 凝练信息(Reduce Information)。学生在长篇幅的专业英文阅读中,容易迷失重点。可以让学生合作,从一段文字中选择最重要的部分,提取其中的关键信息。教师可以限制字数,如限制5个关键词。

(3) 内容排序(Sequence Text)。给学生一段已经经过分块打乱的文字,让他们放回正确的顺序。这样有助于学生理解相应的结构,特别有利于他们的理解和表达。这对于专业教材的英文阅读是很好的训练。

(4) 转化信息形式(Transform Information)。让学生从一种信息形式转化为另一种,例如,从文字转化为流程图,建立一个模型,或者反过来处理等。这样可以帮助学生重建和构建信息。比如,学生可以设计可视化的时间轴,标注人民币汇率制度改革的重要事件。

(5) 预测结果(Predict)。让学生预测讨论某种特定情况下会发生的事情,或是在一个任务开始前,让学生预期会有什么结果。这将有助于学生理解和验证自己的想法。例如,请学生预测当一国货币在外汇市场上遭受某种恐慌性或投机性的抛售时,市场会出现什么样的反应?央行可能采取什么样的行动?不同汇率制度下,央行的措施和有效性是否有差异?

(6) 分类(Classify)。收集、排序、分类或者重新分类,可以帮助学生开发思路,理解概念。例如,请学生通过IMF网站,收集按照汇率制度的弹性进行排序和分类,并将一国名义与实际实施汇率制度的分类进行对比,能够发现何种差异。根据自己的观察,世界各国的汇率制度有什么样的发展趋势。

(7) 创建脑图(Create cognitive maps)。鼓励学生完成每章之后,用英语完成知识结构图,围绕重要的概念制作思维导图,这将帮助他们将概念和想法进行连接。使用软件完成的脑图还很方便进行互相讨论和修改。例如,请学生用脑图归纳概括经常账户及其子账户的结构,影响汇率波动的主要基本面因素及其作用机制。

(8) 比较排序(Rank order)。为学生提供信息,让他们根据所判断信息的重要性,给出相应的分值。这有助于学生建立自己的判断和加深讨论,学生可以在小组内讨论不同的决定,这对于比较难、没有定论的概念来说非常有益。例如,请学生讨论印度央行维持宽松的货币政策可能带来的不同的结果。

(9) 轮转讨论版(Rotate Whiteboard)。将学生分为不同的组,每个组一块白板。每个板分配一个特定的讨论主题。每个组写下一个答案后,轮转到下一块板,把答案写在前一组的答案下面,如此循环,直到所有的小组都完成讨论任务。可以采用交互式白板,没有条件时也可以使用课程教学平台(如学习通)的讨论区或留言板功能简单替代。

(10) 头脑风暴(Brainstorm)。对于头脑风暴(Brainstorm)一类捕捉和分享学生的创造性思维的活动,为了在传统教室的座位排布下也能够容易使用,也可以使用多种方便的在线工具,如学生可以利用iBrainstorm进行小规模的组内讨论,以及以小组为单位的组间讨论。可以选择背景模板,在白板上进行写作,可以邀请不超过三位(组)同学参加头脑风暴,记录交互过程,甚至可以使用MindMaster一类头脑风暴会议管理的思维导图软件,进行集体互动。

四、检查学生理解的必要手段

在课堂上教师常常倾向于持续讲授课程内容,学生没有提问就继续讲,或只是简单问一下:"大家都理解了吗?有问题吗?"事实上,在我们的文化情境下,学生往往不敢打断老师,也不好意思说不会,从而导致这种问题常常是无效问题。特别是在EMI授课过程中,出于语言障碍,学生往往更加害怕表达。及时检查学生是否理解当下进行中的学习内容,以及在结束时评估其对整节课的理解程度,对了解学生的学习进度和理解程度,以及提升教学效果都至关重要。

(一)课堂过程中,进行有效的"询问-响应-反馈"(IRF)

检查理解是课程教学质量的根本保证。从交流的角度讲,收到不等于能解码信息。在EMI课堂上存在两种不懂,语言不懂和概念内容不懂。因此,需要精心设计问题检查进度。"询问-响应-反馈"(Inquiry Response Feedback, IRF)作为最基本的师生互动,先设置问题进行发问,然后学生进行回答,最后教师针对回答给出反馈。

IRF是一个闭合的过程,是检查理解、加深理解的重要手段,关键在于教师对于学生回答的及时、有效反馈。特别要注意的是,传统课堂教学强调细致的教案定制和执行,教师在问答中也往往期望听到教案中预设的答案。但西方文化中非常重视鼓励,应当肯定学生的回答,至少肯定他回答的部分。等待学生反馈的过程中,注意耐心设置等待时间(Wait time)。发问之后,应当给予学生思考的时间,因此,至少应当等待3秒钟再进行下一步。对于EMI课程来说,等待的时间可适当加长。教师可以借助时钟精确计时,不确定等待时间的时候可以用"数大象"的方法①来控制时间,确保课堂进度。特别是,在等待过程中,不要急于用提示来打断等待时间,以免打断学生思考。

(二)课程结束前,设置"退出问题"

完成当天教学任务后立即结束教学,无法完成对学生理解情况的及时反馈和数据收集。教师通过设置"退出问题",在课程结束时收集学生理解的反馈,可确认自己的教学目标是否实现、是否需要改进教学设计,并为学生提供反思所学知识的机会。一般可以问每个学生一两个关于当天课程的简短问题。例如,在课程结束,要求学生完成一分钟的开放式问题写作。这样可以了解学生对于学习内容的理解,如"你今天学到的最重要的内容是什么?""请写下今天课堂上你觉得最难理解的一个问题。"

学生的回答可以帮助教师了解他们是否把握本节课的重点,以及是否要在下一节课补充关于该问题的讲解。这类问题需要收集真实的信息用于指导教师的教学决策,如快速辨清误解,识别学生的理解程度、兴趣和未能解决的关键问题等。一方面,这类问题是向教师提供反馈的测量工具,本质是对其教学进

---

① 因为elephant的发音近似就是1秒钟,在心里默念elephant或者Mississippi可以大致计时。

行评估。因此,不应该对学生进行打分。另一方面,这类问题使得学生有机会用自己的语言组织思想,促使其开始综合和内化课堂中得到的信息,并且可以提高他们的英文写作技巧。因此,应该尽量提出开放性问题,而非选择或判断题。

五、结语

教师需要结合课程特点和互动难点,合理设置嵌入课程内容的互动活动,才能够更大程度上激发学生对于课程的智慧和热情,从而保持专注完成课程理解,以及培养深入理解、自主学习的习惯。现代学生是一批数码原住民,数码科技是他们生命中自然的一部分,他们对信息时代的电子产品和各类软件有着天生的亲近感。教师需要思考该如何利用手机等设备,鼓励学生参与,提高课堂互动效果。在不同方式和层次的互动中,教师应主动改变身份和作用,积极使用能够包含所学内容的情境的方法和技巧,引导学生发现问题,这样才能提高学生解决问题的实战能力,甚至帮助学生在具体的参与中建构出知识体系,实现人才培养的目的。

参考文献

[1] O'DOWD, R.（2015）. The training and accreditation of teachers for English medium instruction：A survey of European universities [R]. Retrieved from https://www.tandfonline.com/doi/full/10.1080/13670050.2018.1491945.
[2] WERTHER C, DENVER C, JENSEN C, MEES I G. Using English as a medium of instruction at university level in Denmark：The lecturer's perspective [J]. Journal of Multilingual and Multicultural Development，2014，35（5）：443-462.
[3] 李洪亚.区域经济学全英文教学问题与优化探究[J].教育教学论坛,2020,2(7)：290-292.
[4] 苏达.高校专业课程全英文教学的探索——以福建农林大学"作物学"课程为例[J].成都师范学院学报,2021(5)：72-77.
[5] 唐卫红. 互动式教学在西方经济学全英文授课中的应用研究[J].中国轻工教育,2018(1)：86-90.
[6] 杨平. 工科院校专业基础课全英文教学示范课程建设的探索[J].高等理科教育,2016(6)：116-120.
[7] 支丽霞,等.《数值分析》课程全英文教学模式的探索与实践[J].教育教学论坛,2017(49)：153-154.
[8] 朱卫平,谢榕.商务智能与数据挖掘课程全英文教学实践[J].计算机教育,2021(8)：135-137,141.

作者简介

万　超　上海立信会计金融学院国际经贸学院副教授；主要研究领域为国际经济学；联系邮箱为wanchao@lixin.edu.cn。该作者为本文的通讯作者。

陈　琦　上海立信会计金融学院国际经贸学院讲师；主要研究领域为产业经济、高等教育；联系邮箱为qichen@lixin.edu.cn。

杨新房　南京审计大学金审学院金融与经济学院副院长、教授；主要研究领域为国际贸易、高等教育等；联系邮箱为 yangxinfang1973@126.com。

基于案例视角的财政学实务课程教学改革方式探讨

——以"财政管理学"课程为例

曾 芸

摘要 案例教学有利于提升教学质量和教学水平,财政管理学课程具有较强的实践性,案例教学的运用在财政学课程建设中具有重要意义。本文从当前财政管理学课程及教学现状出发,分析了财政管理学案例教学面临的问题与困难,并有针对性地提出了相关建议。

相较于传统课堂讲授方法,案例教学法在鼓励学生独立思考、引导学生提升知识运用能力、加强师生双向交流方面具有明显的优势,该方法自20世纪初由哈佛大学创立以来,在教学领域受到了重视和广泛的应用。财政管理学课程实践性较强,采用传统的课堂讲授方法很难让学生对当前财政管理实践有切身的理解,因此,在教学实践过程中适当引入案例教学,能在一定程度上弥补课堂讲授的不足。本文基于多年课程教学实践的现状,对当前教学实践中面临的困境展开分析,并有针对性地提出教学改革思路以供探讨。

关键词 财政管理学 案例教学 教学改革

一、课程及教学现状

财政管理学是高等学校财政学专业核心课程之一。本课程对财政资金的筹集和使用全过程所进行的管理活动进行了全面介绍,在此基础之上,结合实践,对实现财政管理目标的财政实践活动进行案例分析。财政管理学是一门应用理论学科,在学科体系中起着衔接财政理论知识和财政业务实践的作用:一方面将前期所学财政学、政府预算、公共绩效评价、国有资本经营管理、公债学、政府采购等财政学科基础理论引向进一步深化;另一方面,结合当前财政管理改革实务,强化对财政管理实践活动的案例及讲解。财政管理学的任务是阐明政府财政管理活动的基本理论和实践活动。教学的主要目的是认识财政管理在政府管理活动中的重要地位和作用,认识加强财政管理工作对经济管理的重要性,掌握预算编制、预算执行、财政决算、财政监督等财政管理活动基本原理及具体流程,掌握政府采购、国库集中支付、财政支出绩效评价等财政管理活动的基本手段。

我校2014年首次开设该门课程,至今已开设5年(期间因为两校合并、培养方案修订等原因中断了开设)。在学生系统学习财政学、政府预算等相关专业基础课程的基础上,在第7个学期针对大学四年级财政学专业学生开设,后考虑到课程设置的科学性、合理性及时修订了培养方案,自2020年起调整到第5个学期针对大学三年级财政学及财政学(绩效评价方向)专业学生开设,旨在加强和提升学生运用财政学理论分析和解决现实财政学问题的能力。经过多年的课程建设与完善,财政管理课程已逐渐成为我院财政学专业必修主干课程。由于财政管理学课程是一门实务性极强的课程,涉及面广,综合性强,与财政实践联系密切。针对本课程的特点,在教学方法上主要采用课堂讲授与课堂案例讨论相结合,课后思考题与课程论文相结合,课后作业与课堂作业相结合等方式。在教学手段上,注重运用多媒体教学手段,丰富课堂教学信息量。在教学内容上,结合财政典型案例,激发学生学习积极性和主动性,培养学生运用财政学基本理论分析财政现象的能力与素质。

二、教学实践中面临的问题与困难

作为一门与财政实践密切联系的实务类课程,除了财政管理知识的讲授,还需兼顾财政管理改革实践的发展,引入相关实务经验与案例。因此,财政管理学课程在教学实践中面临较多的问题与困难。

(一) 教材、教学资料短缺

目前,国内财政管理学教学主要借鉴公共经济学的理论体系,适当结合财政管理实践,全面、完整构建财政管理学体系的教材和相关资料较少。根据多年的教学实践,已有教材难度偏大,多针对研究生阶段学生学习需求编著,符合本科阶段财政管理要求的教材几乎没有。国内外以"财政管理"关键词为命名的专著、教材及相关参考资料不超过10本,可供选择的财政管理相关教学资料十分有限。

从教材来看,目前课程体系和知识要点相对完善财政管理教材主要有三本:

一是寇铁军教授所著《中国财政管理》[①]。该书从财政管理基础、财政管理支出、财政收入管理、财政风险与监督管理四个部分阐述财政管理知识,比较符合大学本科生阶段的知识储备与认知顺序,同时,该书每一章都尝试与财政管理实践相结合,因此,在该课程开设初期选用该书作为教材,学生接纳程度也较高。但自2015年起,该书已停止再版。

二是王秀芝教授编著《财政管理》[②]。该书紧密结合我国财政管理的工作实际,从内容上看,以财政管理理论为切入点,以财政管理的国际比较为连接点,以财政管理的程序和具体运作环节为主线设置章节结构,并以财政管理的改革建议为落脚点,力求使学生学以致用。该书既结合我国实际介绍了财政管理相关理论,又在有关章节设置了财政管理的相关案例,同时,把财政监督和财政绩效评价纳入财政管理体系中进行研究,拓展了财政管理研究的视角。因此,在修订培养方案、重新开设该课程时,选用该书作为教材,但该书在教材征订时,教务处已反馈"无书不加印",只能由学生自行通过其他渠道购买,存在后续使用上的不稳定性。

三是周小林教授所著的《公共财政管理》[③],这是目前出版时间最新的一本教材。该书以现代管理理论为基础,以财政管理实践活动为主体来安排教材结构,对每一特定管理内容的具体管理方法主要从总体上进行介绍,重点讨论为实现这一特定内容的管理目标所应选择的规范性制度和管理措施,讨论这些制度和措施的必要性和作用。遗憾的是,该书理论性较强,本科阶段学生接受和理解难度较大,作为本科阶段学生教材使用难度较大。

从参考资料来看,主要有三本:

一是美国约翰·L·米克塞尔所著的《公共财政管理:分析与应用》[④]是一部风行于市场经济国家的公共财政管理类经典教材,自1982年首次出版以来,它被美国众多高校的公共行政或公共事务学院选为教材。该书从公共部门管理的视角出发,系统阐述了以美国为代表的市场经济国家公共财政管理的理论与实践。以公共财政的基本原则和预算改革为基本线索,更加强调公共财政管理的具体运行与操作层

---

① 寇铁军.中国财政管理[M].北京:北京师范大学,2012.
② 王秀芝.财政管理[M].北京:中国人民大学出版社,2012.
③ 周小林.公共财政管理[M].北京:北京大学出版社,2018.
④ 约翰·L·米克塞尔.公共财政管理:分析与应用[M].9版.北京:中国人民大学出版社,2020.

面,强调预算管理的重要性。该书所建构的公共财政管理研究框架是以预算管理为核心的,对我国传统财政学研究范式的重构具有重要参考价值,可供学有余力的同学进行课外拓展。

二是姜维壮所著的《比较财政管理学》[①],该书从中央与地方财政关系、税制结构、信用制度、财政支出结构、宏观调控政策、预算制度、社会保障制度、监督财政制度等维度对国内外财政管理制度进行了比较,可让学生全面了解国内外不同的财政管理制度。

三是谢旭人所编著的《中国财政管理》[②],该书实务性强,从财政实务工作者的视角阐述了我国财政管理的重大实践,对于实务工作者有较强的指导意义,但是缺少必要的理论介绍,对于大学本科阶段的学生而言,理解难度较大。

除了上述著作,对中国财政管理现实问题的关注度、解释力和应用性较强的资料普遍缺乏。

(二)教学师资能力不足,教学激励有待完善

根据财政学类教指委课题组 2016 年对国内开设财政学(含税收)专业的高等院校的调查研究,"近 3/4 的样本院校认为实践教学师资薄弱是制约财政学实践教学发展的主要问题。担任实践课程教师中超过 20% 从来没有在财税部门和企业工作或锻炼的经历,这些教师对税收征管、政府预算管理实践自身都是门外汉,又怎么能将理论与实践有机结合,向学生有效传递实践知识和能力?实践教学师资基础相对薄弱、实验课教师缺乏相关实践和培训经历、高校缺乏鼓励教师进行实践教学的措施共同导致目前财政学实验课程的师资建设状况良莠不齐,高水平的实践教学教师队伍人才奇缺,现有的实践教学效果大打折扣,既定的教学目标难以实现,实践教学呈低水平运行状态"。

具体到财政管理学课程,教学师资能力不足的问题尤为明显。由于涉及大量的财政实务,财政管理学课程对于授课教师的要求较高,除了熟悉财政管理体制、公共财政预算、国库、非税收入与政府性基金、国有资本经营预算、社会保障预算、财政监督与审计、财政支出绩效评价、财政信息管理、国债管理等相关理论知识和政策,还需要授课教师对于当前上述各项财政管理实践有一定程度的了解,既懂理论又有实践经验的教师储备严重不足,严重制约了该门课程的发展和课程质量的提升。

同时,由于实行课程负责人负责制度,在现有的课时考核体系和激励导向下,其他有经验的教师不愿意参与课程的共同建设,跨课程合作难以开展,使得课程负责人无法吸收其他有经验的教师加入课程团队。包括财政管理课程在内的实践类课程,需要有实践经验的教师加入课程团队,学院也有很多教师具有某一领域或行业的实践经验,从理论上看具备合作教学的条件和可能。但是部分教师从自身课程任务和发展的角度出发,认为参与跨课程共建的效益不高,课时计算不合理,课程投入与激励考核结果不匹配,从而不愿意承担或参与某一部分实践课程的建设和教学。同时,由于现有制度和经费的制约,引入行内专业进行实践类课程授课的次数、专家级别受限,寄托行业专家进课堂提升实践教学水平的途径受到制约,在很大程度上也影响了实务类课程教学质量的提升。

(三)教学方式有待创新

财政管理是对财政资金的筹集、分配、使用所及进行的计划、领导、组织、控制、协调和监督等活动。从财政管理的主体来看,既包括立法主体(全国人大和地方各级人民代表大会),决策主体(国务院和地方各级政府)、执行主体(财政部和地方各级财政),还包括审计机关(专门从事公共财政管理的控制和监督,对政府部门、国有企事业单位的公共资金的筹集和使用进行审查与监督)、专业性管理机构(各级政府设立的住房公积金管理中心、养老保险基金管理中心等部门)、税务机关(负责政府公共收入的筹集和管理)、海关(关税、进口货物代征增值税、消费税)等,从财政管理的客体来看,涵盖财政法律和制度的确定、

---

① 姜维壮.比较财政管理学[M].3 版.北京:北京大学出版社,2012.
② 谢旭人.中国财政管理[M].北京:中国财政经济出版社,2011.

财政政策的制定、财政收支体系的构建、财政收支形式和结构的选择、财政管理体制的确定、财政机构设置、人员配备、财政信息传导、财政收入具体征纳、财政支出资金拨付和具体运用等。课程涉及的内容偏宏观、涉及面广。没有社会实践经历的大学本科学生，上述政府机关的财政管理活动与同学们的日常生活交集不大，理解上存在一定难度，更缺少参与具体实践活动的机会，因此，教学方法多以课堂讲授为主，学生仍然是知识的被动接受者，参与讨论的积极性有待提高。有鉴于此，在财政管理学的教学过程中，我们还需要进一步创新教学方式，借助案例教学等多种形式的教学手段来提高学生课堂注意力和参与度。但案例的搜集、整理需要深入实践部门或由实践部门协助提供，作为普通教师，几乎没有参与政府财政管理活动的可能，教学方式创新面临瓶颈。

三、教学改革探讨

（一）完善教材资料

如前文所述，当前财政学实务类课程实践教学教材建设滞后，在已出版的相关著作中，适用于本科阶段财政管理课程的教材和相关参考资料都相对缺乏，已有相对适合的教材也面临不再出版的问题，为确保教学质量和教材的可持续性，有必要结合财政学科特点和本科阶段财政学专业学生的实际情况，制定和完善相应的教学大纲和教学计划，并根据教学大纲和教学计划，编写适合学生使用的财政管理教材。

考虑到财政管理课程具有较强的实践性，而现有财政管理实践与学生的日常生活关联度不大，学生接受具有一定难度，有必要根据本科阶段财政学专业学生的理解能力，结合当前财政管理改革实践，对已有案例进行重新整理，编写适合学生使用的案例教学资料和课后阅读、扩展材料。同时，在进行案例教学的过程中，丰富教学手段，采用分组讨论、场景模拟、实验模拟等多种形式，提高学生参与案例讨论的积极性。

（二）提升师资能力

师资能力是决定课程质量的核心和关键因素，为全面提升教学水平，针对教学师资能力不足的问题，课程负责人首先应加强自身教学能力的提升。其应积极参与各类理论培训，不断提升财政管理相关理论水平，拓宽理论视野，提升科研能力，并及时将科研成果与课堂授课相结合。同时，结合课程负责人财政部门多年实务经验，加强与财政、税务、审计等实务部门的联系，积极参与各类实践项目，利用各种机会参与行业实践和产学研践习，丰富教学内容。

在提升教学能力的同时，加强课程团队建设。创造条件积极邀请其他具有实践经验的一线教师加入教学团队，与相关教师实现课程资源共享和课程共建。同时，聘请有行业经验的校外专家为课程建设提供指导，不断完善和提升实践教学水平。

（三）创新教学方式

创新教学方式包括以下三点：

（1）丰富和完善教学内容。通过挖掘课程所蕴含的思想政治教育元素，实现思想政治教育与知识体系教育的有机统一；通过加强与财政、税务、审计等实务部门的联系，掌握和了解财政管理实务的最新动态，实现理论教学与案例教学相结合，提升学生对课程学习的积极性和主动性。

（2）丰富和完善课程网络教学资源。通过改进和完善课程介绍、教学大纲、授课计划、网络课件、习题库、案例库、试题库、参考资料等，为学生提供丰富的学习资源。

（3）改进教学方法与手段。课程采用启发式、案例式、研讨式等教学方法，积极推进现代信息技术与课堂教学深度融合，利用学校的网络教学平台开展线上线下相结合的混合式教学，引导学生自主学习，根据学生学习效果的信息反馈及时改进课堂教学。

参考文献

[1] 刘严,黄波.智慧课堂下课程思政体系建设的"三全育人"理性审视[J].佳木斯大学社会科学学报,2021,39(3):235-237.
[2] 王超.应用型本科院校"财政学"课程教学改革研究[J].当代教育理论与实践,2017,9(2):5.
[3] 财政学类教指委课题组.切实加强财政学类专业实践教学研究[J].中国大学教学,2016(3):6.
[4] 李兰.《财政学》课程案例教学模式研究[J].高教学刊,2016(22):3.
[5] 樊丽明,刘小兵,姚玲珍.研制财政学类专业教学质量国家标准的实践及思考[J].中国大学教学,2014(7):5.
[6] 孙爱晶,范九伦,赵小强.卓越背景下实践教学方法改革与学生工程实践能力培养[J].中国大学教学,2013(6):3.
[7] 杜东华.关于如何强化高等财经类专业实践教学环节的思考[J].全国流通经济,2010(8):92-93.

作者简介

曾芸 经济学博士,上海立信会计金融学院财税与公共管理学院讲师;主要研究领域为政府债务管理;联系邮箱为zengyun1202@126.com。

新文科背景下财经高校通识写作课程体系建设与改革实践

陈正勇

摘要 高等教育大众化及新科技对大学生学习及文化消费产生影响的同时,也使大学人才培养面临写作课不足、写作水平不高、批判思维意识薄弱等困境。为应对新的挑战并走出困境,财经高校应以新文科建设为契机,补齐培养对象写作能力、批判精神缺乏和沟通能力不足的短板。尤其是在"互联网+"学习和教学环境下,传统单一课程及其理论讲授的教学模式已经不能适应新的教学和学习样态。结合教学实践,笔者尝试提出构建"三维融合+三课堂交叉+三级递承+三方联动"的3DCLP写作课程建设与改革模式。

关键词 新文科 财经高校 通识写作课改革 3DCLP

2018年出台的《教育部关于加快建设高水平本科教育全面提高人才培养能力的意见》明确指出:"要推动课堂教学革命。以学生发展为中心,通过教学改革促进学习革命,积极推进小班化教学、混合式教学、翻转课堂,大力推进智慧教室建设,构建线上线下相结合的教学模式。积极引导学生自我管理、主动学习,激发求知欲望,提高学习效率,提升自主学习能力。"2019年,教育部联合13个部门启动了"六卓越一拔尖"计划推动高等教育改革。2020年11月,教育部新文科建设工作组召开新文科建设工作会议发布了《新文科建设宣言》,明确了新文科的时代使命,明确了"坚持走中国特色的文科教育发展之路"的基本遵循,明确了"构建世界水平、中国特色的文科人才培养体系"任务。

一、大学写作课的困境

为适应新科技及其带来的变化,我国高教改革提出了"新工科、新医科、新农科和新文科"等"四新"建设计划。高校要对人才知识、能力和素质的培养进行改革,也应创新培养模式、完善课程体系、促进教学改革,落实新文科建设的任务,促进学校人才培养更好服务国家发展战略并适应新经济的发展。

(一)新科技对知识传播及大学生学习的影响

就新技术及其媒介与知识传播、学习方式而言,印刷媒介时代人们通过阅读或倾听获得知识。数字媒介突破了印刷媒介的时空限制,学生可以借助移动互联网从数据库、云书库甚至交互平台获得知识和信息。传统单一课程及其理论灌输式的教学很难满足现实的需要。

就信息载体及获取方式而言,电子数据媒介的普及使信息生产、传输及接收利用发生了革命性变化。之前主要借助文字符号系统获取信息,严密的线性逻辑在其对文字符号系统的感知、理解与接受中发挥着主导作用。当前大学生生活在一个文字、符号、图像狂欢的"数据信息王国",由于图像信息的强烈冲击与社会生活的节奏大大加快,线性逻辑在其接收、加工及再生产和传递信息中的作用被弱化,甚至在消费娱乐的强烈冲击下被"截除"。

（二）财经高校写作课面临的困境

目前，财经高校写作课面临的困境主要表现为：一是写作课程设置缺乏系统性。除了文学、新闻传播等专业，一般专业只在通识课设置一两门课程或论文写作课程，缺乏整体规划。二是教学陈旧、僵化。教学班级人数规模过大、重知识轻能力、重智能轻德能、重理论轻实践的观念根深蒂固，"一本书式的大学"仍然占据主流。三是学分受限，教学时数偏少。一般仅开设一门课、两学分、32学时，这显然难以满足学生综合写作能力提高与批判精神培养的需要。

此外，财经类高校的课堂教学革命任重道远。课堂教学革命的本质就是摒弃理论灌输式的陈旧教学，从教师、学生、高校、政府、社会等课堂教学主体进行根本变革。对此，刘振天教授指出："要从观念、模式、内容、途径、方法、技术到制度的整体性和系统性的变迁与再造，其中，教学本质观革新是实现课堂教学革命的先决条件。""课堂革命专注于改变传统课堂，建设现代课堂，具体说就是要建立一种新的教学场域、新的教学范式、新的学习范式、新的师生关系以及新的学习环境。"进一步来说，课堂教学革命范式转变有六方面的表现，即"从知识课堂向能力课堂转变，从教为中心课堂向以学为中心课堂转变，从灌输课堂向对话课堂转变，从封闭课堂向开放课堂转变，从重知轻行课堂向知行合一课堂转变，从重学轻思课堂向学思结合课堂转变。"就课程设置而言，必须突破仅仅借助大学语文或大学写作一门课程就完成写作教学课程的局限，应在新文科背景下构建包括哲学、文学、文化、写作、经济学、管理学、法学等交叉支撑的课程体系。

二、新文科改革对财经高校通识教育的影响

在分类指导推动下，高校分别按照研究型、应用型研究型、应用型、技术型等类型目标发展。与此同时，高等教育大众化及市场导向也带来了高等教育主要使命及输出模式的转变，其结果就是财经高校教育倾向于专业课程和技能课程，倾向于最终的结果。

（一）高校通识教育的软肋

当前，普通高校通识教育的软肋是对学生未来学习和工作中重要的写作沟通、批判思维、终身学习和环境适应能力关注不够，甚至是忽视。对财经高校而言，其人才培养关注教与学的质量，关注毕业生就业率、签约率及就业质量等显性因素。但对写作沟通能力这种重要的隐性因素关注不够，而这种因素恰恰是人才未来发展中最为重要的素质。

（二）"成效为本"理念影响下的培养目标核心

参照分类指导原则，财经高校主要坚持"成效为本的教与学"（OBTL）理念，检验其培养目标的核心就是澳大利亚学者约翰·比格斯、凯瑟琳·唐所说的"毕业成效"或"毕业生特质"，即学生完成大学学习的最终成果。它包括创造力、独立解决问题能力、专业技能、批判性思维、沟通技能、团队合作及终身学习等能力。在"毕业成效"目标追求的影响下，追求就业率、签约率和就业质量成了考量高校人才培养成效最简便的标尺，而学生阅读、写作、交流、批判思维等发展性能力则被忽视了。

（三）财经高校亟须解决学生写作交流能力不足问题

在培养实践中，高校通识教育注重思想政治素养、外语素养、数据素养、体育与审美素养。在专业教育维度重视专业理论知识的积累和专业技能的训练，但忽视了通识教育中的写作沟通、深度阅读和高阶写作能力培养。尽管部分财经高校意识到阅读与写作的重要性，在通识必修或选修模块设置了大学语文

或应用文写作课程,但从学分、学时比例及教学安排看,其对大学生写作沟通能力及其深层的逻辑思维和批判能力培养效果与人才培养相关课程设定的目标相距甚远。大学生毕业论文水平低、综合写作能力差都是常见的现象。

三、财经高校商科专业化、数字化与大学"通专结合"理念相悖

2017年2月,中共中央、国务院印发了《关于加强和改进新形势下高校思想政治工作的意见》,从立德树人的总目标出发,提出要坚持全员、全过程、全方位的"三全育人"教育理念。这为高校培养"通专结合"人才培养指明了方向。

(一)专业化、数字化与"通专结合"的矛盾

在国家加快教育改革创新背景下,财经高校为应对数字革命、社会经济生活变化与不断涌现的新经济业态,强化了专业课程体系建设与改革。在有限的人力、物力和财力制约下,对学生综合写作能力、批判精神至关重要的阅读、写作与沟通类课程被迫弱化了。具体表现是学分受限、经费缺乏、师资建设速度滞缓,在专业教育与阅读写作通识教育上呈现出"重专轻通""趋专避通"的态势,这种态势与"通专结合"的理念是相悖的。

(二)新文科建设的新要求

为使高校人才培养满足新时代要求和服务国家发展战略,2019年4月,教育部联合多部门启动"六卓越一拔尖"计划2.0项目,全面推进新工科、新医科、新农科和新文科建设。面向本科人才培养,以学科专业优化调整为主线,以专业与课程建设为抓手,以学科专业交叉、科技创新、科教协同、产教融合为主要特征。但在这"四新"中,新文科与其他三科的显著差别在于它没有经济产业、科技信息、生命安全与健康、生态优化等外部驱动力,它具有的是一种内省式、反思式的主动建构。[6]在新文科建设语境下,财经高校要主动反思其学科优化、专业与课程建设、教学模式的现有问题和未来发展。

(三)新文科建设瞄准新人才培养

新文科建设的初衷和目标就是要促进高校人才培养适应新科技、新经济、新发展,这就要求高校培养具有如下素质的新人才:知识上,更加注重基础知识和跨学科知识的学习,强调知识学习、应用和创新一体化;能力上,广泛的沟通能力和新型的表达能力成为普遍需求;素质上,法律和制度体系更加完备,商业伦理和商业价值观更加受到尊重,对企业和个人行为乃至更广义的道德要求越来越高,对企业和个人的国际视野、诚信素养乃至整个人文素养要求高。

四、新文科语境下财经高校写作沟通能力培养的改革探索

在新文科建设行动纲领指导下,财经高校通识教育和专业教育的课程体系、教学内容与教学模式要根据新形势做出调整。就通识教育改革而言,如何通过课程设置、教学内容设计、教学策略选择以及整个人才培养模式的改革提升大学生写作沟通能力,是财经高校需要解决的一个主要问题。结合"以学生为中心"的教育理念和教学实践,笔者提出,提高学生写作沟通能力可通过三条途径实现:一是强化阅读,训练学生的批判精神;二是通过专题、主题写作实践,训练学生逻辑思维能力;三是设计好"回应式课堂",实现教与学的互动。

(一)阅读能力与批判精神培养

就阅读与批判精神而言,强化经典阅读、应时阅读和深度阅读是关键。网络语言暴力、现实生活中处理事务的武断或对困难的退避、写作中的无论与无理,都是较为普遍的问题。造成问题的主要原因是判断能力的欠缺、批判精神的缺失、批判能力的不足。要弥补这些不足,关键要强化经典阅读、现实社会阅读和深度阅读,获得批判的工具。近年来,清华大学整合资源、设立专门的写作教学中心、组建专业团队开设《写作与沟通》通识必修课程,对写作教学进行全面改革做了顶层设计。教学中采取小班化、研讨式、主题式、进阶式教学,为高校提升大学生批判精神、逻辑写作能力提供了参考。放眼国外,普林斯顿大学已运行二十余年的"写作计划"(PWP)对大学通识写作教学改革也具有借鉴意义。从顶层设计及运行管理看,写作和写作教学在其通识教育中都占据重要位置。该校"写作计划"运行与清华大学"写作与沟通教学中心"运行极为相似,即在目标设定、教学主体机构设置、师资队伍构成、教学运行、教学模式等维度相似。普林斯顿大学写作计划从实践、知识和策略三个维度设定了清晰的目标,体现在3个层级及其包含的14条细则中:"强化批判性思维、阅读和写作实践","培养学术写作习惯","增强元学科意识"。[8]因此,财经高校可借鉴国内外写作课建设与教学模式,尝试构建"三课+两实践"的模式,即通过阅读与写作课程、导师课、研讨课开设与经典阅读实践、读书沙龙实践构建课程课堂教学与课外阅读实践联动的模式。

(二)写作实践与逻辑思维训练

就写作实践与逻辑思维而言,强化实践训练以提升其逻辑思维与写作能力是关键。写作要通过富有理论性和逻辑严密的语言来实现。这样大学写作的重点就转到了学生逻辑思维和语言应用的培养与训练上。就能力培养而言,因学科专业教学的专业化、网络交互的随意性、文化消费的泛娱乐化影响,当前大学生的写作呈现出简短化、碎片化、拼装化的特征,但对能满足工作要求的、需要严密逻辑性的综合写作和学术写作则十分薄弱。强化这一环节的主要举措是构建重塑写作理念、训练逻辑思维、激发写作潜能的培养体系。在课程上,可设置哲学、逻辑学、语言学、经典文化、综合写作、专业写作课的联动体系;在教学理念上,要强化写作理念和写作培养;在教学设计上,要瞄准学生"逻辑缺位""动力不足""兴趣缺失"的靶子。

(三)"回应式教学"设计

就教学设计而言,通过教学参与、学习参与管理规程、激励计划、互助计划、全程导师计划等手段,营造良好的师生互动文化氛围,以实现引导和激励教师在理论课堂、课外实践和网络教学等各环节开展"回应式教学"。诚如玛丽·凯·里琪所说:"因材施教即教师回应学生需求方式,这样每个学生在合适的水平都能接受挑战。"[9]如何实现因材施教呢?从学校、教师到学生,要营造一种成长型的思维文化,要采取构建"回应式课堂",实施"回应式教学"。"重视因材施教的教育工作者必须非常清楚自己对学生智力深信不疑的信念……如果一个教育工作者不能真正相信智力是可以发展的,那么一个有效的、因材施教的回应式课堂就不可能得以策划并实施。"[10]

(四)"3DCLP"阅读与写作教学改革模式

基于批判精神培养、逻辑思维训练及回应式课堂构建的目标,我们提出财经高校写作课程改革的"三维融合+三课堂交叉+三级递承+三方联动"的3DCLP改革模式。

一是构建"阅读+写作+沟通"的三维融合(Three-dimensional Fusion)课程体系。在新文科背景下,写作的宏观目标是服务国家发展战略、服务经济社会发展、服务传统文化的传承创新及新知识创造,微观目标是满足企业单位及个人工作及生活的需要,满足个人终身学习的需要。因此,仅依靠"大学语文""大学写作"一门或两门课程的理论教学显然不能满足新时代和新文科建设对人才写作沟通能力的要求。高校要从教学顶层上构建包括阅读、写作和沟通交流的三维融合课程体系。

二是构建第一、第二和第三课堂"三课堂交叉"（Three Class Intersections）的教学链。反观当下，由于受课程学分、师资和经费的限制，高校写作被迫停留在第一课堂的理论教学，这不符合写作沟通能力需要第一课堂理论、第二课堂训练、第三课堂应用交叉渗透的规律。要提高学生的写作沟通能力就要整合资源、增加投入，补齐"三课堂脱节"甚至第二、第三课堂"缺位"的短板，构建"三课堂交叉"的教学链。

三是设计"基础理论理念＋主题专题研讨＋进阶写作"的三级递承（Three Level Progressive to Undertake）教学阶梯。设计三级递承的教学阶梯，要克服仅仅依靠基础理论的平面化教学弊端。基础理论和理念在于培养新的写作观念和掌握基础写作理论和方法，主题研讨和专题写作在于训练写作思维和写作水平，进阶写作在于培养综合写作和专业学术写作能力。

四是搭建"教师、学生、行业指导"三方联动（Three Parts Linkage）的互动平台。三方联动互动教学平台实际上也是践行"以学生为中心""因材施教""岗位适应"理念。传统以教师理论讲授为主导的课堂教学，由于缺乏学生的主动参与和行业的对位指导，往往造成教师教学目标与学生学习目标、行业需求目标错位的后果。在新文科建设不断深入的背景下，高校阅读、写作与沟通教学就是要采取教学融合、产教融合、产研融合及产学融合的措施，搭建"教-学-用"联动平台。

结合新时代、国家发展战略、新文科建设、新科技发展、国家教育改革发展及高等教育发展现状，财经高校须顺应时代及社会发展趋势，落实新文科建设目标，着力从课程跨学科融合体系建设、三课堂交叉、目标层级递承和"教-学-用"联动等维度推进写作教学，瞄准基础理论方法掌握、写作理念重塑、阅读习惯培养、批判精神培养、写作思维训练、写作技能提高等目标，创新人才培养模式，提高学生写作与沟通交流能力。

参考文献

[1] 中华人民共和国教育部.教育部关于加快建设高水平本科教育全面提高人才培养能力的意见（教高〔2018〕2号）[EB/OL].(2018-10-17)[2022-11-17]. http://www.moe.gov.cn/srcsite/A08/s7056/201810/t20181017_351887.html.
[2] 刘振天.高校课堂教学革命：实际、实质与实现[J].高等教育研究,2020(7)：58-69.
[3] 别敦荣.大学课堂革命的主要任务、重点、难点和突破[J].中国高教研究,2019,(6)：1-7.
[4] 李志义."水课"与"金课"之我见[J].中国大学教学,2018,(12)：24-29.
[5] 约翰·比格斯,凯瑟琳·唐.卓越的大学教学——建构教与学的一致性[M].王颖,丁妍,等,译.上海：复旦大学出版社,2019.
[6] 袁凯,姜兆亮,刘传勇.新时代 新要求 新文科——山东大学新文科建设探索与实践[J].中国大学教学,2020,(7)：67-70.
[7] 宜昌勇,晏维龙."四跨融合"培养新商科本科人才[J].中国高等教育,2020,(6)：51-53.
[8] OUTCOMES STATEMENT FOR THE WRITING SEMINAR. Princeton Writing Program[EB/OL].(2020-06-01)[2022-11-17]. https://writing.princeton.edu/un-dergraduates/writing-seminars/seminar-goals.
[9] 玛丽·凯·里琪.可见的学习与思维教学：让教学对学生可见,让学习对教师可见[M].林文静,译.北京：中国青年出版社,2017.

作者简介

陈正勇　上海立信会计金融学院人文艺术学院汉语言文学系主任、讲师；主要研究领域为文艺学、美学、高等教育；联系邮箱为zhengyong2002@126.com。

新金融工具准则下银行会计课程教学改革探讨

——基于贷款教学的分析

莫桂青　张慧珏

摘要　银行会计作为会计学课程的一个重要分支，历来是本校会计专业、非会计专业的一门重要的必修和选修课程。其课程内容要时刻跟随银行实务和企业会计准则的变化而调整。本文在新金融工具准则实施的基础上，探讨其对银行会计课程贷款章节内容教学带来的影响，并提出课程改革的相应措施和内容。

关键词　银行会计　新金融工具准则　教学改革

银行会计是一门专业会计，是会计学的一个重要分支。本校的前身之一——上海金融学院，它曾经是人民银行的下属学校，每年都有不同专业的数量众多的毕业生投身银行事业。因此，银行会计课程历来是我校的一门重点课程。为满足银行业务不断创新和服务能力日益扩大环境下银行从业人员需具备更高更好的专业素质的需求，在银行实务和会计准则变动下，银行会计课程需要进行教学改革，及时将实务前沿和会计准则的变动纳入教学大纲，以反映会计实务的新变动。本文拟在金融工具准则变动的基础上，分析其对银行会计课程贷款章节内容和教学方式方法可能产生的影响，并据此提出本课程教学改革的相关措施。

一、银行会计课程中贷款章节主要教学内容

（一）银行贷款业务特性

银行是经营货币和信用的特殊企业，其利润的主要来源是发放贷款所收取的利息与吸收存款所支付的利息之间的差额。银行在经营上存在垄断性、高负债的特点，高负债又会带来高风险。作为关系国民经济整体发展的特殊企业，一旦发生危机，就可能会带来严重后果，整个金融系统都可能会受到影响，甚至会发生金融危机，从而给社会带来巨大风险。因此，各国政府的监管机构都给银行业制定了多种规章制度，我国也不例外。银行不仅需要按照相关会计规定进行会计核算，而且还要面临中国人民银行和银保监会所制定各种与贷款损失准备相关的监管。

（二）贷款业务教学内容

作为经营金融商品的特殊企业，贷款是银行提供给企事业单位或个人的资金。如果银行发生巨额坏账，再没有计提坏账准备金的话，会影响利润，以及整个行业的健康发展。因此，在本课程贷款章节中，我们的主要包括以下五方面：

(1) 贷款概念。
(2) 贷款分类。
(3) 发放各类贷款、按期收回本金和利息、贷款逾期时的会计核算。
(4) 票据贴现贷款的会计核算。
(5) 贷款减值准备的会计核算。

在此我们主要讲解三项内容：按年末贷款余额计提的一般风险准备，按贷款风险分类的不同在年末计提的专项准备以及针对国家、地区、行业不同在年末计提的特种准备。

在上述5项中，关于贷款分类及核算贷款减值，政府相关部门制定过众多规定，来规范该部分内容的会计核算。

(三) 贷款分类和贷款减值准备计提发展历程

银行发放的贷款及跟贷款相关的利息，存在不确定性，可能不能按合同约定按期收回。根据会计中的谨慎性原则，银行需要对其风险和损失进行充分估计，并计提减值准备。关于贷款分类和减值准备金计提，按照我们的资料查阅和统计，中国人民银行、财政部，银监会等相关部委从1993年开始至今制定了至少9项规定。在这些规定中，目前还适用的有：

(1) 2011年《商业银行贷款损失准备管理办法》[中国银行监督管理委员会令(2011年4号)]。
(2) 2012年《金融企业准备金计提管理办法》(财金[2012]20号)。
(3) 2017年新金融工具准则(新"CAS22"，China Accounting Standards)，即2017年的第22号会计准则。该新"CAS22"是相对于2006年22号会计准则来讲的。

按照上述3个正在实施的规定，商业银行需要对发放的贷款按照会计准则的规定进行分类，对其计提专项准备(新"CAS22"中的贷款信用减值损失)和一般风险准备，并且按照2011年银监会制定的《商业银行贷款损失准备管理办法》，监管机构对贷款损失准备制定了监管标准，主要涉及贷款拨备率和拨备覆盖率两个指标。贷款减值准备的计提金额受到会计准则和监管要求的双重影响。上述3项制度与银行会计课程内容紧密相关，涉及贷款分类和贷款减值准备的计提。

二、金融工具准则变动

我们国家的会计准则经历了三个阶段：首先，2006年之前，我国企业会计准则因经济发展需要，从1997开始至2006年，陆续制定了多项准则，在这些准则中，并没有对银行贷款核算内容进行规范。为与国际会计准则接轨，2006年制定了一整套会计准则，在该套准则中，第22号与金融工具相关的准则，首次对贷款核算从准则角度进行了规范。随着经济和实务的发展，准则也应该进行修订，因此，财务部在2017年颁布了新的金融工具准则。

在从2006年制定的原金融工具准则至2017年制定的新金融工具准则变动中，主要涉及以下四个方面的内容。

(一) 类别

1. 第1类：2006年的金融工具准则

根据2006年的第22号会计准则，根据持有意图和能力，银行将贷款类资产在初始确认时划分为"贷款和应收款项"。该贷款就是我们银行会计课程贷款章节中所说的各类贷款，垫款，票据贴现等。

2. 第2类：2017年的新金融工具准则

按照2017年修订的第22号会计准则，对于发放的贷款和垫款，与2006年的金融工具准则不同是，银行可根据业务模式和合同现金流量特征，贷款资产分成以下三类：

（1）摊余成本计量。
（2）以公允价值计量且其变动计入其他综合收益。
（3）以公允价值计量且其变动计入当期损益。

根据现有银行年报数据，我们可知以摊余成本计量的贷款占到绝大多数，其余部分基本都划分为第2类。

（二）初始计量

1. 2006年金融工具准则

在当前市场条件下，银行发放的贷款类资产，其初始确认金额按下述方法计算：

$$初始确认金额＝发放贷款本金＋交易费用$$

2. 2017年的金融工具准则

根据2017年的新金融工具准则，在对贷款类资产按照公允价值计量初始确认时的金额计量。同时，按照前述的三种不同类型，对交易费用采用不同的处理方式。

（1）对于前两类金融资产，交易费用算作贷款类资产的初始成本，即初始确认金额；

$$初始确认金额＝公允价值＋交易费用$$

（2）对于第三类金融资产，交易费用不计入相关成本中，而是计入当期损益。

$$初始确认金额＝公允价值$$

（三）后续计量

1. 2006年金融工具准则

2006年的准则规定，对于贷款类资产，银行需在发放贷款时确定实际利率，并按照该利率计算会计期末的摊余成本并在报表中列示。按照下述方法计算收回或处置损益。

$$收回或处置贷款所取得的金额－贷款账面价值＝当期损益$$

2. 2017年金融工具准则

在2017年的金融工具准则中，绝大部分贷款时按照：①摊余成本，或②以公允价值计量且其变动计入其他综合收益这两类来进行后续计量。

按照摊余成本计量的，与2006年准则相同，确定期末账面价值的方法不变。而划归为第2类的，期末贷款账面价值根据公允价值来确定。

（四）贷款损失准备的计提及转回

1. 2006年金融工具准则

1）减值准备计提

年末，银行要检查贷款账面价值，当存在减值的客观证据时，进行相关测试，计提贷款减值准备金。在进行减值测试时，可根据金额大小不同，对发放的贷款按单项或者相似信用风险的划分类别进行测试。对于单项测试未发生减值的贷款，再按类别进行测试。

经过测试，确实发现贷款已经发生减值时，按照相关减值金额，计提贷款损失准备金。

借：信用减值损失　（减值金额）
　　贷：贷款损失准备　（减值金额）

同时，将贷款转入已发生减值的类别中，其分录为：

借：贷款——已减值　（发生减值的贷款原账面余额）
　　贷：贷款　（发生减值的贷款原账面余额）

当银行确认已无法收回某一贷款资产时,需要确定损失金额,在经过相关领导审批之后核销该贷款,同时按照该金额冲减准备金。

借：贷款损失准备　（确认的损失金额,即核销金额）
　　贷：贷款——已减值　（确认的损失金额）

2）减值准备转回

当贷款价值在后续期间又恢复时,而且有证据表明其在客观上与确认该损失后发生的事项有关,那么应该转回之前确认的减值损失予以转回。分录与计提时相反。

如果发现后期能收回前期核销贷款,通常要分两步进行以下会计处理：

第一步,先恢复账面价值：

借：贷款——已减值　（之前的核销金额）
　　贷：贷款损失准备　（之前的核销金额）

第二步,收回该贷款时：

借：单位活期存款　（之前的核销金额）
　　贷：贷款——已减值　（之前的核销金额）

2. 2017年的新金融工具准则下贷款类资产减值准备的计提和转回

2017年的新金融工具准则与2006年准则在贷款损失准备计提方面存在较大差异。新修订的准则采用预期信用损失模型,银行不必在贷款存在客观证据时才计提损失准备金,在没有客观减值证据情况下,就可在第一阶段和第二阶段计提准备金。

在该准则下,对于贷款的信用损失进行加权,权重违约风险,计算预期信用损失。在此,信用损失是指对合同现金流量和预期现金流量按实际利率进行折现之后的差额。

银行以预期信用损失为基础,对以摊余成本计量的贷款和垫款,以公允价值计量且其变动计入其他综合收益的贷款和垫款进行减值会计处理并确认损失准备：

在每个资产负债表日,银行进行评估并按表1所列内容进行处理。

表1　信用减值损失分阶段计量分析表

项目与阶段	第一阶段	第二阶段	第三阶段
信用风险变动情况	无显著增加	显著增加	显著增加
减值客观证据	不适用	无	有
预期信用损失期间	报表日后未来12月	整个存续期	整个存续期
减值会计分录	借：信用减值损失 　　贷：贷款损失准备	同第一阶段	同第一阶段
贷款准备金明细账户	未来12个月预期信用损失	未发生信用减值	已发生信用减值
利息计算依据	账面总额×实际利率	同第一阶段	账面价值×实际利率

资料来源：根据新金融工具准则整理

针对上表内容,考虑下面四个因素：

第一,在计算预期信用损失金额时,信用损失受到多方面的影响,具体包括有违约发生概率、金额以及时间等因素。

第二,银行如何判定贷款类资产信用风险的显著增加,准则对此没有具体规定。在实务中,通常是根据贷款逾期时间情况来划分第二阶段或第三阶段,一般情况下,逾期时间为 30 天。

第三,如果贷款类资产划分为第二类了,相关贷款所计提的减值准备应当计入其他综合收益,同时调整当期损益。在这种情况下,贷款账面价值保持不变。计提减值准备的会计分录与上表分录有所不同。

第四,减值准备在后期转回时,其会计分录与新准则下这两类贷款计提减值准备时的分录相反。

三、新准则下银行会计教学改革内容和教学方法

新老金融工具准则在金融资产的确认和计量方面修订较大。贷款属于银行的一项资产,因而其会计核算也会发生较大变动,从第二部分内容中已经列示了变动内容。新金融工具准则制定于 2017 年。2018 年开始在境内外同时上市银行中首先实施;从 2019 年开始,在境内上市的银行需按照新"CAS22"进行会计核算;其他未上市银行从 2021 年开始实施新准则。因而,我们需要对受影响的贷款章节的内容进行一定的调整。教学内容的调整在一定程度上银行教学方式方法。

（一）教学内容变动

贷款属于银行的一项重要资产,与贷款相关的利息是银行的主要收入来源;另一方面,银行发放的贷款存在风险,具有收不回贷款本金和利息的风险。从会计"提供决策有用信息"与"管理层考核"的目标,谨慎性原则出发,银行需要对贷款按照现有准则进行分类并计提贷款减值准备。因此,贷款章节内容在银行会计课程中占据非常重要的位置。我们必须按照准则规定调整授课内容。课程内容的调整受不同银行实施新准则时间的影响。

1. 2018—2020 年

在本阶段,新旧金融工具准则同时实施。境内外同时上市、境内上市以及其他未上市银行这三类银行按照不同准则编制财务报告。在这一时期,我们按照新旧准则的规定调整教学内容:

（1）新准则的制定和不同银行具体实施时间点。

（2）旧准则下贷款分类、核算内容和方法。

（3）新准则下贷款分类和核算方面的不同点。

2. 2021 年之后

在本阶段,所有银行都要按照新准则编制财务报告。因此,贷款教学内容需要完全按照新准则规定来制定。在此,不再包括旧准则下贷款核算内容和方法。

（二）教学方式方法的调整

与旧准则相比,新准则下相关内容增加,且难度有所提升。对学生和授课老师来讲,这是一项挑战。结合这几年的教学情况分析,在新准则内容的授课过程中,我们发现原来的讲授方式下,学生要理解和掌握相关内容花费的时间更多。为保证和提高教学效果,我们对银行进行调研,了解银行是如何实施新金融工具准则的,并编制相关贷款减值准备的案例。在后续的教学过程中,通过教学案例的分析和练习,增强学生对该内容的理解和掌握。

四、总结

贷款是银行的一项重要资产,因而也是银行会计课程的重要章节。新金融工具的制定与实施对贷款资产的确认、计量以及减值准备计提产生较大影响。本文在分析新旧准则变动的基础上,探讨了不同阶段银行会计授课内容的调整和变动。最后分析内容变动情况下,采用案例教学法保证和提高贷款相关内

容的教学效果。

参考文献

[1] 中国注册会计师协会.会计[M].北京：经济科学出版社,2020.
[2] 张慧珏,莫桂青.银行会计[M].2版.上海：上海财经大学出版社,2016.

作者简介

莫桂青 博士,上海立信会计金融学院会计学院讲师；主要研究领域金融会计和信用评级；联系邮箱为 moguiqing@lixin.edu.cn。

张慧珏 本科,上海立信会计金融学院会计学院讲师；主要研究领域为银行会计；联系邮箱为 18zhj@163.com。

基于探究式教学的《财务报表分析》课程改革

刘 莹

摘要 本文探讨财务报表分析课程中如何采用探究式教学方法和基于报表分析的估值。传统的财务分析课程教学无论教学内容和教学方法都与当前资本市场的快速发展、信息网络社会等多媒体传播技术丰富以及数据经济不相适应,带来学生兴趣低落、课堂内容不丰富等问题。采用探究式教学可以从学生主体需求和能动性出发,通过问题导向、学习型小组、参与和沉浸教学活动达到更深入的知识传授过程。

关键词 探究式教学 估值 报表分析 课程改革

作为主干课程的财务报表分析是会计学院必修课之一,同时,该课程也作为全校公选课具有广泛的受众面。通过该课程的学习使学生了解关于企业财务质量整体分析与评价的内容,明确作为财务人员应如何阅读与分析财务报表、如何分析财务活动状况、如何评价财务绩效。该课程一般设置为2学分32课时,包括6课时实验,选用张新民和钱爱民2019年11月第五版《财务报表分析》教材。因此,该课程教学内容和教学环节通常设置为以下内容:报表分析基础、围绕资产、资本结构、利润、现金流量的质量分析、财务报告的其他重要信息分析、财务报表的综合分析方法与职业道德。

一、财务报表分析课程的传统教学

(一)财务报表分析内容

1. 财务数据的真实性分析

通过分析财务报表之间的勾稽关系及数据之间的正常联系,依据行业状况判断财务报表的真实性。

2. 企业财务状况及归因分析

通过财务报表分析,分析企业目前的财务状况及形成目前的财务状况的原因分析。这种财务分析报告有时非常形象地被称为"验尸报告",通过形成的财务报告,利用财务数据之间的联系,根据企业的实际情况分析企业成败的原因。这种分析一般用来评价企业管理层的绩效。

3. 企业价值的分析

通过财务报表分析来判断企业的价值。我们知道企业的价值取决于企业资产的赚钱能力,从财务的角度看,企业的价值取决于企业未来获取现金流的贴现值。影响现金流的因素分析、影响贴现率的因素分析、影响企业价值和企业生存年限的因素都属于基于企业价值的分析范畴。但是,除了影响企业现金流的因素我们大部分在表内可以找到,其他影响企业生存年限、贴现率及企业残值的因素有很多是表外因素。如何根据财务报表提供的信息去分析影响现金流、影响企业生存年限、贴现率及企业残值的因素就成为从估值的角度去做企业财务报表分析的主要内容。

（二）传统的分析主体

根据财务分析的主体是谁，根据站在谁的位置来做财务分析，可以分为以下三大类。

1. 委托人需要的财务报表分析

根据经济学原理，财务报表分析从委托人的角度来说就是通过财务报表分析来解决信息不对称问题，即对企业的财务状况和受托人-管理层的绩效进行分析。

2. 受托人-管理层需要的财务分析

受托人为了达到委托人的要求，也需要进行财务分析，这种分析主要是从内部管理的角度去分析。一般需要对企业财务报表的真实性、财务状况好坏以及这种状况形成的原因进行分析。这种分析主要是为了从委托-代理关系上满足委托代理合同的需要。

3. 利益相关者为主体需要的财务报表分析

除了投资者、潜在投资者，利益相关者还包括债权人、债务人、公司管理者、公司雇员、政府当局和非营利组织等，这些利益相关者根据各自不同的目的对财务报表进行分析，从中找出对各自有用的信息。

因此，从分析的主体来看，从企业价值的估值角度去做财务报表分析，主要来源于现有投资人和潜在投资者的需求。

（三）传统的教学方法

在传统的教学中，教学内容围绕财务指标分析和项目质量分析，注重通过现有的报表数据分析描述和评价公司的财务状况和经营成果的横向纵向比较分析。虽然课程有部分价值创造等内容，但却没有作为教学的重点章节，教学中更重视传统的分析方法授课。而公司已经发展到以业绩管理、市值管理为重心的阶段，因此，我们需要注重以估值为视角对财务报表分析体系的内容进行重新架构。

自疫情以来，学生已经适应了"学习通＋课堂教学"相结合的教学方法，因此，课程改革前将财务报表分析基础的知识点录制为视频供学生在线翻看，课堂则围绕财务报表质量分析采用讲授与和案例分析相结合的方式。

二、本次财务报表分析课程改革的变化

（一）教学方法采用探究式教学

探究式教学与参与式、学习小组教学有类似的方面，探究式教学强调以问题为导向，建设围绕知识点和学习目标的问题情境，划分班级为N个学习小组进行合作互助学习，引导学生自主学习相关知识点并运用该知识点开展分析问题、解决问题。该过程可以激发学生合作、创新的能力，激发学生主动学习的欲望。同时，该种教学方式提供丰富的网络教学资源促进教学平台建设，学生学习结果可以从网络教学平台和实际课堂中各个角度综合评价，教师可以摆脱单纯的知识点讲授而强调分析过程管理，从多小组多班级的教学积累中不断总结新的知识点和教学案例经验。因此，该教学方法促进了师生互动和共同进步。

具体来讲，财务报表分析课程探究式教学的实施过程如下：课堂设计包括课前设计、课中控制、课后反馈总结三个方面。下面以财务报表基础知识章节举例说明教学设计过程。

1. 课前包括相关主要知识点预习、预设问题、自由组合小组

首先，要明确盖章教学的基本要求。包括①掌握企业财务报告的组成内容；②了解制约报表编制的基本假设、一般原则和法规体系；③了解上市公司信息披露制度。该章重点难点是企业财务报告的组成

内容。

其次,将知识点以文件和短视频的形式放在学习通上,供学生预习知识点,掌握分析的基础知识和脉络体系,也避免教师在课堂满堂灌知识点耽误影响太多引导式、探究式教学的开展。

再次,针对该章重点和难点预设问题。例如:利润表的数据如何形成的?资产负债表的数据从何而来?利润表和资产负债表的存在哪些勾稽关系?现金流量表直接法和间接法编制的数据如何对照理解?

最后,要求学生提前报名学习型小组,这种不超过3人设置便于同学之间的沟通和分工合作,小型的组织更有利于互相帮助共同完成知识点的交流。这种学习小组一般自由组合,并座位相邻。

2. 课中控制主要是引导讨论、跨小组头脑风暴

首先,课堂上通过学习通发布调查问卷,调查同学课前预习情况、重要知识点掌握情况、存在的疑惑情况,并及时解答相关疑惑。

其次,发布一个Excel文件,文件包含会计科目余额表、空白的利润表、资产负债表和现金流量表,要求课堂上学生以小组形式完成相关空格数字的填写。填写期间,教师在课堂小组间走动,随时解答同学问题。

最后,一般需要在第二次课堂上教师才有时间给同学分析解答上节课的问题答案,纠正部分同学知识点上的偏差,并可安排15分钟让学生不分组别进行交流,力求让所有学生都能掌握主要财务报表数据编制的过程,在以后的报表质量分析中能更理解报表项目的内涵。

3. 课后教师总结经验、拓展知识

总结经验方面,教师依据课堂中同学提出的问题,了解跨学院公选课和本学院专业课知识点掌握的异同,了解不同层次专业同学在该章知识点掌握方面的难点,为后期的课堂教授分层教学调研学生基础情况。

拓展知识方面教师则依据报表编制的基础和原则,设计后期课堂上问题:什么情况下会计的原则会受到挑战,并影响哪些报表项目的信息?什么样的项目数据存在更多会计师专业判断的空间?

(二)课程内容调整,注重能力的累进培养

1. 以能力提高为中心课程分为基础能力培养和综合能力培养两大模块

由于该课程既为本专业必修课,又是全院公选课,选修的经常为金融专业、经贸专业、应用统计专业、法学专业等学生,而外专业学生一般没有修学过《中级财务会计》。因此,相当一部分同学在做财务报表分析的基础能力方面需要加强,会计学院专业学生则更应该注重综合能力培养。因此,该课程教学内容安排如图1所示,在不同的班级根据学生基础调研结果适当调整两大模块的授课时间、详细度比例。

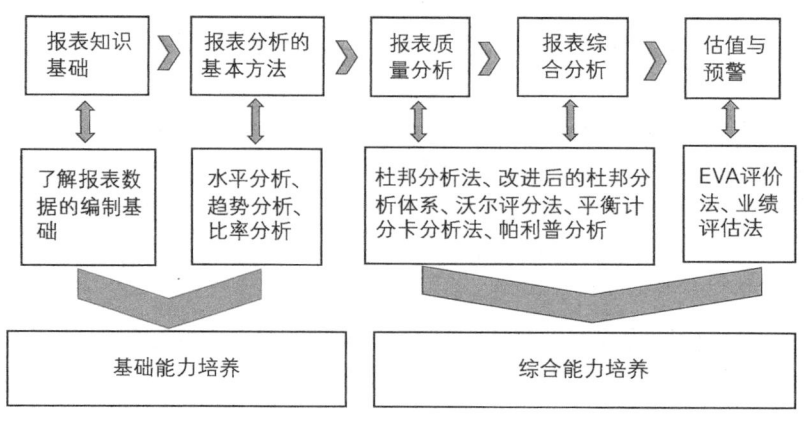

图1 财务报表分析课程的知识结构和能力板块

2. 建立财务分析与企业估值教学内容之间的联系

财务报表提供的信息构成了企业价值评估的基础信息。早在2001年Penman的《财务报表分析与证券定价》中就联系了会计概念和金融概念，财务报表分析是可以按照一定逻辑对证券进行定价，这也是对企业估值的基础。进而，Palepu等(2006)的《运用财务报表进行企业分析与估价：教材与案例》以及后期多位学者的著作和教材中都将财务报表分析预测和企业估值有机结合，建立起报表分析估值的逻辑框架。

本文中，企业价值估值角度的财务报表分析是指分析主体通过对企业过去以及当前的盈利性分析、结合企业目前和将来的经济状况、行业发展状况和企业风险评估等来预测企业的收益和风险，其主要目的是服务于企业价值的确定。在当前的《财务报表分析》课程中，我们常常根据财务报表的分析方法来进行分类，但是从企业价值估值的角度去做企业的财务分析更多的是来自受托人的需求和企业价值分析的需求。

3. 建立企业估值角度的财务报表分析框架

从事财务报表分析的主要用途之一是评估企业价值。企业估值角度的财务报表分析的主要方面是通过对企业过去以及当前的盈利性分析、结合企业目前和将来的经济状况、行业发展状况和企业风险评估等来预测企业的收益和风险，其主要目的是服务于企业价值的确定。

图2的估值过程采用财务和非财务评价指标衡量企业的核心能力，进而采用价值评估的方法包括现金流量法和收益法。收益法包括市盈率和市净率的理论模型。

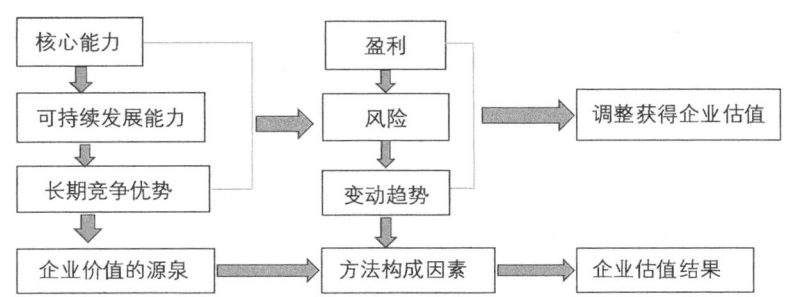

图2 从财务分析到企业估值的逻辑框架

三、当前教学中依旧存在的问题

（一）教学知识点小视频制作简单粗糙

疫情期间普遍采用在线教学，之后的教学采用线上线下"学习通＋课堂讲授"混合型教学非常容易被接受。本校财务报表分析课程已经在疫情前录制精品课程教学视频，但是视频内容安排和本次教学改革的重点——增加估值内容不一致，无法体现教改的内容。另外，探究式教学中强调的课前知识点预习，需要制作大量的预习知识点所需的短视频。本次教改采用部分内容"PPT录屏"简单制作，部分以文字说明知识点的形式完成教改需要。但是，如果要达到较好的效果，就需要精心配合探究式教学课堂录制部分视频。

录制小视频是一个趋势，但其困难点不仅在于内容本身的创新，还要考虑团队运营来增加课程的点击量。在制作软件上，像AE或其他专业软件制作出来的视频视觉效果很好，但操作性复杂，专业性要求高，每个教师抽出时间学习掌握不现实。视频制作形式多样，如百变转场效果有立方体、百叶窗、波纹、画廊、翻书、百变等效果，另外，为视频增加文字、音乐、图片、动画特效等，如果前期拍摄没有统一的规划，就会造成后期的困扰。

（二）企业估值角度的财务报表分析也有其局限性

从以上例子可以看出，我们采用评估企业价值的视角去观察财务报表分析，可以使财务报表分析在原有比率分析等基础上得到另一个视角。但是企业价值估值角度的财务报表分析也有着其局限性。

首先，这种方法目前的研究不是太多，给学生讲课时实际案例太少。从目前市面上看到的书籍中，大部分财务分析数据仍然是基于比率分析、因素分析和结构分析，而从企业价值角度去来讲授财务分析的书籍不仅少而且大部分来自国外的翻译教材，从资本市场有效性和各项金融指标的获得来讲，国内外存在差距，书中内容难以直接嫁接到国内市场进行估值。

其次，企业价值估值角度的财务分析的逻辑框架有待统一。目前可看到的美国书籍相关内容也不统一，有的贯穿在金融学的课程之中。我国的书籍除了清华大学肖星副教授翻译的，其他也很难看到，而且很多分析与公司战略相联系。

最后，从公司价值的角度去做财务分析，对于很多教师和学生来说就像是另一门课程，不像财务报表分析，因此，课程之间的衔接如何安排仍然有待解决。

（三）探究式教学如何有效把控自主学习的进度形成齐头并进

我在课程实践中发现小组组成成员越多，搭便车现象就越明显。超过4人的学习型小组会降低探究式教学的效果，1~2人作为主要完成人得到了有效锻炼，而小组中总会有1~2人没有几乎任何参与完成课程各项任务。在班级人数不超过30人时，采用每组3人能有效避免此类问题。但是选修课平台往往难以控制班级人数，小组人数过多或者小组数量多总会导致难以监控所有人员的自主学习和参与度。

四、深化教学改革的方向

（一）不断精选探究式教学实施中的预设问题

设置问题引导学生思考的方向也可以激发学生的学习兴趣，紧紧把握探究问题的科学性是探究式教学的关键点。需要把握至少三个原则：第一，问题要有针对性。对于课堂上提出的问题要事先进行准备，有针对性地把握课程的重点内容，而不是无的放矢。第二，问题要难易适中，既不能过于刁钻，也不能太过简单，对于问题的设计要难易适中。第三，也是最重要的，就是在设计问题时注意趣味性，要和教学中的讲授紧密结合，不能过于死板无趣，要增加趣味性。

（二）在数据和信息搜集方面引导学生

教师应鼓励学生在具体的案例中发挥他们的数据搜集处理能力进行企业更深入的专题分析，并且这种探究式教学更加适合专题教学的方法，可以探讨如何将其运用在该课程改革教学中。

（三）课程评价的评分系统设置要科学

目前的课程考核和评分标准如表1所示，在讨论、案例、汇报环节的计分方法可以更多地考虑探究问题的参与度和正确度来进行评分。科学细化评分方法需要在课程中不断总结提高。通过细化评分方法考察小组协作团队能力分析问题的能力，考查学生分析问题表现出的思辨能力，考察学生综合运用知识的能力。

表1 现有课程考核方法

考核项目	案例展示	讨论	小组汇报	课程论文测验	签到
项目选择	√	√	√	√	√
考核次数	1	不限	1	1	15
考核分值	15	25	15	30	15

说明：(1) 每周学习通考勤1~2次（随机），共15次，共15分。
(2) 3人（自由组合）一个小组，选取证监会划分的一个行业，做行业财务报表数据分析，期中时间（第7周）做小组汇报，共15分。
(3) 每一位学生在所属行业选择一家上市公司财务报表，独立完成课程论文1篇，并提供分析的基础数据Excel文件，分别占比60%和40%，共30分。
(4) 期末（第14周和第15周）小组充分讨论后选择其中一个同学的报告做课程展示，给予小组分15分。
(5) 讨论等互动系统记录评分，共25分。

（四）教学团队开发课程

教学团队不仅要有专业课程教学人员，还要有搭配部分运作课程资源的助手，可以考虑从在校研究生等中寻找运营课程的人员。需要长期培养一位视频等课程资源维护的助手，可以考虑设置学生"微视频"制作社团，充分发挥学生好奇、好动潜力无限的特点，帮助教师团队制作教学短视频。现在某些软件自带各种模板，可直接套用模板，编辑制作一些动画特效，如微信小程序"微配音"融合了百度、阿里巴巴、微软等平台的语音接口，情绪真实且自然，堪比真人，其包含200种以上的配音，可根据需要可以任意选择。教学团队合理培养、使用课程助手可以更好地做出短视频配合教学。

参考文献

[1] 谭春兰.《会计报表编制》探究式教学方法改革实践探索[J].时代经贸,2019(34):98-99.
[2] 赵海侠.探究式教学法在审计学课程教学中的应用[J].商业会计,2019(18):117-120.
[3] 段姝,李文,刘平.探究式教学模式在财务管理教学中的应用研究[J].课程教育研究,2019(11):227.
[4] 张松柏,张涵玥,郭威威,等.《基础会计学》课程逆向探究案例教学法对学生应用能力的培养研究[J].高考,2019(15):241-242.
[5] 文达.探析基于"三维"视角下的《财务报表分析》课程教学策略[J].现代经济信息,2018(23):232.
[6] 杜心灵,辛诚.财务管理探究式课堂教学的思考[J].教育教学论坛,2018(46):274-275.
[7] 李艳萍,刘庆智.探究式教学模式在财务管理教学中应用[J].教育教学论坛,2018(33):134-136.

作者简介

刘莹 博士,上海立信会计金融学院会计学院副教授;主要研究领域为财务管理、资本市场;联系邮箱为lysmz2005@126.com;本文的通讯作者。

基于"线上+线下"混合式教学模式完善《信用管理学》课程建设

高晓娟

摘要 《教育信息化2.0行动计划》,提出教育要坚持以人为本,利用用信息化,构建以学习者为中心,实现公平、平等、全面教育的体系。信用管理学课程是研究社会信用体系构建的学科,时效性和实践性都很强。本文从信用管理学课程传统教学模式存在的困惑出发,分析"线上+线下"的教学的优势。结合信用管理学课程混合教学模式实践,介绍"线上+线下"混合式教学的教学目标、教学设计和实施、思政环节设计、教学评分以及教学效果。最后,针对混合式教学的制约因素,提出改革建议。

关键词 信用管理学 互联网+信用 "线上+线下"混合式教学

中华人民共和国2018年教育部《教育信息化2.0行动计划》指出,顺应智能环境,改革教育发展。人工智能、数字化、大数据、云计算、区块链等技术迅猛发展,将深刻改变未来的人才需求和教育生态。智能环境、网络和通信技术的发展,改变了传统的教学方式,评估体系,对既有的教育理念、文化生态产生强烈冲击。《教育信息化2.0行动计划》提出,教育要坚持以人为本,利用用信息化,构建以学习者为中心,实现公平、平等、全面教育的体系。信息技术与教育教学相结合,"互联网+教育"模式,构建个性化、数字化的终身教育体系,突破教育时空的限制,实现机制创新,教育可持续发展。

一、信用管理学传统教学模式的困惑

传统教学模式是以教师为中心,通过教师讲授、板书,在教室内将教学内容灌输给学生。在这一过程中,教师始终是整个教学过程的主宰,学生被动接受。这些年来,虽然一直在探索教学模式的改革,增加了音频、视频等教学辅助措施,但是如果不改变以教师为主体的固有模式,就无法逃脱教师、学生、教材、教辅的循环。教师讲授、学生接受、教学方法单一、忽视学生参与性。在日常教学中,除非教师有足够的人格魅力、专业功底深、幽默风趣的语言表达能力,否则课堂会变成教师的"独角戏"。教学模式的改革,是教学思想的体现,是深层次的教学改革,涉及教学理念、教学思维、教学手段和教学方法的革新,会对传统教学观念与教学理论的冲击。构建新教学模式的过程不是对原有四要素的简单地,孤立地重新拼凑组合,而是要从根本上改变学生被动学习的局面,实现以学生为中心,充分发挥学生的主动性和积极性,引导学生自由探索、求知,成为知识构建者,而教师回归引路人、指导者的角色,帮助促进学生建构知识。

信用体系的建设是一个全球经济发展的核心问题,社会信用体系是市场经济体制中重要创新性的制度安排。在传统教学模式中,课堂教学多以教师讲解为主,学生完成书本知识,更有甚者,期末突击复习,通过考试,也能获得高绩点。信用管理学课程内容广泛,具有新兴性、边缘性、交叉性的特征。沿用传统教学模式或者纯线上教学面临如下困境:

首先,《信用管理学》是建立在宏微观经济学和金融学基础上的学科,如信用经济、信用风险管理、信用评级等,单纯依赖教师的讲解,很难深刻消化和吸收。在传统的讲授模式中,学生主动性不足,对信用体系的建设发展缺乏应有的感知,教学效果差。而数字经济时期,互联网带来信息革命,教学资源壁垒不断打破,网易公开课、B战、超星等汇集了大量优质的教学资源,形式多样,短小精炼。例如,广东金融学院唐明琴教授联合南京财经大学、上海立信会计金融学院、上海第二工业大学、天津商业大学等9所院校近20名教师联合建设在超星旗下资源共享平台的学银在线信用管理学,学生可以通过打卡、提交作业,通过期末考试等方式,完成教学任务,获得期末成绩,教学效果差强人意。在2020年疫情期间,全部的教学活动都在网上完成,教师提前录制视频或音频,抑或利用腾讯、钉钉等在线平台授课,学生自主学习,由于缺乏有效的监督机制,对学生的自律要求较高,单纯的线上教学存在信息技术、通信网络、线上资源、线下监督等方面的制约,因此,教学效果很难进行有效评估。

其次,在现代社会中,信息化、数字化、个性化特征更加突出。《教育信息化2.0行动计划》应该尊重这一变化,提供差异化的教育和帮助。金融学和经济学基础扎实的同学除了教材内容,会有更高的知识渴求,而基础较为薄弱的学生则需要教师更多的关注和讲解。传统的课堂教学,尤其是大班教学,教师的讲解只能根据教学大纲和教学计划,考虑大多数学生的需求,按部就班地讲课,对于基础较差的学生,只能依靠课下答疑来弥补,更有甚者,学生课下不主动向教师提出自己的薄弱环节,不懂仍然不懂,听之任之。于是这样的学习效果较差,差异增大。因此,现代化的教育改革需要有渠道了解学生的需求,满足学生的个性化的诉求。

最后,信用管理学是研究社会信用体系构建的学科,时效性和实践性都很强,教学在方法上注重理论与实践相结合、成熟市场与新兴转轨市场相结合,突出实务性与可操作性,由浅入深,抓住理论和实践发展中的难点和热点问题。同时,这也需要学生更多的自觉参与,在日常学习中,借助互联网,密切跟踪国内外前沿领域的理论和实践创新的最新趋势,特别是近年来中国的信用发展实践,加强与教师之间的互动与沟通。这是传统的教学模式难以实现的。

综上,当今的大学生都是00后,他们在互联网环境中长大,带着手机、电脑和Ipad进入大学,有主见、敢表达、够自我,有着极强的个性标签。因此,在这种背景下,传统被动接受的教学模式根本无法适应时代的需要,信用管理学的教学模式需要进行重新架构。

二、信用管理学"线上+线下"混合式教学的优势

(一) 信用管理学课程的特点

1. 信用管理学课程具有"难""新""热"的特点

"难"体现在信用管理等业务在我国的发展时间不长,又关系到经济的进步和社会的稳定,因而信用管理行业在不断试错中进步。"杂"体现在信用管理的内容涉及社会的方方面面,除了研究信用,还需要研究体系中的各类主体行为。"热"体现在社会信用体系建设是当今社会的热点,我国乃至世界经济的发展都有赖于信用制度的建设与完善,因此,《信用管理学》教学需要与时俱进。

2. 信用管理学教学体现知行合一,从实践中来,到实践中去

从"从实践中来,到实践中去"的知行合一的思想出发,引导学生理解信用是市场经济发展的基石,理解教学案例。案例教学是信用管理学的灵魂,案例教学的核心在于学生的参与性,从参与中,学生可提高自身分析问题和解决问题的能力,可利用网络技术、数字技术搜集信息数据,提高自己的表达能力;另外,通过案例教学也能让教师更好了解学生的个性化的需求。

3. 信用管理学课程中蕴含多个思政元素,信以立身、信以前行

根据信用管理学课程的专业特征、知识结构和教学需求,其蕴含的思政元素主要包含政治认同、家国

情怀、创新意识与全球视野等多个方面的维度。挖掘信用管理专业知识的思政元素，以多元化的教学手段协同课程思政在课堂教学中推进，市场经济即信用经济，信用经济的要旨便是经济主体诚实守信、信守契约。因此，教学环节需要引入更多的思政元素。

（二）信用管理学混合式教学的优势

所谓线上线下混合式教学模式，即把线下班级授课和网络学习融为一体，实现教育教学和信息通信技术深度融合。实行"线上＋线下、课内＋课外、现实＋虚拟"的立体交叉混合式教学模式，可提高学生的参与性和积极性，扩展学生视野。在互联网、信息技术、人工智能助力下，线上＋线下混合式教学已成为教学模式改革的新业态。这种"现实＋虚拟"教学模式需要依托网络通信技术手段，对教学资源建设、教学环节设计、教学评价体系和教学管理提出了全新的课题。其中重中之重是教学设计环节，它是最有效的关键要素。

信用管理学是信用管理专业的一门专业基础课，我校2005年才正式设立信用管理专业，2008年成功申报校精品课程，2010年经专家评审顺利结项，2013年成功申报上海市重点课程，2015年经专家评审顺利结项。随着我国慕课、开放性在线课程的发展，信用管理学开展线上线下相结合的，"课内"和"课外"相衔接的新教学模式，可优化教师的"教"，提升学生的"学"，提升实践操作的自主性，督促学生主动学习，提升教学质量和效果。

从实践上看，在互联网和大数据背景下，企业通过互联网获得各种征信数据和信息，进行整合分析，开展征信业务。根据互联网企业的核心业务，"互联网＋信用"的发展模式呈现多样化的特征。"互联网＋信用"的创新，以及我国社会信用体系建设的特色探索，给信用管理专业的发展带来前所未有的机遇和挑战。从社会需求上看，除了传统的金融机构信贷分析以及企业信用管理的需要，各级政府部委，都需要建立自己的信用信息平台，对数据搜集归集整理；各第三方数据中心、平台系统开发中心也需要信用管理专业人才提供信用专业知识的支持；建立在互联网信用基础上的信用中介机构更是对信用管理人才求贤若渴。

三、信用管理学线上线下混合式教学的实施

超星学习通与学校网络教学同步，为线上教学提供应用课程平台。学习通课程平台结构包含课程基础、课程资源、重构资源和交互资源（图1）。

超星学习通的应用模式是全流程信息查询模式，由自我学习和双向互动构成在线学习的生态链。学习进程包含课程资料、学习空间、问题探究等，双向互动则强调课前知识的传播、课中知识内化和课后答疑解惑，共同配合线下教学，实现"预习＋讲授＋答疑＋复习＋研讨"，形成学习各环节的生态链，达到知识的消化、吸收。

（一）教学目标

信用管理学混合式教学模式的教学目标与线下教学目标一致，而混合教学目标旨在借助线上资源和互动平台，更好地实现教学目标，实现以学生为主体，激发学生自主学习，以期达到更优的教学效果。本课程以信用、信用

图1 超星学习通信用管理学线上课程

风险与信用管理为主线，主要讲授信用经营管理机制、社会信用体系等知识体系，立足于信用管理行业基本操作技能，通过征信、信用评级、信用服务和信用监管等方面的信用实践能力的培养，理论结合实际，强

调课程的岗位操作性。把诚实守信、信以立身,以诚待人的中国传统美德融入教学,弘扬主旋律,帮助学生树立正确的价值观和人生观。

(二) 教学环节设计与实施

学生通过超星学习通在线领取教学任务,完成预习,自测题;学生有不能理解的地方,教师可利用在线资源指导学生,线下课堂教学中教师可以将学生反映的共性问题进行集中答疑;在课堂教学中,教师可以进行知识点难点、重点讲解,并对知识进行扩展、拓宽、深入;在课外,教师布置作业,学生在线上完成提交,巩固知识点,教师线上批阅。教学平台的介入,学习通记载学习过程,并对学习过程进行客观评价。线上线下的教学模式,突破了课堂的时空限制。一方面可随时展开学习和讨论,师生深度参与教学过程,另一方面,课堂线下教学补充了纯线上教学存在的不足,实现教师的全面有效的监督。在混合式教学中,由于课前的基本知识的预习工作已经在线上完成,课堂线下教学可更多采取小组讨论、小组 PK、头脑风暴等活动方式,充分展示学生风采。

信用管理学共包含 8 章内容,综合考虑课程要求和难度,如果学生对课程的所有知识全部在网上自主学习,学生未必接受,也不现实。特别是社会信用体系建设和信用评级等内容是课程重点、难点,同时也是信用管理学非常重要的内容之一。学生能否真正掌握这些内容,对信用管理学的总体把握具有重要意义。因此,选择社会信用体系和资信评估内容,采用翻转课堂线下线上相结合的教学模式探索。基于线上线下混合式教学模式内涵,整个教学课程划分为三个阶段(表1)。

表1 线上线下混合式教学模式流程

第一阶段	教师:通过超星学习通发布知识导学,课前微视频以及相应的学习任务; 学生:借助于网络平台,利用碎片时间,在 App 上完成学习任务	特征: 自主学习; 知识传授; 课前线上
第二阶段	教师:超星学习通设置主观题、客观题等自测题,检测学生的课前学习情况,课堂讲授难点重点; 学生:通过大量的实践、练习,巩固消化理论,在教师的帮助下,答疑解惑	特征: 知识吸收与深化; 课堂完成; 线下
第三阶段	教师:精心设计课后作业,体现实践性和时效性,体现一定的难度和要求。通过学习通发布,设定最后提交时间; 学生:学生独立思考,规定完成时间、线上提交,教师线上批阅并与学生沟通交流	特征: 知识巩固、提升; 综合素养提升; 线上线下相结合

第一阶段:课前线上自主学习阶段。

授课教师精心录制课程微视频,每个视频的时间一般都在 15～20 分钟,主要包含课堂知识导学、PPT 课件以及微视频。这一阶段的知识重点主要是课程的基本框架体系。教师在录制过程中主要是引导提升学生学习兴趣,多可采用精炼的小视频,可以是教师录制,也可以从网络截取。

在信用管理学教学平台中(图2),除了教学内容视频,增加了与教学章节相对应的小视频以及信用管理建设的新发展,使学生能在自学中更多地了解时事。教师在课程前一次课布置学习任务,学生利用平时碎片时间,自由选择学习方式,完成学习任务。教学平台会记录学生的学习时间和完成程度。在这一阶段,由于学生是自主学习,平台只能做出形式记录,通过统计视频学生人数和完成工作量,分析学生的参与度。而学生的掌握程度和消化程度很难掌握。这一阶段工作的重点在于教师的在线平台的资源足够丰富、实用,能够吸引学生认真完成自学任务。信用管理学教学平台增加了中国信用之路、海外信用拾贝等板块,通过音频、视频等形式多样、可视性强的多媒体,让更多学生主动、认真完成教学任务。

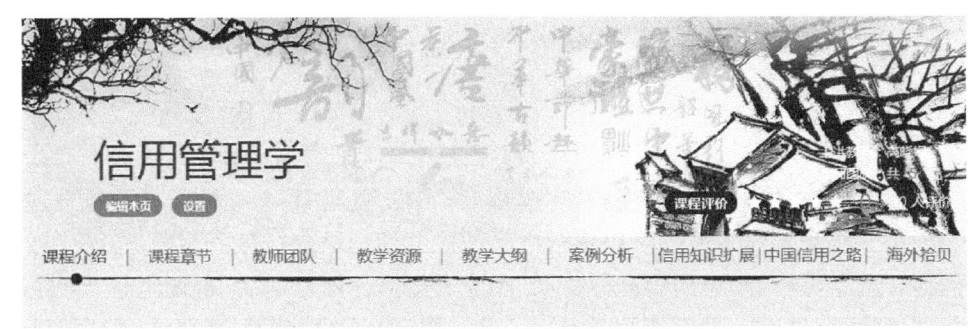

图 2　信用管理学教学平台资源截图

第二阶段：线下课堂教学阶段。

这一阶段分为两个步骤：第一步，教师要花 10 分钟时间对学生课前自学预习知识进行串讲，提炼重点难点，加深学生对知识点的理解和巩固；针对所学知识点，教师利用超星学习通发布课堂考核题，一般为简单的选择和判断题，学生线上答题，平台自动批改，用以检测学生知识点的掌握程度；根据教学平台即时反馈，教师可以调整知识点的讲授内容，对于正确率低的知识点，教师要及时答疑解惑，厘清思路。基本知识点的考核在要求学生独立思考的前提下，在一定程度上允许学生讨论，然后教师集中讲评。这种教学模式是学生的自我认知过程，发现问题，通过自测暴露薄弱点，教师及时纠偏，有利于理论知识的消化吸收，学生的自主学习能力不断增强。第二步，教师可以利用课堂时间，进一步深化提升知识体系，或者采取案例讨论，头脑风暴等方式，采取翻转课堂等形式增强学生的参与性。信用管理学定量内容不多，更多的重点在于对时事的解析。在这一环节，教师提出最新时事，如信用管理学"社会信用体系"一章中，我国的失信惩戒机制为联合奖惩机制，教师抛出论点，让学生头脑风暴，各抒己见，通过思辨，更好地理解具有中国特色的社会信用体系建设，也能深刻理解诚信的价值观。当然，为了达到更好的教学效果，教师可以事先在自主学习阶段就将论题告知学生，让学生自己在网络上，先行学习，形成自己的观点，然后再在课堂中充分展示自己的观点。

第三阶段：课后知识巩固阶段。

课后针对课堂教学中的薄弱环节，教师有针对地发布习题作业，设置最后提交时间，学生在规定的时间内上传作业。时间一到，平台会自动关闭作业的提交。作业的形式可以多种多样，可以是课堂教学中暴露问题的再次加深理解和消化，巩固重点和难点，实现无死角。也可以是在第二阶段线下课堂讨论的深化，包括热点问题、时事辩论，形成小论文。对于经济学科类的学生，写作能力是其重要的核心竞争力，他们通过论文的思考与撰写，可进一步深化知识体系，培养独立思考能力、创新能力、提高专业写作能力。如前所述，信用管理学课堂教学中，针对我国特色失信惩戒机制的讨论，让学生理解了中国失信惩戒机制更多体现在"信用让生活更加美好"，因此，在设计课后作业时，既要讨论中国的联合奖惩机制的应用场景，在中国各大城市通过信用分让生活更美好、更便捷来提升生活指数的方式等内容，又要让学生大开脑洞，创新应用场景，为城市信用体系建设献计献策。

(三) 思政环节设计

信用管理学课程不仅仅能学习信用的基本理论和知识，也能帮助学生树立正确世界观人生观价值观。本课程通过线上资源、线下的案例讨论，让学生懂得诚实守信是中华优秀传统美德，帮助学生"诚以待人，信赢天下"。同时，在经济生活中，通过信用信息的共享机制，守信者奖，失信者惩。当今互联网经济中信息采集、传播和共享的便利性，使信用成为经济个体生存、发展的基础——信以立身、信以前行。

信用管理学的线上线下混合式教学从诚信品质、职业道德、责任意识、敬业精神、社会责任等方面，将信用管理学理论知识与思想政治教育相结合。这种混合式教学以案例为载体，通过课前线上熟悉案例、线下案例讨论,课后案例论文的线上线下相结合,与时俱进,开拓视野,激发学生的学习兴趣;培养家国情怀,文化自信和制度自信;形成良好的职业伦理道德,具备规则意识、创新精神和高度的社会责任感;提升综合能力,能够正确处理利益诱惑与职业道德之间的冲突,守住道德底线,做德才兼备的优秀人才。

四、信用管理学混合式教学评分体系

信用管理学混合式教学,在互联网技术的支持下,依托于学校网络教学平台和超星学习通 App。教师可以在线建设课程、发布资料、展开讨论;教师可以在线授课时考勤点到,课堂提问;教师也可以在平台发布单元测试、期中期末考试;学生可以在线跟帖与教师互动交流。教学平台记载学生的学习进度、学习状态,自动批改客观题,并记录成绩。教师事先在平台设置考核内容和权重,教师批改主观题后,平台会自动生成期末汇总成绩。平台全流程记载,数据精准、透明、公正,说服力强(图3、图4、图5、图6)。

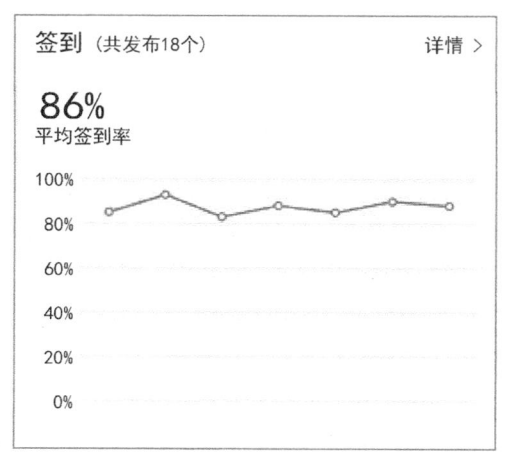

图3　签到统计

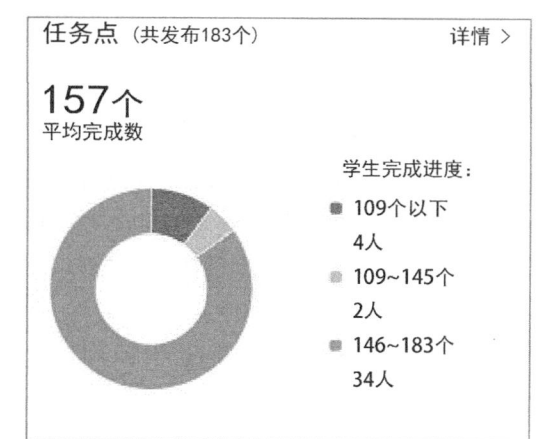

图4　任务点完成统计

图5　话题讨论

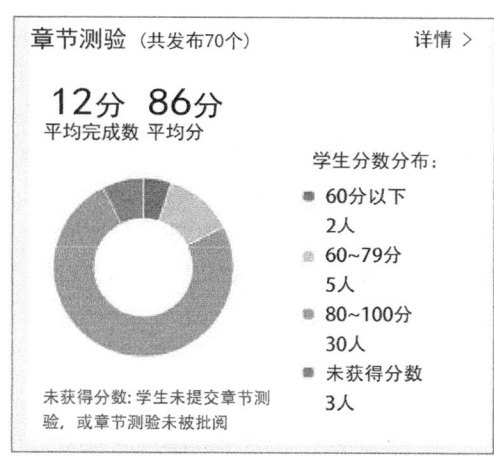

图6　章节测试统计

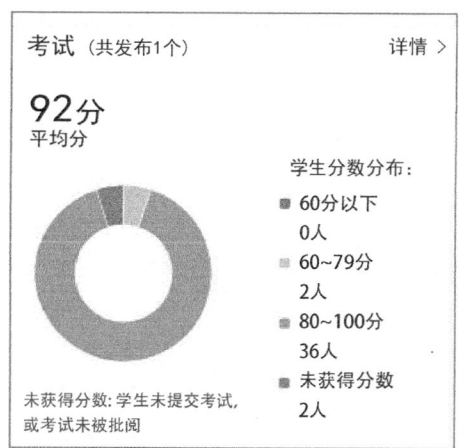

图7　考试统计

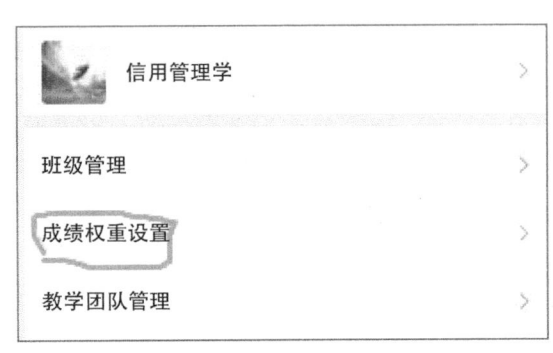 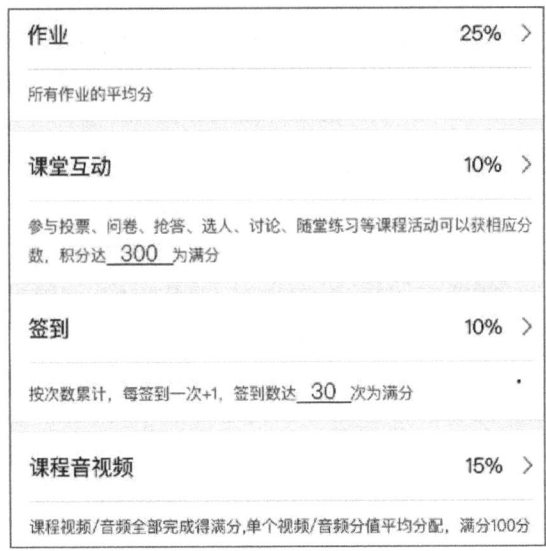

图8　成绩权重设置　　　　　图9　成绩权重设计

基于平台数据库的记载,教师可以进行深入的学情分析,了解数据背后的学生学习实际情况,并有的放矢地讲解和深化。学习通平台考核的种类很多,包括作业、课堂互动、签到、视频、分组任务、讨论、阅读、考试、线下等,教师可以根据学校总体要求和课程性质特点自行确定。(图7、图8)

五、线上线下混合式教学模式效果

信用管理学在2020—2021年第1学期,尝试用线上线下混合式的教学模式,改变传统的教学模式。从学生的反馈上看,这种教学模式的效果如下。

(一) 线上线下混合式教学提升了教学效果

教师线上资源准备充足,精心设计,混合式教学能够提升学生的学习兴趣,促使学生自主深度学习,提升教学效果。即使是线下课堂,教师也可以充分利用线上完成考勤、练习、观看小视频等教学要求。对于现代大学生的"手机控",一味地禁止使用手机,强制性上交手机,也很难提升教学质量,唯有有效的引导,把手机变成学习工具,利用手机完成各项教学任务,这样才是最大限度地使用现代化的软硬件的有效措施。

(二) 混合式教学拓展了教学的广度和深度

依托信息技术的发展,教学平台不断优化,混合式教学模式关注教学活动的每一个学生个体,拓展了教学的广度和深度。传统的以教师为中心的教学模式,受制于课堂有限时间、教学目标的局限性,常规教学单纯以教师授课、学生听课为主线,很难有突破。线上线下混合式教学模式为每一个学生的充分参与提供了条件,在线讨论、案例辨析、跟帖点赞、评论转发,用现代大学生流行的交流方式实现生生互动和师生互动,使教学变得生动有趣。

(三) 混合式教学提升了学生的学习能力

线上线下混合式教学整合了多种教学资源,迎合了当代大学生碎片化的学习习惯,构建了以学生为中心的立体化教学资源,体现了个性化、多元化的特征,给学生全新的学习体验,提升学生参与意识,通过教师的有效引导,促使学生深度学习与思考。课前预习,课中强化,课后复习的"线上+线下、课内+课外、现实+虚拟"为一体的教学模式,可有效促进学生学习能力的提高。

(四) 混合式教学促进教学评价的多元化、公正化的实现

借助于平台和 App 终端,平台系统完整客观地记录学生的学习过程、学习程度和参与度,为教学评价提供最为客观独立的第一手资料,从根本上破解高校学生成绩的随意化、自主性。过程性阶段的翔实记载能给学生以公正的学期成绩评定。

六、线上线下混合式教学的制约因素

2020 年突如其来的疫情,高校线下课程移到线上完成,教师变成主播,面对电脑,指点江山。从总体上看,教学效果不尽如人意。如果说纯线上教学考验是学生的自律自觉,线上线下管理更是一种教师和学生的共同体,目前线上线下混合式教学存在的如下问题。

(一) 线上自学缺乏有效的监督机制

在混合式教学中,线上课前预习需要学生在手机或电脑中自主学习,这对学生的自我管理、自理机制有较高的要求。虽然平台实时记录学生的任务点完成情况,但是记录得只是结果,过程无法控制,效果也很难保证。在 2020 年的纯线上教学中,教学视频的观看、教学资料的自学,不能做到时时督促;网络电子作业的提交更容易抄袭;即便是在线课堂,教师可以通过选人提问,在线回答,还是无法如线下课堂一览无余。从学生事后的调查反馈来看,效果欠佳。在线考试更是无法监控,相互抄袭的情况容易出现。从某种程度上来说,线上线下相结合可以避免纯线上的监管盲点,通过线下课堂的测试和复习,可以检验学生的在线学习情况,但是课堂时间短,很容易出现"搭便车",无法真实反映学生的学习的认真程度。

(二) 平台的教学资源欠缺

当代大学生是在视频、游戏和微信中成长起来的年轻人,他们线上的停留时间很大程度上取决于平台资源的丰富性、可读性和可视性。平台的优质资源不足,课件的内容无新意,课程视频平铺,很难让学生长时间静下心来学习。在课堂上,教师在讲台手舞足蹈,全程把控讲台,学生都很难集中精力,更何况在无人监督下,看乏味的视频、呆板的 PPT,因此,发挥混合式教学,实现"线上+线下,课内+课外,现实+虚拟"的教学模式,从根本上来说就是提高平台资源的质量。目前平台资源从种类上看主要为教学大纲、教学视频等必要的材料,缺少扩展性材料,无法拓宽学生视野。从形式上看,小视频、微课和专题视频比较少。当今大学生习惯刷抖音、看短视频,喜欢短小精悍、视觉冲击大、轻松明快的多媒体文件。因此,现在的线上资源形式单一、体验感不足,不能吸引学生。

(三) 案例教学质量有待提高

混合式教学线上线下的结合点在于案例教学。信用管理学线上线下混合式教学中,案例是贯穿线上线下教学的结合点,学生线上自主学习案例,线下分析讨论,因此,案例的代表性以及案例的表现形式显得非常重要。经典案例能让学生更好地理解理论,在课程思政的大环境下,案例中思政元素"润物细无声"地融入,弘扬主旋律,树立社会主义核心价值观。但经典案例不多,经典案例的表现形式也很单一,缺乏画面式的演绎,不能引导学生有效思考,容易回到案例网上复制,课堂 PPT 展示的传统教学老状态。

七、促进线上线下混合式教学建议

我们对信用管理学在线上线下课程教学中进行了积极的探索和实践。混合式教学作为互联网下的教育创新，不是单纯的线下课程分成线上线下两部分，而是教学体制的一个深刻变革，它改变了多年来教与学的传统模式，需要教师更多的努力和投入，学生更多的专注和自律。

（一）优化学生的考核机制

考核机制的公平、客观是线上线下混合式教学的核心环节。学生参加课程的学习，更在乎新的教学模式下的教学评价。混合式教学的考核机制，一方面，要真实记载自主学习过程和知识点学习结果，另一方面，强化课堂环节的反馈，增加线下课堂环节的随机提问、小测试、讨论的分值。案例分析对学生提出更高的要求，也是平时加分环节，增加学生的参与的广度和深度，从案例中诠释理论，能体现学生对知识点的掌握消化程度。课堂中，采用头脑风暴、思想碰撞等方式，激发学生的创新意识和自觉意识，因此，考核机制增加相关的加分环节，为绩优学生提供更多的展示舞台。

（二）建立平台资料与完善

从某种意义上，线上线下混合式教学成功的前提是平台课程资源的完善，包含资料内容和形式的多样性。在内容的多样性方面，信用管理学课程除了教学大纲、课程视频，还有案例、海外拾贝（主要介绍国外信用体系建设、信用评级以及信用机构等）、信用法规等资料。在形式的多样化方面，信用管理学的课程资料增加了《感动中国》（诚信故事）小视频，教师录制的四个微课程，《诚信》《征信 ABC》《读懂你的信用代码——经济身份证》《案例分析——我的信用我做主》，每个微课程时长 20 分钟左右，主要从诚信、征信、信用报告等方面给使命介绍诚信与信用等相关知识。信用管理微课程出发点是通过浅显易懂的知识讲解，让市民了解身边的信用，珍视自己的信用，自觉讲究诚信，从而约束自我，完善社会信用，构建全社会的信用体系。该微课系列是专业机构制作，精心选址，在图书馆、立信会计博物馆等地完成录制。

平台教学资源的准备需要教师查阅大量文献资料，挑选出适合学生阅读和学习的信息材料，视频资料需要教师学习更多的录屏甚至剪辑的技术，因此，对教师来说面临更多的学习和挑战。教师课前线上的准备工作以及线上的答疑解惑时间远远多于传统的教学模式，增加了备课工作量。同时，教师要根据学生的课堂反馈和线上答疑，及时调整教学内容。因此，对于教师来说，线上线下混合式教学无疑是一个新的领域，需要教师更多的责任心和热情投入工作。

（三）大力推进经典案例教学

案例是理论的课程实践环节，也是课程思政的载体。信用管理学课程引进实践案例，学生线上学习，课堂情景演示，学生积极参与，层层剖析，还原事件，揭示信用与风险，让学生懂得信用意义。组织案例大赛、信用知识竞赛，宣传信用知识，提高信用意识，教师与学生共同参与。该课程还通过举行诚信宣誓仪式，让学生自觉树立诚实守信的道德品质。这些活动的展开让诚信守信的种子生根、发芽。

经典案例的教学，需要教师选择更好的案例。例如，信用管理学课程案例《因商而兴——因信而衰——因信而立——温州信用沉浮之路》，从案例选择来看，温州信用发展之路是信用管理学案例教学中的经典案例，从信用的缺失、重铸信用，到如今成为信用建设的楷模。该案例一方面是社会信用体系建设的典型实例，另一方面也是中国经济发展的缩影，体现了中国改革开放的英明决策，为人民谋幸福，体现思政元素。从案例的分析来看，一方面该案例涵盖信用与市场经济的关系、信用文化、互联网信用，体现其专业性，另一方面，结合课程思政的要求，对中国经济发展历史进程、中国信用文化以及新时代的信用建设进行了合理精准的分析。

线上线下混合式教学需要更多更好的经典案例，经典案例的教学也需要教师站在更大更高的格局，把握历史，立足于中国改革实践，精选出具有中国精神的案例。

八、总结

在互联网、信息技术、人工智助力下，"线上＋线下""课内＋课外""现实＋虚拟"的立体交叉混合式教学模式，能够提高学生的参与性和积极性，扩展学生视野，已成为高校教学模式改革的新业态。混合式教学模式对教学资源建设、教学环节设计、教学评价体系和教学管理都提出了全新的课题，对高校教师提出更多的挑战，同时，混合式教学模式也改变了原有的教学模式，激发学生的创新意识和自觉意识，为学生提供更多的展示舞台。

参考文献

[1] 肖腾飞.应用型本科金融工程专业教学改革研究[J].金融理论与教学,2018,3(149)：74-77.
[2] 陶琳瑶.我国高校金融工程学课程教学改革与实践[J].经贸教育,2016(10)：144-145.
[3] 陈小国.提高金融工程教学质量的探索[J].教育现代化,2017,4(51)：177-179.
[4] 林智慧,唐亮.信息化背景下混合式教学模式探析[J].微型电脑应用,2020,36(6)：43-46.
[5] 于千程.基于超星平台在高职专业课《互联网金融》中混合式教学设计与应用研究[D].石家庄：河北师范大学,2020.
[6] HOFMANN JENNIFER. Top 10 Challenges of Blended Learning[J]. Training, 2011(4)：12-13.

作者简介

高晓娟　硕士，上海立信会计金融学院金融学院副教授；主要研究领域银行管理、信用管理；联系邮箱为 gxj@lixin.edu.cn。

大数据背景下统计学课程的教学研究与实践

胡凤霞

摘要 在大数据背景下,统计学的数据思维、数据来源与类型、数据分析方法、统计分析工具都发生显著的变化,给统计学的教学带来机遇与挑战。本文从培养目标、教学内容、大数据分析工具、教学方式、考核方式等方面,提出统计学教学的一些改革措施。

关键词 大数据 统计学 教学研究

随着科学技术的进步,以及计算机、互联网、物联网、无线传感器的不断发展,各个行业都产生海量的数据,人们处于信息爆炸的大数据时代。2015年国务院发布《促进大数据发展行动纲要》,旨在促进大数据产业的快速发展,加大大数据技术研发与大数据挖掘的高端人才的培养力度,以深化大数据在各个行业的创新应用。大数据指不能用传统的数据库软件工具提取、存储、管理与分析的数据集,与传统数据相比,大数据有Volume、Variety、Velocity、Value的"4V"特征。其中,Volume是大量性,指数据的量巨大,人们平时在互联网产生的数据已经不足以用GB或TB度量,现已达到PB或EB甚至ZB的容量。Variety是多样性,指数据的来源广泛,类型多样。比如,来自互联网、物联网、网络购物、电子商务、微信、QQ、电子邮件的文本、图片、HTML、音频、视频、地理位置等类型的非结构型数据。Velocity是速度快,指大数据的产生速度、提取速度、存储速度、分析与处理速度都快,速度快是现今互联网信息时代的数据的典型特征。Value是价值密度低,指在连续不断产生的海量大数据中,有价值的数据仅仅是少量的。因此,使用机器学习、人工智能算法从大数据中进行价值提纯是关键。

一、大数据背景下统计学教学受到的影响

统计学是收集、整理、归纳、分析数据,以得出数据内在规律的一门方法论学科,对人类社会与经济的发展具有重要作用。自17世纪中开始,历经370余年的发展,统计学学科的理论体系已经比较成熟,形成不少专有的思维,如推断思维、指数思维、方差分析思维、变异思维、相关思维等,统计学的方法在各个行业都有应用。在大数据背景下,数据思维与以往不同,数据来源与类型、数据分析方法、统计分析工具,以及社会各个单位需要的人才条件都发生显著变化。因此,统计学的教学受到影响。大数据对统计学的影响既是挑战又是机遇。本文主要提出统计学教学的改革措施与建议。

(一)数据的来源与类型发生变化

传统的统计数据是结构型的,主要是第一手数据与第二手数据。其中第一手数据通过专门组织的统计调查或科学实验获得;第二手数据主要来源于公开出版物、国家与地方的统计部门,如《中国统计年鉴》《中国农村统计年鉴》《上海统计年鉴》等出版物公开的数据,此外,各种报纸杂志、广播、网络等媒体也是

第二手数据的来源方式。而在大数据时代,随着个人电脑与智能手机各种功能的普及,人们能够随时随地实现上网,因此,大数据的收集途径是多元化的。大数据是文本、图片、HTML、音频、视频、地理位置等类型的非结构化数据,主要来源于互联网、物联网。而且,在分析非结构型的大数据前,必须先进行预处理,如数据的清洗、数据的提纯、缺失数据的补充,数据预处理占整个处理与分析过程大部分的时间达到70%以上。

(二)数据分析方法发生变化

在传统统计中,一般用抽样得到数据,处理的是样本数据;在大数据背景下,一般处理的是总体数据,是人们上网的痕迹构成的数据。

首先,传统的推断统计分析以分布理论为基础,根据样本特征推断总体特征,推断的准确性取决于样本,如大数定律、中心极限定理、小概率原理。在大数据背景下,我们一般处理的是总体数据,不再根据分布理论推断总体特征,而是以实际数据为基础,根据计算方法或机器学习算法进行分析与决策。如,相关与回归分析、因子分析、主成分分析、聚类分析等。

其次,传统的假设检验的思路是"假设-验证",即首先根据研究目的提出假设,然后采用统计方法收集数据、分析数据,最后通过实证分析验证假设,从而得出结论。在大数据背景下,实证分析的思路是"探索-总结",我们可以不受任何假设条件的限制,直接从数据中探索规律、发现规律,再加以总结、得出结论。这些差异丰富了统计学的理论与方法,扩宽了统计学的应用领域,同时,它们也是向传统的统计学提出的挑战。

最后,需注意的是,在大数据背景下,传统的统计方法仍然很重要,有时我们仍需用抽样的方法推断总体特征。比如,高速网络下,海量的数据是瞬间产生的,人们难以存储所有的信息,此时,使用抽样得到样本,便于之后的分析。因此,大数据需借助传统统计分析方法,才能得出较准确的结论。学生在掌握传统统计分析方法的同时,要及时学习非结构型数据的分析方法、算法,奠定好数学与统计学基础。

(三)统计分析工具发生变化

传统统计数据的分析工具一般是 Excel、SPSS、EViews,它们都是处理结构型数据的主流统计软件。在大数据时代,数据量的巨大、数据格式的多样使得这些软件不能抓取、存储、处理非结构型数据,导致分析结果不准确。因此,人们需掌握其他的统计软件如 Python、R 语言、Julia 语言、Hadoop、Spark 工具等以识别与分析非结构型数据,从而挖掘大数据蕴含的价值信息。此外,教师需培养学生掌握计算机编程、数学建模、大数据统计建模的能力。

二、大数据背景下统计学教学的改革

(一)介绍大数据思维,重制培养目标

在大数据背景下,每个行业都有大数据,仅仅懂得行业知识对于数据挖掘是不够的,需要培养学生的大数据思维,舍恩伯格与库克耶(2012)指出允许不精确已成为大数据的一个特点。因此,除了上面介绍的部分传统统计思维,鉴于大数据的混杂性,在处理时不可避免会产生错误,教师需培养学生的混杂思维、容错思维、大数据的相关思维等。另外教师也需重新制定统计学课程的教学方案,在原有的基础上,增加大数据分析方面的课程、软件课程、培养数据科学的复合型人才是统计学专业的一个重点目标。具体从以下几个方面实施:

首先,打好数学与统计基础。在大数据背景下,数据来源与类型、分析方法、统计工具等都发生显著变化,但是我们不能摒弃传统统计的知识与方法,因为大数据时代的统计是传统统计的延伸与拓展,大数据需

借助传统统计分析方法,才能得出较准确的结论。而构建非结构型数据的统计模型,也需要更深的数学与统计知识,如广义线性回归模型、时间序列模型、生存分析模型、结构方程模型、非参数统计模型等。

其次,学好机器学习、人工智能的算法,掌握它们的工具,如 SciKit-Learn、TensorFlow、PyTorch、AutoKeras、DataRobot。此外,学好计算机编程与其他的大数据分析方法,掌握 Python 的 Statsmodels 模块、Numpy 模块,建好统计模型,熟悉统计的计算方法,以分析与挖掘大数据蕴含的价值信息。由于大数据的价值密度低,海量的数据同时包括杂乱无用的数据,数据的爬取、清洗、提纯、梳理与分类、整合、维护都是学生需掌握的知识。

最后,大力促进统计与其他学科的交叉。数据科学包括数学、统计学、计算机、行业知识。统计学是不断发展的应用型学科,教学必须与时俱进,把统计方法应用到各个行业,解决实际生活中的问题,同时提高学生的实践应用能力。比如,学生参加统计调查的大赛,解决各个行业的实际问题。在大数据背景下,我们急需培养学生自主从互联网获取大数据的能力以及对大数据处理与分析、结果解释的能力,急需培养数据科学人才以适应大数据时代的发展与需求。

(二)引入大数据分析方法,更新教学内容

教师要求学生在掌握传统统计方法的基础上,学习分析大数据的统计方法。现举出一些实例:

(1) 传统的统计分析以分布理论为基础,根据样本特征推断总体特征。在大数据背景下,收集的数据是总体数据,有时是高维数据。比如,使用因子分析方法时,样本量小于指标量的情形。因此,降低大数据的维度、从大数据库分解出需要的小数据集、把提取的数据结构化都是需掌握的统计方法。

(2) 在大数据背景下,收集的数据有时是多源异构数据,来自不同的数据库,传统的数据库整合方法已经不适用。此时,需把多个小数据库整合为一个大数据集,或者先不整合多个小数据库,而是探索以下方法:先直接在各个小数据库使用统计推断方法得出结论,再综合各个结论,从而尝试得出总的结论。此外,网络图模型也是用于分解大数据集、处理多源异构数据的有效方法。目前,处理网络图模型的软件包括 CoCo、MSBN、MIM 等。

(3) 如分类、回归分析、因子分析、主成分分析、关联分析、聚类分析、异常值检验这些传统统计方法处理大数据的效果不好,可用机器学习的算法处理。常用的机器学习算法包括监督学习、无监督学习、半监督学习、神经网络、深度学习、Bagging ensembles 法、Network metrics 法等。

(4) 传统统计学主要关注因果关系,在大数据背景下,统计分析的重点是相关关系。一般没前提假设条件,是探索性的分析。舍恩伯格与库克耶(2012)提出建立在相关关系分析法基础上的预测是大数据的核心。因此,相关分析是一个重要方法。但是,需注意的是,由于大数据的大量性、多样性,我们在分析时要注意判断大数据之间的伪相关,否则结论是错误的。此外,我们同样要注重因果关系,因为相关关系是基础,因果关系决定相关分析的深度,只有两者并重,才能更好地对大数据进行预测,从而制定出更好的决策。

(5) 处理大数据的目标是分析数据,解释结果,并通过文字、统计图、动画等可视化的直观形式展现分析结果。因此,学生需掌握可视化的工具,如 Python 的 Basemap、Plotly、Matplotlib 模块。常用的可视化图形包括条形图、帕累托图、饼图、直方图、茎叶图、箱线图、核密度图、散点图、气泡图、雷达图、笑脸图等。

(三)增加大数据分析工具的知识,提高学生的实践应用能力

处理传统统计数据的分析工具一般是 Excel、SPSS、EViews,在大数据时代,数据量的巨大,数据格式的多样使得这些软件不能抓取、存储、处理非结构化数据,导致分析结果不准确。因此,学生需掌握其他的统计软件以识别与分析非结构型的数据,以挖掘大数据蕴含的价值信息,提高学生的综合应用能力与实践创新能力。例如,Python、R 语言、Julia 语言、Hadoop、Spark 工具。此外,教师需培养学生掌握计算机编程能力、大数据统计建模的能力,要求学生学计算机方面的课程,如数据结构与算法、数据库开发等。

（四）开设线上授课，调整教学方式

在大数据背景下，需改变统计学课程的教学方式，改革传统的以课堂教学为主的教学方式，采用"教师为主导，学生为主体"的启发式教学，培养学生独立思考的能力。教师需充分利用网络资源，使用学习通、慕课、云课堂、微课、翻转课堂、线上线下混合式教学等多种方式授课，提高学生的自主学习兴趣。同时，通过在线提问、在线主题讨论、在线出勤统计、在线布置作业、在线测验，让学生对已经学的知识进行巩固。

除了理论知识的讲授，教师需结合实际应用案例，通过实践传授数据科学与数据分析的知识，培养学生的实际操作能力。教师在讲授数据挖掘时，要求学生通过参与统计建模、统计调查方面的大赛，学生先自拟题目，用网络爬虫获取大数据，清洗提纯，处理与分析数据，挖掘大数据的内在价值，并通过文字、统计表、统计图、动画等可视化的直观形式展现分析结果。

（五）完善考核制度，建立科学的考核体系

在大数据背景下，科学的考核制度不仅能提高学生学习的积极性，也能提高教师的教学效果。在注重理论知识考核的基础上，再加实践知识考核的部分。其中理论考核部分包括在线考勤、在线期中测验、课堂表现与主题讨论、在线作业、期末考试，主要考查学生统计学理论知识的掌握情况与在线学习的效果；实践考核部分包括案例分析、数据分析报告、实验报告、期终测验报告，主要考查学生掌握传统统计方法与新的统计方法的情况，以及使用它们处理大数据的综合能力。

三、结语

大数据的产生给统计学的发展带来机遇，大数据的大量性、多样性、速度快、价值密度低的"4V"特征给传统统计方法带来挑战。因此，统计学教学需进行改革，以适应现在时代的需求。大数据时代显然以数据为中心，统计学专业的学生在掌握传统统计的同时，要学习新的统计知识与方法。本文从培养目标、教学内容、大数据分析工具、教学方式、考核方式等方面，提出了统计学教学的一些改革措施。但是，师资队伍的建设是课程研究的基础，学校根据教师的教学能力、自身特点与优势、素养与年龄，组织一支合理的队伍是建设好课程的关键。在大数据背景下，新的数据分析方法一直在探索中，希望统计工作者们继续关注大数据前沿，相互沟通交流，同时总结授课经验，培养具有大数据分析能力与行业知识的复合型人才。

参考文献

[1] LYNCH C. Big data：How do your data grow？[J]. Nature, 2008, 455(7209)：28-29.
[2] 教育部统计学类专业教学指导委员会.我国统计学类专业本科教育现状的调查与分析[J].统计研究,2015,32(2)：104-108.
[3] 秦文力.大数据背景下的线上、线下混合访问调查方法研究[J].统计与决策,2020(9)：16-21.
[4] 涂子沛.大数据[M].桂林：广西师范大学出版社,2014.
[5] 维克托·迈尔舍恩伯格,肯尼思·库克耶.大数据时代：生活、工作与思维的大变革[M].杭州：浙江人民出版社,2012.
[6] 朱怀庆.大数据时代对本科经管类统计学教学的影响及策略[J].高等教育研究,2014(3)：35-37.

作者简介

胡凤霞 博士，上海立信会计金融学院统计与数学学院讲师；主要研究领域为大数据与统计学；联系邮箱为 hufengxia@lixin.edu.cn；本文的通讯作者。

Python 语言与数据挖掘线上线下混合式教学实践

王艺红

摘要 本文围绕"线上线下混合式教学"这一主题,研究 Python 语言与数据挖掘课堂学习活动的设计与教学实践。从学情分析、课程教学设计、教学活动组织及实施、成绩评定和改革成效五部分给出 Python 语言与数据挖掘线上线下混合式教学的具体运用与实施方法。线上线下混合式教学模式秉持以学生为中心的教学理念,以基础知识传递为起点、历经教学问题驱动、多元嵌入重构教学内容、拓展延伸深度学习、综合问题探究、成效帮扶反馈形成为学生赋能闭环教育。为财经类院校其他实践课程教学改革提供了参考教学实践方案。

关键词 Python 语言与数据挖掘 线上线下混合 教学内容重构 BOPPS 与 PBL 融合的教学方法

一、学情分析

Python 语言与数据挖掘包括 Python 基础编程与数据挖掘两部分,是统计类、数学类各专业必修专业课。课程立足应用型财经高校新文科建设的总要求,注重学科复合交叉、倡导文理融通、着力培养学生的实践能力。作为我校大二年级开设该课程主要有以下有利的因素和痛点问题。

1. 有利因素

(1) 随着人工智能、大数据、物联网、云计算时代的到来,数据挖掘不仅仅是工具,更是数字生活方式,甚至成为大数据时代下的工作模式。因此,Python 语言与数据挖掘技术课程作为一门专业实践课程,深受学生的欢迎并对此有较高的期待。

(2) 学校鼓励学生参加各类科创活动,通过本课程的学习,学生可以在数据获取、数据建模与分析、数据表达能力等方面得到提升,为今后参加挑战杯、数学建模、统计建模等各类科创竞赛项目提供支持。

(3) Python 语言是数据挖掘"武器库"中的一把"利刃",在数据科学领域应用十分广泛,简单易学,功能强大,大大降低了数据分析的实现门槛,课程被列为人才培养方案中的第一门专业实践必修课。现在的学生是网络时代的"数字原住民",具备对信息技术敏感、对信息化快速反应的能力。

2. 课程痛点问题

(1) 学生先修课程包括高等数学、线性代数、计算机基础,具备了一定的逻辑思维,但是没有系统学习过编程语言。

(2) 受学时的限制,教师主要讲授程序设计和用代码搭建模型,没有足够的时间讲解背后的数学原理。

(3) 学生对实际应用场景不熟悉,综合应用能力没有得到很好训练。

3. 学习目标

通过课程学习,学生应在知识学习、能力培养和素质提升方面达到以下目标:

1) 知识目标

(1) 认识、记忆Python语言的语法、程序设计的基本控制结构、实用模块、监督学习和非监督学习各模块的使用。

(2) 领会数据挖掘模型的原理和模型精度的评价方法,能够编写代码进行建模。

(3) 运用回归分析方法模型,建立模型的改进与评价体系,综合运用各种分类方法对实际数据进行分类模型,并对其进行比较和辨析。

(4) 应用关联分析、社交网络分析以及文本挖掘知识能够对实际数据进行处理、分析,并建立解释合理的统计模型。

2) 能力目标

(1) 培养学生正确应用统计理论与方法的能力,提升学生数据采集、数据建模及模型的估计与检验方面的综合应用能力,使得统计思维落地。

(2) 培养学生数据操作与大数据分析的能力,运用大数据分析方法解决实际问题的能力,使得计算思维落地。

(3) 培养学生自我学习的习惯,不断更新和优化自身的知识结构,具备初步的科学研究和参加各类科创竞赛活动的能力。

3) 价值塑造

(1) 培养学生养成良好的"统计+大数据"技术素养,感受探索的乐趣与成功的喜悦,享受编程求解和科技创新带来的高阶乐趣。

(2) 培养学生数据分析的理性与严谨,激发学生对统计知识的热爱,养成实事求是的科学态度及敏锐的洞察力与精准的判断力。

(3) 培养学生团队协作的优良品质,善于独立思考的同时也善于与人沟通合作,并能勇于承担责任。

二、课程教学设计思路

1. 课程改革重点解决的问题

(1) "线上线下混合式"教学使得教学各环节紧密相连,打破了学时和空间限制,使学生在潜移默化中达成知识目标。课程开始前确定学生预期可达到、可测量的学习目标,然后围绕该目标,以学生为中心反向教学,以在线开放课程资源为依托,结合本专业的学生学习情况,打造特色化教学资源。基于超星学习通网络教学平台课前线上实施初阶案例和知识点学习、课中教学内容重构、课后高阶案例探索与拓展,有机地将在线学习与课堂面授教学活动结合起来。通过实践项目、差异化和多样化学习资源的推送,小组合作,同伴学习完成实践项目,在一定程度上激发了学生自主学习和创造的兴趣。在此基础上形成多样化的学习成果评价方法,可提升学生学习积极性和活跃度。

(2) 以问题为导向的案例式、项目式教学方法使得学生的综合素质全方位提升,达成能力目标。在Python语言基础编程通过案例的举一反三、数据挖掘部分建立数据分析方法的知识体系,引导学生解决问题的教学模式,打破学科的界限,其中涉及金融、产品销售、新媒体、医疗、工业制造等多个领域,要求学生需要通过跨学科、跨领域的学习来解决问题,更有挑战性和成就感,对基础理论知识掌握更牢固,个人编程能力和实践能力得到提升。学生通过对不同领域项目的探索,可以慢慢产生对自己日后职业发展方向的思考。

3) 以学生为中心进行教学设计,使得学生感受探索的乐趣与成功的喜悦,激发学生对统计学和数据科学的热爱。在整个学习过程中,学生是学习的主体,是项目的参与者和责任人,而不是被动接受知识的对象,在完成项目式学习的过程中,学生将学会使用多种信息检索工具去搜索资料、研究分析和沟通合作,项目设计管理能力和数据表达能力得到了相应的锻炼和提升。

2. 混合式教学设计

本课程依托国家精品课程北京理工大学嵩天老师的《Python 语言程序设计》以及南京大学孙莉老师的《用 Python 语言玩转数据》进行混合式教学实践,将从教学准备、教学实施和迭代优化三个阶段进行教学设计,如图 1 所示。

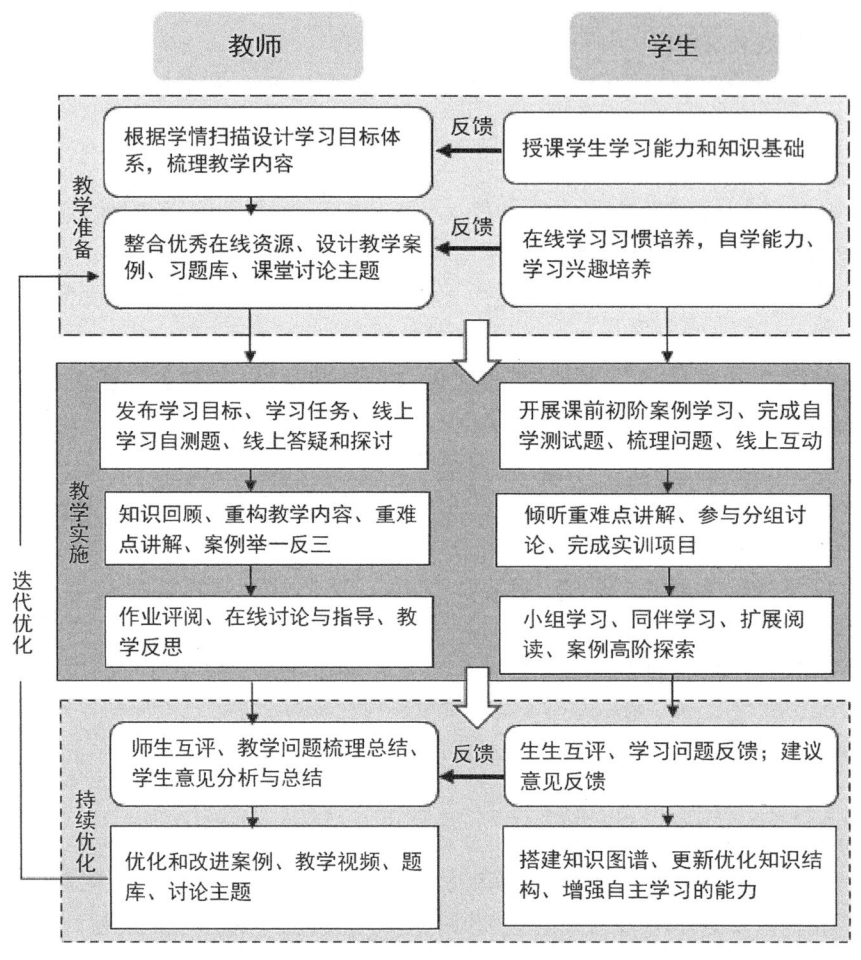

图 1　教学设计总体框架图

1) 教学准备阶段——教学内容分类与资源建设阶段

根据课程特点,将教学内容分为基础教学+案例式教学融合教学内容(24 学时)、探究式教学内容(16 学时)和项目式教学内容(8 学时)三类。

(1) 基础教学+案例式教学融合。该部分内容要求学生课前利用碎片化时间根据导学完成基础知识点和初阶案例线上学习,课堂上采用初级翻转的形式,以教师讲授为主,主要进行重点难点问题讲解、案例的举一反三、扩展问题分析与讨论等。该部分内容解决了课程学时少、内容多、教学深度和广度难以拓展的问题。

(2) 探究式教学。该部分内容要求课前根据导学,完成基础知识点线上学习和初阶案例学习,课堂上采用中级翻转的形式,主要进行教学内容重构和案例的高阶探索。以 6～8 人为 1 组,以教师讲授与小组讨论、同伴学习相结合的方式进行。通过提出问题、讨论问题、分析问题、实践编程解决问题、形成案例分析报告五个阶段,加深学生对统计方法和数据分析技术的理解,激发学生学习的兴趣。该部分内容可有效提升学生数据采集、数据建模、实践编程、数据表达方面的综合应用能力,使得统计思维和计算思维落地,与此同时也能培养学生批判性思维和创新性思维。

(3)项目式教学。该部分内容要求学生课前根据导学,完成基础知识点的学习,采用小组开放性实验、高级翻转课堂方式进行,即对学生任务,要求学生在课下分组完成开放式项目报告,在课上以小组成员以ppt汇报和程序演示的形式进行答辩。这样不仅能增强学生的分析问题、解决问题、实际操作的能力,而且能培养学生团队协作的优良品质,使他们在善于独立思考的同时也善于与人沟通合作,并能够勇于承担责任,使得他们感受到探索的乐趣与成功的喜悦,激发学生对统计学和数据分析的热爱。

2)资源建设与应用

根据本校应用型人才培养定位和培养统计学专业学生"统计+大数据"技术素养,有选择地将MOOC资源做好加减,补充建设一套覆盖课前课中课后的特色化教学资源,依托超星学习通平台建立SPOC课程,为学生搭建有效学习支持服务体系。

(1)自建教学资源:主要包括专题视频、实践案例库、习题库、拓展材料和课程博客,其中案例包括课程思政、数学建模、统计建模等内容,展示了大数据分析学数据挖掘在金融、产品销售、新媒体、医疗、工业制造等多个领域的应用(图2、图3)。这些资源能帮助学生理解和巩固知识点、培养实践能力、满足科创竞赛活动和个性化学习需求,创造民主、和谐的学习氛围。

图 2 案例资源

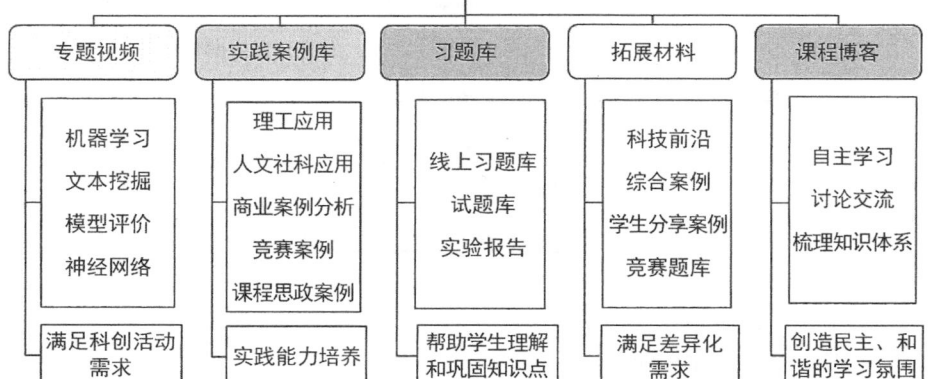

图 3 自建教学资源框架图

(2)教学资源整合与应用:主要包括MOOC资源做好加减与自建资源整合,补充建设一套覆盖课前课中课后的特色化教学资源(图4)。

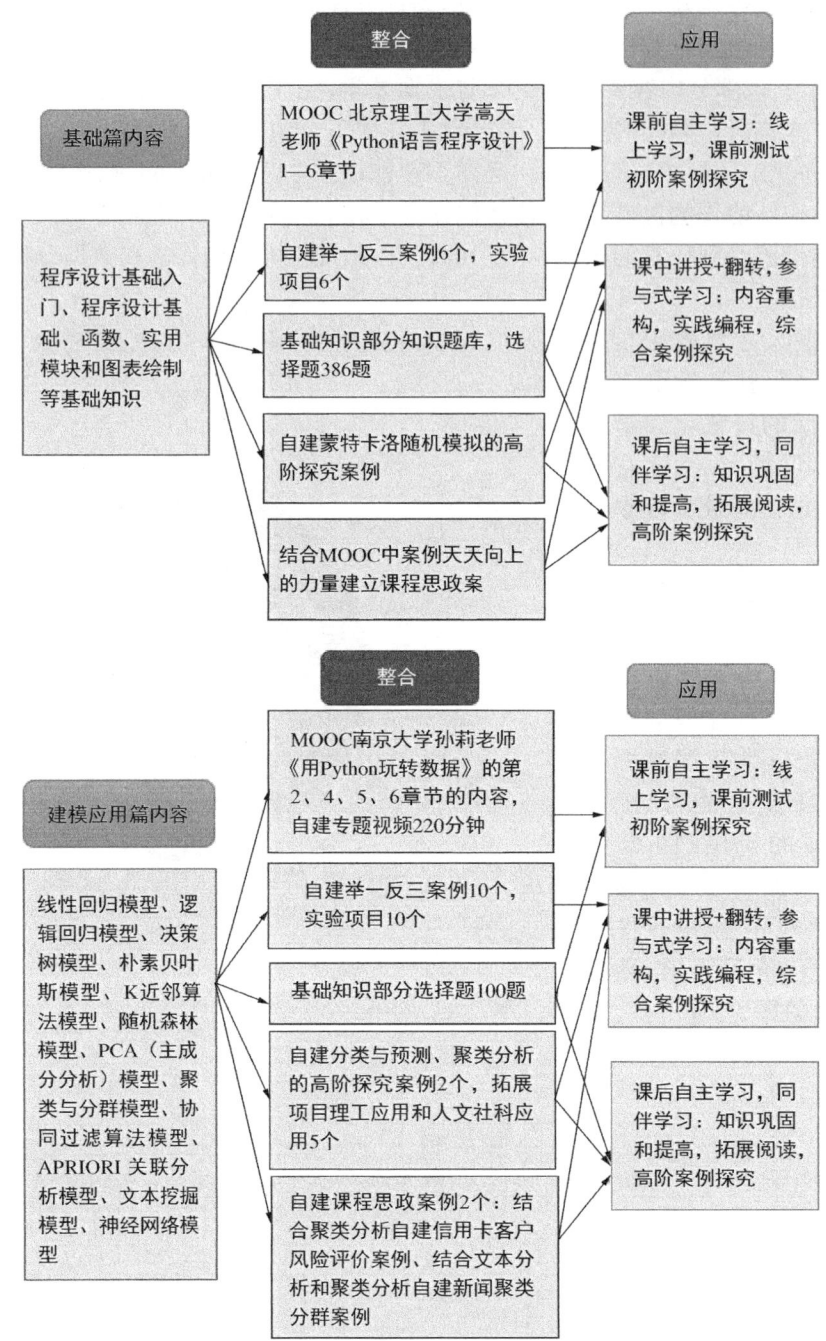

图4 教学资源整合应用框架图

三、教学活动组织及实施情况

本课程教学主要采用 BOPPS 与 PBL 融合的教学方法。BOPPPS 教学模型是根据引入（Bridge in）、目标（Objective）、前测（Pre-assessment）、参与式学习（Participatory learning）、后测（Postassessment）和总结（Summary）几个步骤组织一套课程的教学方法。PBL（Problem-Based Learning）是一套设计学习情境的完整方法，也称之为基于问题的学习。以问题为中心，通过合作解决真实问题的开放性、研究性、探索性学习方法。具体的教学活动组织如表1所示。

表1 BOPPS与PBL融合的教学活动组织

BOPPPS		实施途径	PBL
引入	初阶案例	课前：学习通平台进行视频学习	基于问题的课前学习任务单及评价量表 PBL载体：课前学习任务单
目标	通过提炼案例中涉及新的知识点介绍本次课的学习目标，学习任务及达到的基本能	课前：学习通平台文档学习	
前测	对标线上内容进行基本知识点测试	课中：学习通平台进行随堂测试	基于问题驱动的探索式学习 PBL载体：案例举一反三和递进式学习
参与式学习	重难点讲解，内容重构与案例举一反三。学生进行实践，投屏显示自己的代码或者屏幕共享自己的代码，并发表自己的观点、看法，分享自己的经验	课中：问题驱动的案例式、项目式学习，完成实验内容	
后测	提交实验报告，通过讨论主题主观题回答本节课学习了什么、有什么问题需要解决	课后：提交报告 完成讨论主题	基于实验项目的大作业 PBL载体：案例高阶探索和拓展项目
总结	小组互评＋教师评阅，总结提升，拓展学习	课后：作业评阅，通过学习通发布成绩	

在课程教学实施阶段，根据采用BOPPS与PBL融合，形成了五层递进式学习模式(图5)。

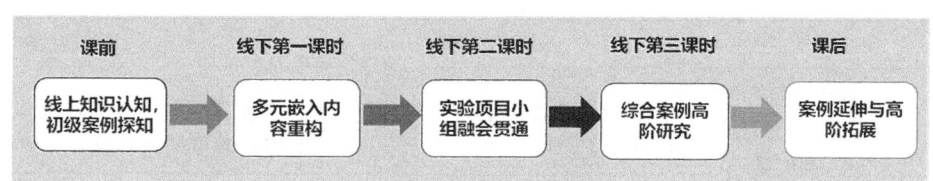

图5 五层递进式学习模式

具体过程如下：

(1) 线上知识认知、初阶案例探索阶段。线上发布学习任务和初阶实验报告。学生自学结束后，为了检查学习效果，还需要学生有针对性地完成相应的习题，习题包括选择题、编程题等。学生在规定的时间内把习题答案上传到教学平台，便于教师检查学生自主学习效果、统计学生学习的难点和容易出错点，为课程考核和指导线下课堂教学内容的设计提供强有力依据。

(2) 线下第一课时：教学内容重构。结合案例＋问题驱动的探究式教学逐层开展教学，多元嵌入重构教学内容。在基本编程能力培养中，采用类比编程法和母题衍生法，学生在已掌握的代码基础上，寻找差异，激发创新。在数据挖掘部分，重视实践应用，注重方法背后的原理，补充基本多元统计、回归分析中方法的基本理论，将理论与实践相结合，将知识的形成过程显现给学生，增强学生对知识理解的深度，达成"高阶性"，通过案例、实践培养学生求真务实、不断探究的科学素养。

(3) 线下第二课时：课内实践。采用任务驱动引导学生对知识的掌握和提高。针对讲解的内容需要学生进行实践，鼓励学生们投屏显示自己的代码或者屏幕共享自己的代码，并发表自己的观点、看法，分享自己的经验，并且按照座位形成小组成员的帮扶学习，最后教师对学生编写的代码进行点评。该课时加深学生对统计方法和数据分析技术的理解，激发学生学习的兴趣。

(4) 线下第三课时：综合案例高阶探究阶段。基于计算思维主线的典型主题活动、计算思维映射及竞赛耦合设计，选择原则是与学生掌握的数学知识、建模知识和财经类课程结合的案例进行高阶探究，如产品定价、客户违约预测、随机行为的模拟、财政收入预测等。该课时重在培养学生用知识技能组合解决实际问题的能力，以"能力导向"为牵引，实现学生信息素养、数据分析能力的持续提升。

（5）课后：案例延伸与高阶拓展。从大数据技术整体出发进行的延伸与拓展使学生对整个技术及技术层次有一个全面的认识，以激发学生的学习兴趣；并为学有余力的学生推送个性化的学习资源，拓展学生的思维、研究及创新能力。项目完成后以小组名义提交程序和实验报告，小组研讨、项目探究的这种教学模式可以促进学生提升团队协作探索与研究能力。

相比于传统的教学方式，BOPPS 与 PBL 融合的教学方法形成的五层递进式学习模式通过参与式学习提高学生参与度，能够充分了解学生学到了什么，有怎样的收获。不仅传递知识，而且更关注学生能力的培养和创新性、批判性思维、计算思维、统计思维的训练，点亮学生心智，促进全面发展，真正实现以学生为中心，实现学生主动学习、深度学习、有效学习。

四、成绩评定

教学评价聚焦在学习成果上，更注重平时的过程化考核。BOPPS 与 PBL 融合的教学模型强调以学习结果作为导向，是动态的、阶段性的学习结果的逐步累加，其目的是通过有效的课程学习过程使学生获得最终成果。对教学效果进行评测，采取过程性与终结性测评结合、理论测评（客观题）与实践测评（专管提）结合、线上与线下结合的全方位考核，考核的内容更注重知识的理解和灵活运用。具体的成绩构成、考核方式、考核内容和目的如表 2 所示。

表 2　课程考核

成绩构成	考核方式	考核内容	考核目的
过程性考核(60%)	线上学习任务(20%) 学习通记录	学生对线上学习任务、自测题、讨论题等的完成情况	了解学生对课前学习内容的预习、对学习内容的掌握情况及存在的问题
	实验报告(20%) 教师评阅	作业完成情况、课堂学习效果反馈	确保学生端正学习态度，积极参与课堂学习，培养学生实际操作能力
	随堂测试 学习通自动评阅	选择题和判断题：Python 语言与数据挖掘基本概念、理论与方法	分阶段检测学生学习效果，督促学生保持积极的学习态度
	案例分析(40%) 生生互评，小组互评	将学生分组，进行高阶案例探索，按照问题背景介绍、数据获取、建立模型、编程求解、结果分析与展望完成项目报告，并 PPT 汇报展示	提高学生运用所学知识解决实际问题的能力，加强学生统计思维，计算思维的训练，培养学生自我学习的能力，创新能力和团队合作能力
期末考试(40%)	闭卷考试 学习通自动评阅客观题＋教师评阅主观题	选择题：检查学生是否掌 Python 语言与程序设计的基本语法知识 编程题：数据挖掘中的基本方法的应用	通过考试，检测学生掌握 Python 语言与数据挖掘基本概念、理论与方法应用的程度

平时成绩采用过程化的教学评价，成绩由在线学习 20%、实验报告 20%、随堂测试 20%、案例分析 40% 组成，利用学习通将评价延伸到整个学习过程，多维度地考核学生的学习投入和学习成效，增加对学生学习过程的管理和要求，全方位地教学跟踪。随堂测试是在自建的试卷库，习题库中随机组合，案例分析包括案例展示环节，对照评分表生生互评，小组互评进行评分。学生及时获取每个学习环节的考核成绩，有效激励学生自主学习。

通过实验系统、实验报告和学习通平台的词云分析、测验成绩，分析研究学生学习行为，发现学生的问题,及时督促学生加强实践联系,并给予学习帮助,为学有余力的学生推送拓展阅读材料。

五、课程评价及其改革成效

线上线下混合式教学取得了较好的成效,将从课程评价、改革成效和创新三方面阐述。

1. 课程评价

课程得到学生、同行的一致好评,学生的自主学习、应用探究能力获得提高。有基础的同学通过系统学习本课程,不断激发自己去挑战有难度的问题,深入拓展学习,在学习中享受创新,帮助同学的乐趣。零基础的同学通过本课程的学习,学会自己思考,不断调试程序和纠正代码中的错误,与同伴相互讨论,再学习再改进,使学生自发地形成了学习的内驱动力,驱使自己有目的地去学习,这种自发的学习动力显然是比被动的学习更具活力更有效。

2. 改革成效

(1)课程建设支撑面向教学过程与自主学习的教学资源,与MOOC资源形成互补,支撑适合本校特点的差异化教学,同时,通过进阶式教学进程达成教学目标,结合应用型、思政、科创、学科竞赛等形成多个特色的案例和实训项目,打造适合本校学生水平与校本特色的线上线下混合式SPOC课程。

(2)课程教学设计秉持以学生为中心的教学理念,以基础知识传递为起点、历经教学问题驱动、多元嵌入重构教学内容、拓展延伸深度学习、综合问题探究、成效帮扶反馈形成为学生赋能闭环教育(图6)。

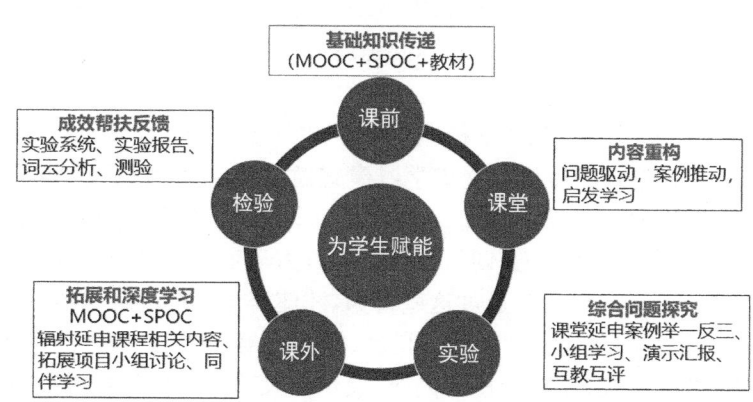

图6 为学生赋能的闭环

(3)高效达成学习目标:采用BOPPS与PBL融合的教学方法,形成的五层递进式"线上线下混合式"教学,教学效果明显提升。近三年学生平均成绩均为80分以上,学习通平台全方位的教学跟踪,组织考试方便容易实施,客观题自动评阅,数据保存完整,整个学习周期随堂次数9次,实验项目数13次,确保学生学习过程中保持紧张感,精力集中,高效达成学习目标(图7)。

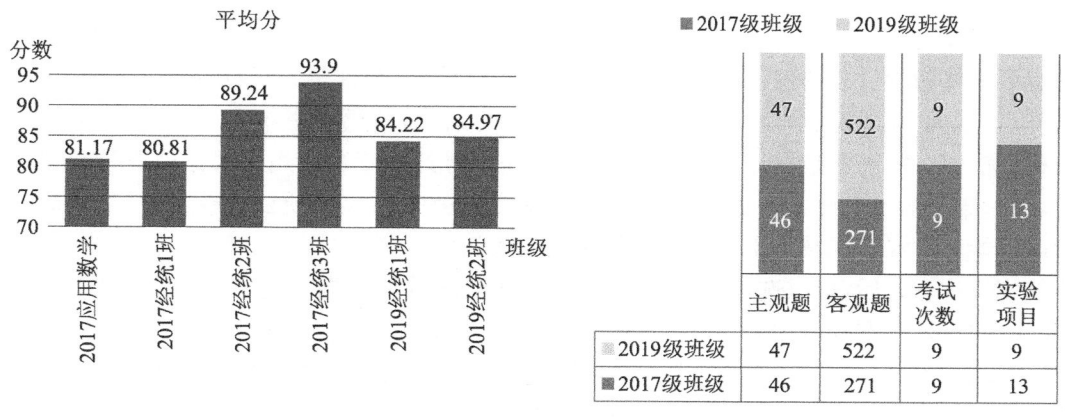

图7 学习成效

图 8 竞赛获奖

(4) 通过本课程的学习,为学生参加各类科创活动打下了坚实的基础。三年学生获得全国大学生数学建模竞赛、统计建模竞赛、互联网+省部级奖项大赛 20 余项,获奖的作品经过优化设计成为了课程的拓展项目,进一步充实了课程资源(图 8)。

(5) 毕业论文选题应用 Python 数据分析技术解决经济、金融、社会生产中的实际问题占比呈现上升趋势(图 9)。

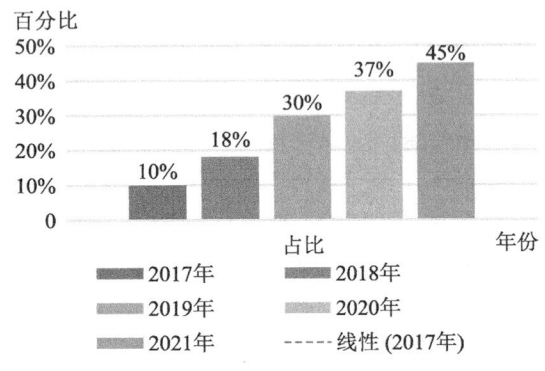

图 9 毕业论文选题

3. 创新点

(1) 区别传统教学模式将知识单元割裂开来,BOPPS 与 PBL 融合的五层递进式学习模式通过初阶案例认知、案例的举一反三、案例高阶探索建立一个立体的知识体系,学生进行的探究、沟通、创新和协作等行为学生们所进行的探究、沟通、创新和协作等行为,是传统教学模式无法触及的,也正是通过这些行为,才使得学生们的综合素质有全方位的提升。

(2) 结合应用型、思政、科创、学科竞赛等形成多个特色的案例,打破学科的界限,案例包括课程思政、数学建模、统计建模等内容,展示了大数据分析与数据挖掘在金融、产品销售、新媒体、医疗、工业制造等多个领域的应用。学生需要通过跨学科、跨领域的学习来解决问题,更有挑战性和成感,对基础理论知识掌握更牢固,个人编程能力和实践能力得到提升。学生通过对不同领域项目的探索,产生对自己日后职业发展方向的思考,这是传统教学无法实现的。此外,学生提交上来的优秀作品进一步加强了课程案例建设,本课程采用的部分案例创意来源于学生的作品。

六、总结

本课程混合式教学过程的设计中教学活动的组织和实施、成绩评定方式具有很强的针对性和可操作性,围绕着以学生为中心的教学理念高校促进教学目标的达成,其模式在本专业的其他实践类课程如统计案例分析、统计软件、商务数据分析、统计计算等课程中得到推广和应用。根据课程特点,将教学内容分为三类,即基础教学+案例式教学融合教学内容、探究式教学内容和项目式教学内容,同时,分别开展了不同程度的翻转的混合式教学也得到了其他课程组的认可。

学生修完本课程之后,可以选修 16-17 周短学段开设的数据挖掘专题课程,16 学时(1 学分),这种"必修+短学段选修"开课的方式满足学生的差异化学习需求,值得在同类课程中推广。从近两年的选课情况来说,学生纷纷抢修此课程,选课人数均达到选课上限 60 人。短学段期间,学校聘请了实践经验丰富的行业专家承担课程 50% 的教学任务,以业界的真实项目为实践教学素材,采取项目驱动、真题演练方法讲授风险管理、大数据应用、金融服务等方面的知识,更贴近将来工作的实际环境,解决了更实际的问题,是学生综合素养的一次集中实践,为培养"应用型人才"提供了坚实的基础,课程教学体系也得到了逐步完善,值得在同类实践课程中推广。

参考文献

[1] 常耀辉.基于SPOC混合教学模式的程序设计课程教学改革与实践——以"VisualBasic程序设计基础"为例[J].工业和信息化教育,2017(1):7.

[2] 李会民,王延仓,马桂英."数据挖掘技术"课程教学改革与探索——以北华航天工业学院电子与通信工程专业研究生"数据挖掘技术"课程教学为例[J].濮阳职业技术学院学报,2021,34(4):4.

[3] 宋沁峰,倪龙飞,李晶晶.基于BOPPPS模式的编程类课程项目驱动式教学改革与研究[J].电脑知识与技术:学术版,2021,17(21):3.

[4] 徐朔.项目教学法的内涵、教育追求和教学特征[J].职业技术教育,2008(28):3.

[5] 杨军,张岳,刘燕峰.基于Python语言的数据挖掘课程的建设与研究[J].科技风,2021(14):3.

[6] 赵奎英.试谈"新文科"的五大理念[J].南京社会科学,2021(9):9.

[7] 赵庆聪.基于SPOC的混合教学模式在程序设计类课程中的应用——以"C语言程序设计"课程为例[J].工业和信息化教育,2016(3):5.

作者简介

王艺红　上海立信会计金融学院在职教师,博士,教授;研究方向为复杂数据建模与智能计算;联系邮箱为 wyh@lixin.edu.cn。

新媒体时代全英语专业课教学的实践与探究

李 琳　胡翠华　吴华玲

摘要　高级语言程序设计(全英语)课程,旨在培养应用型、复合型、创新型和具有国际视野的专业人才。针对我校的发展目标,即"2035年,建成国际知名、国内有重要影响、特色鲜明的高水平应用型财经大学",本课程的教学理念和课程目标突显了这门课程的全英语专业课教学的必要性和可行性。本文针对全英语教学过程中所存在的诸多问题和影响因素,提出了若干解决方案和对策,可以为其他全英文专业课的开展提供借鉴。

关键词　高级语言程序设计　全英语教学　新媒体　教育国际化

一、引言

经济全球化的不断发展以及国际合作的持续深化,对当代高校学生提出了更高的能力要求,如跨文化交流能力。英语作为当前世界的主要通用语言,已不再是一门普通的单纯的外语学科。利用英语沟通交流,已经成为国际合作交流过程中不可缺少的工具和手段。这里提到的跨文化交流能力包括开展商务合作项目、国际学术交流、国际竞争等所需的语言沟通能力。它不仅包含普通英语课程中涉及的听说读写等基础英语能力,也包含对中西方文化的深刻理解以及相关专业知识的了解。

多年前,中华人民共和国教育部曾在《关于加强高等教育本科教学工作提高教学质量的若干意见》中明确指出,各高校应该创造条件利用英语进行专业课教学。信息技术等高新技术领域的专业课更要先行一步。在2015年的《统筹推进世界一流大学和一流学课建设总体方案》(国发〔2015〕64号)中,国务院强调了引导和支持具备一定实力的高水平大学和高水平学科瞄准世界一流,培养一流人才,产出一流成果等战略目标。为了实现国家所提出的这一目标,教育的国际化进程刻不容缓。这也为开展全英语专业课教学的必要性提供了相应的政策依据。笔者所在的学校(上海立信会计金融学院),为适应、对接上海和长三角现代服务业的高质量发展需求,对标更名大学和申请硕士授权单位的条件要求,不断探索与革新其人才质量培养方案。例如,在"十四五"期间的总体战略与发展目标中,明确提出,"到2028年,基本建成国际知名、国内有重要影响、特色鲜明的高水平应用型财经大学。""到2035年,建成国际知名、国内有重要影响、特色鲜明的高水平应用型财经大学"。因此,建设高质量,高水平的全英语专业课,对我校顺应国际化趋势及培养国际型创新性人才具有重大的现实与政治意义。同时,对于提升学生的整体综合素质,拓宽学生的国际视野等也具有重大意义。

我国高校的学生,是我国未来发展的主力军和希望,其英语能力素质的高低影响我国未来在世界格局中的地位。目前,能够成功开展国际交流合作已经成为国内高校教育水平高低的一项重要指标。随着我国政治和经济地位在全球范围内的不断提升,海外学生进入中国学习的数量以及国际合作项目的数量都在逐年增加。

笔者自2017年开始,于所在高校(上海立信会计金融学院)开展了若干门全英语专业课的教学。本文将以高级语言程序设计(全英文)课程为例,探究全英语专业课教学过程中存在的若干问题,以及对应的解决策略。

二、全英语教学现状与存在的主要问题

(一)学生的英语水平薄弱,参差不齐,学习态度不积极

在传统的英语语言教学过程中,其传统教学模式重在"教"而非"学",导致学生从中小学阶段开始,便忽视了语言运用能力的培养。学生们普遍存在词汇量缺少,口语能力薄弱,写作过程中的逻辑性、辩证思维能力不强等问题。随着高校全英语专业课程的引入,专业英语词汇难度逐步递增。很多英语基础薄弱的学生很容易产生厌学心理,这也是导致学生的学习积极性不高的原因之一。在全英文专业课教学活动中,能够利用英语进行视听说、阅读专业文献、无障碍全英文演讲交流等活动,都是建立在较高的英语综合应用能力之上的。专业课教学的主要目标是利用英语这一工具向学生讲授专业课知识,而非讲授英语语言。学生的英语能力不足,往往会导致老师为了保证专业课教学进度而放弃英语改回母语,进而全英文教学退化成双语教学,双语教学又退化成母语教学。

(二)缺乏足够的师生互动与交流

作为一种特殊的人际互动,师生互动是发生在教师与学生之间的可以往复进行的交互动作或能动反应过程。由此可见,它既包括个体与个体之间发生的互动,也包括个体与群体之间发生的互动。本质而言,这种互动不仅是一种教育关系,更是一种社会关系和心理关系。本文所倡导的师生互动是在教学过程中充分发挥教师和学生双方的主观能动性,形成师生之间相互对话、讨论、观摩、交流以及促进的一种教学方法。

然而,在师生互动的过程中,往往会呈现出各种问题。比如,"互动的目的性不强"。具体问题可以体现为"主客型互动""随意型互动"。在"随意型互动"过程中,因为没有明确的目的性,这类互动是无效的。与此同时,因为部分学生思维活跃,教师往往会把时间与精力更多地分配给这些活跃学生,其他学生因大部分时间保持沉默而缺少应有的重视,这些沉默学生会觉得教学互动不关己事,进而影响了互动的效果。另外,由于学生已习惯被动接受知识,他们不能真正互动起来而浪费了宝贵的时间,达不到教学目的。通过观察近几年的全英语专业课教学,笔者发现,学生在教学过程中会表现出一定程度的自由和散漫性。另外,由于专业课程的教学内容难度偏高等因素,学生出于害怕出错或羞于出口等心理因素,最终导致全英语教学课堂过程中师生之间的互动与交流偏少,学生对老师现场提出的问题回应并不积极。

(三)全英语专业课学习过程中的外在助力问题

目前,据笔者的调研发现,国内大部分高校开设的全英语专业课数量,在专业的培养计划中与母语讲授的专业课数量相比是非常少的。同时大多数全英语专业课是以选修课的角色出现在培养计划之中的。虽然,大部分学生对开设全英语专业课的必要性和重要性表示认同,然而在对自身英语能力的不自信,以及对课程未来成绩的担忧,对专业课学习效果不佳等因素的影响之下,学生不愿意选择全英语专业课类的选修课。这导致很多全英语专业课无法顺利开展,形同虚设。

三、解决高校全英语课堂教学问题的策略

针对上述提到的问题,笔者根据自身的教学经验,提出以下若干解决策略。

（一）创建有效语言环境，巩固语言基础，调动学生学习积极性

全英语教学是否能够顺利开展，很大程度上取决于师生双方的语言功底，以及根据这种语言掌握熟练的程度而营造的语言环境。以笔者多年的教学经验来看，目前国内学生学英语专业课教学的语言环境并不令人满意。

所谓的语言环境，不仅仅包括课堂环境，还包括课外环境、生活环境等。对于国内学生而言，有效的英语环境大多限制于课堂之中。在日常生活中，英语语言的输入量是匮乏的。因此，缺少有效的语言环境是阻止全英语教学顺利开展的主要原因之一。

对于每一位学生而言，学好英语并非一日之功，它需要大量日积月累，不断、大量练习听说读写等语言能力。笔者所在的高校，为了营造英语语言环境，开展了许多有效的手段和措施，这为广大学子的英文学习提供了一臂之力。比如，学校定期举办各类英语角活动，开展英语讲演比赛，面向广大学子开设雅思培训类课程，聘请一定数量的外教与本土学生开展互动活动，提高口语水平等。这些措施在一定程度上减少了课堂之外语言环境匮乏的现象。课堂之内，笔者通过若干精心设计的手段，如视频、音频与板书相结合等多媒体手段开展了专业课教学。这在无形之中提高了学生的英语综合应用能力，也提高了学生的学习兴趣。

我们知道，环境对人的影响是潜移默化的。一个孩子如果在中国成长，那么长大后他的中文一定说得很流利，在他的日常言行举止之中，我们都会感受到中国文化的印记。但同样的孩子如果在英国长大，那么他的一言一行甚至思考问题的方式，对待问题的态度都将与英国人毫无差别。这说明环境对人的影响是深入骨髓的。因此，我们在教学的过程中应该倡导"以人为本"的理念。例如，在教学过程中，笔者适当地设置了真实的英语语言交际情景，力图营造轻松的学习氛围。在讲解某些专业知识点时，笔者通过假定的情境，引导学生积极发言，全程使用英语交流。实验数据显示，这种教学手段逐渐调动了学生的自主学习英文的热情并且提高了学生的自信心。

因此，在开展全英文专业教学的过程中，教师不仅应该围绕教案中明确的教学内容讲解，更重要的还需借助真实的专业知识，有趣的生活话题，结合学生自身的生活体验来营造必要的语言环境引导学生学习。

（二）提高英语学习习惯与兴趣

对于提高英语学习的习惯和兴趣而言，在授课过程中不断提高该语言的使用频率是一个非常有效的方法。之前在教学过程中，笔者曾经将大量的时间花费在讲解专业理论知识的过程上，学生以听为主，结果教学效果并不理想。后续的课程中，笔者采用了讲解与讨论相结合的教学模式，全程与学生互动，使用英语交流。实验数据显示，这样的教学手段能激发学生的学习兴趣，使得学生将被动学习的习惯转变为主动学习。笔者通过事先设计好的课后适时强化训练与课内纯英语语境教学相结合，针对学生培养英语学习的习惯。

（三）在新媒体时代利用有效工具和手段增强师生互动

目前，"师生互动"作为一种最基本的教学手段，广泛地应用在教学活动中。然而，在实施的过程中，因为各种因素如"观念""手段"等偏差，带来了一些突出的问题。例如，互动的目的性不强、主体参与度不高、深层次的互动不足，互动的方式单一等。在传统教学中，如对话教学、互动教学、自主学习、探究式学习、问题教学等手段并不能有效地开展，学生学习的积极性也无法有效地调动。例如，就"课堂讨论"这一教学活动而言，即教师与学生进行知识点的讨论，其实是一种很简单的互动方式。大家在一起交流自己的观点，但是由于受到心理因素的影响，学生的参与度其实并不高，学生大部分时间保持沉默。教师也应该教学活动不易控制且耗费时间而很少在课堂中采用。

科学技术的进步导致了新兴媒体的诞生。"新媒体"是以报刊、广播、电视等传统媒体为基础发展起来的一种新形态。它利用数字技术、网络技术等渠道以及电脑、手机等终端来提供各类信息。随着信息传播方式的改变,对于高校的教学而言,其相应的教学手段也需要有相应的改革,进而培养出符合社会发展趋势的人才。

在新媒体应用的帮助下,笔者采用线上线下相结合的教学模式,在各种新媒体技术工具应用的帮助之下,针对师生互动过程中发现的若干问题进行了相应的教学改革,教学效果反应良好。

首先,在教学过程中,教师应该把学生视为学习的主人,并成为他们的引导者。通过改变教学方式,激发学生内在学习动力,从而使学生的学习模式由被动变为主动。通过"角色转变"这一过程,师生之间的双向交流、互相探讨将得以实现。其次,教学需要有明确的教学目标作为指引。它是促进师生互动的前提。在此基础之上才能谈得上调动学生学习的积极性。笔者发现通过教学过程中熟练地综合使用各类技术工具,使得探究性学习、合作学习、案例教学、问题教学等教学方法均得以在教学活动中成功地开展起来。例如,探究性学习着重培养学生的合作性。合作教学可以培养学生互相探索,使学生更有合作精神。问题教学活跃了学生的思维,带着问题听课寻求答案深化教学互动效果。最后,线上平台提供若干技术手段,教师可以随时发现教学过程中存在的各种问题,进而进行教学方法的调整。

笔者所在的高校为全体师生提供了超星网络教学平台。该平台所提供的技术支撑,为教学过程中的师生互动存在的问题提供了很多有效的解决方案。例如,超星平台提供的讨论模块,在某种程度上缓解了前文所提到的学生心中与教师之间的距离感和恐惧感。通过网络课程平台实时反馈的统计数据,笔者发现,学生参与教学讨论,测验等活动的人数明显比传统教学中的人数要多。例如,实验数据显示,某次课程中能够主动参与讨论测验的人数可以达到全体出勤人数的95%。同时,针对学生的回答内容,教师也可以通过相应的平台实时了解。比如,问题回答的正确率、错误率等信息。这样教师不仅可以进行实时点评,也可以随时了解学生对知识点理解的程度。传统教学互动想达到这样的教学效果其实是很困难的。

(四)解决全英文专业课程学习的外在助力问题

在前文中,笔者提到课程的成绩评估是影响学生学习积极性的主要因素之一。很多学生不愿意选修全英语课程的原因,也是由于考虑到其学习效果不佳将影响未来自身就业等问题。因此,在条件允许的情况下,修订培养方案,优化教学考核手段流程,为全英语教学活动提供更加友好的实施环境和更加优越的政策支持,无疑会针对外在主力问题提供相应的解决方案。

笔者所在的高校目前为全体教职员工提供了多种多样培训机会。例如,2017年,在上海立信会计金融学院以及上海市教委的大力支持下,笔者前往加拿大参与了全英语教学活动相关的培训,并取得了相应的培训证书。在课程期末考核的方式上,学校也为教师提供了多种多样的考核方式。例如,除了传统的期中、期末闭卷考试等考核手段,教师还可以选取课堂讨论、案例分析、课内演讲等多种手段综合考查学生的成绩。这种恰到好处的外在助力无形之中缓解了学生针对全英语专业课考核的焦虑感,进而也提高了学生选择全英语专业课学习的积极性。

四、结束语

随着改革开放进程的日益深入,以及我国高等教育事业发展的日益国际化,未来我国在各个方面的国际交流合作也将日益频繁。目前,统计数据显示出国留学人员的比例逐年增加,国内的就业市场也对应聘者的专业英语能力提出了很高的要求。在本科教育中开展全英语授课无疑是提高本科生培养质量的必然选择。同时,也是各高校培养应用型、复合型、创新型和具有国际视野的专业人才的一种有效途径。通过笔者在开展教学过程中的观察,本文首先提出了开展全英语教学过程中所存在的若干问题。针对这些问题,笔者给出了相应的解决方案。实践发现,如果能够综合利用各类多媒体技术工具,只要教师能够精心策划好每一节课的内容,那么学生的学习的积极性将会得到显著提升。同时,教师通过各种手段,合理地设计好过程性考核,也可以激发学生的课程参与度,并最终改善相应的教学效果。目前,笔者所在学院的全英语教学仍处于起步与完善阶段,尚没有形成合理的教学体系。因此,在建设过程中还有很多可以革新的空间。例如,教学课程的确定;专业英语能力的认定,相关教材的选定标准以及教学的质量评价考核等,它们都是将来需要继续探讨的课题。

参考文献

[1] 隋铭皓,盛力,高乃云.基于开展给水排水工程概论全英语教学的思考与初步实践体会[J].教育教学论坛,2012,(30):122-124.
[2] 杨娜.新时期大学英语课堂教学局限性及解决方法研究[J].英语广场,2018(12):127-128.
[3] 李凌雁.当前高校师生互动的问题与改进策略研究[J].中北大学学报,2010(26):30-36.
[4] 王芳.关于课堂师生互动差异的理性思考[J].现代中小学教育,2003(2):14-16.
[5] 王继平.新课程改革中教师的转变[J].教育理论与实践,2011(3):55-56.
[6] 董娇妍.师生互动的社会学研究[J].黑龙江科技信息,2008(32):146.

作者简介

李 琳 博士,上海立信会计金融学院信息管理学院讲师;主要研究领域为数据质量;联系邮箱为 linli@lixin.edu.cn;本文的通讯作者。
胡翠华 博士,上海立信会计金融学院信息管理学院教授;主要研究领域为财经信息管理与决策分析、IT审计、高等教育教学管理;联系邮箱为 hucuihua@lixin.edu.cn。
吴华玲 博士,上海立信会计金融学院信息管理学院讲师;主要研究领域为数据科学与大数据技术;联系邮箱为 wuhualing@lixin.edu.cn。

课程思政建设

课程思政在国际服务贸易教学中的探索与实践

孙 蕾

摘要 本文以国际贸易专业国际服务贸易课程为例,研究如何通过提高教师思政素养、提高思政能力、调整教学内容、创新教学方法、改革课程评价标准等措施,将思政元素有机地融入专业课程的教学,促进国际服务贸易课程思政的建设。

关键词 课程思政 国际服务贸易 教学改革

一、引言

习近平总书记在庆祝中国共产党成立100周年大会上的讲话中指出:"未来属于青年,希望寄予青年"。新时代青年能否接续马克思主义的思想火炬,把青春奋斗融入党和人民的事业,离不开教师的立德树人。专业课教师必须树立课程思政的自觉意识,即无需他人提醒便能够将育人意识融入头脑当中,进而落实到专业课教学过程中的思想和行动自觉,提升自身实施课程思政的积极性、主动性和创造性,培养不负时代、不负人民的新时代青年。

2020年5月28日,教育部发布的《高等学校课程思政建设指导纲要》指出,全面推进课程思政建设,就是要寓价值观引导于知识传授和能力培养之中,帮助学生塑造正确的世界观、人生观、价值观。课程思政作为一种新的教学理念,把思政教育融入各专业课程的教学过程,其实施促进了高校思想政治教育中显性教育与隐性教育的有机统一,有利于实现人才培养目标。以我校国际服务贸易课程为例,基于新思政背景深入挖掘该课程中所蕴含的思政元素,把思想政治教育融入专业课程学习,积极探索课程思政教学改革的实践路径。

二、国际服务贸易课程介绍

国际服务贸易是我校国际经济与贸易专业重要的核心基础课程之一,其教学质量和教学效果对于能否培养出符合产业需求的高素质专业人才具有重要意义。本课程的主要任务是遵循"概念—理论—政策—实践"的逻辑思路,既重视国际服务贸易基本知识的介绍,同时还关注国际服务贸易最新发展动态,真正做到理论与实际相结合。通过引导学生掌握服务贸易的基本理论,熟悉有关规则与政策,了解产业发展现状以及服务外包、服务贸易新业态、新模式等前沿问题,逐步培养学生分析服务贸易的思维方法、提高理论素养以及运用基本理论进行经验研究的能力。本课程通过融入课程思政因素,利用专业课程所具有的特色,使学生深刻理解中国特色社会主义核心价值观,增强对中国优秀传统文化的认同感,逐步引导学生增强中国特色社会主义道路自信、理论自信、制度自信、文化自信,厚植爱国主义情怀,坚定经世济国的使命和担当。

本课程结合专业特点,通过课堂教授、案例分析、课堂演讲等方式,使学生深刻理解中国特色社会主义核心价值观,增强对中国优秀传统文化的认同感,逐步引导学生增强中国特色社会主义道路自信、理论自信、制度自信、文化自信,厚植爱国主义情怀,坚定经世济国的使命和担当。

三、提高专业课教师思政素养和思政能力

国际服务贸易课程思政在具体的实践教学中,只侧重于专业知识的传授,未能充分发挥专业课程育人的重要作用。这与教师政治素养和专业课教师思政能力不足是分不开的。因此,提高任何教师思政素养和思政能力是必须解决的两个问题。

1. 提高教师思政素养

教师是实施课程思政的关键因素。在国际服务贸易"课程思政"建设过程中,要特别重视提高教师的思政素养。国际服务贸易课程组现有任课教师没有经历过系统的思政教育训练,相关思政理论知识的储备也有所欠缺,思政教育经验不足。因此,为提高任课教师的思政素养,可以从以下几个方面做工作:一是利用业余时间学习马克思主义基本原理概论、毛泽东思想和中国特色社会主义理论体系概论等课程,加强思政元素的认识。二是任课教师在接受教师专业培训的同时,通过党员政治理论学习等主题教育活动接受思政教育,加强教师育人责任。三重视教研室基层教研组织建设,明确基层教研组织的责任主体地位,以教研组织为依托,采用集体备课、听课等形式,充分共享教师之间的优质课程资源,坚持同一学科专业教师之间的互相听课,同行评议。

2. 提高专业课教师思政能力

任课教师自身课程思政能力不足导致思政教育与专业教育"两张皮"的现象的产生。任课教师需要深化国际服务贸易任课教师对本专业的认识,提高专业水平。要加强专业、学科本身的使命和责任意识教育,强化教师对本学科、本专业的内在价值、社会价值的充分认识,增强教师的使命感和社会责任感。教师应当注意了解每一章知识的沿革、现状和前沿,不断提高自身的业务水平。

四、国际服务贸易课程思政教学改革实践优化路径

国际服务贸易课程思政教学改革要围绕课程思政建设的相关要求,将课程思政元素有机融入教学目标、教学内容、教学方法和教学效果评价中。

1. 课程思政元素有机融入教学目标

课程教学与课程思政的融合要契合专业人才培养目标,寻找专业基础知识的传授和思政价值引领的结合点。根据国际贸易专业人才培养目标,将教学目标分为知识目标、能力(或技能)目标和课程思政目标,既要强调传授知识、培养技能的教学目标,还要考虑价值引领(育人)的教学目标,实现高校教育立德树人的根本目的。

国际服务贸易知识目标和能力目标包括专业综合素养、创新能力、全球视野等,专业综合素养目标是指,掌握服务贸易的基本理论,通晓服务贸易领域的规则、惯例以及政策法规,了解服务贸易新业态和新模式等前沿问题,具备从事国际服务贸易理论研究或国际贸易活动的专业知识、研究方法和基本技能。创新能力是指,了解国际服务贸易的理论前沿与发展动态,能够运用国际服务贸易的基本理论和方法对本专业领域的现象和问题进行分析和判断,提出相应的解决思路。全球视野目标是指,理解国际服务贸易规则、主要经济一体化组织服务贸易规则的谈判历程、主要内容及最新进展,了解世界各国服务贸易竞争力现状、基本战略和政策取向,了解世界各国服务贸易相关产业的现状以及新业态、新模式的发展。

课程思政目标是指,树立正确的人生观、世界观,具有社会责任感,践行社会主义核心价值观。诚信

目标是指熟悉国际服务贸易有关规则与政策,树立法治意识并注重防范交易风险,坚守诚信为本、遵守职业道德和职业规范,养成高尚的职业操守。

2. 突出思政引领价值,改革教学内容

要以思政教育为主线,融入知识点讲解、案例实践,真正地将思政教育嵌入到教学内容中,将专业教育与思政教育进行有机的融合。国际服务贸易课程中所蕴含的思政元素要充分体现中华民族优秀传统文化、爱国主义精神等,激活课程价值属性,从而实现知识传授、能力培养和价值塑造的有效统一,有效落实课程育人的要求。

例如,通过第一章"国际服务贸易导论"相关内容的学习,就是要培养学生树立整体思维和和谐意识,这种培养起来的自律意识对规范言行以及和谐社会的构建发挥重要作用。学习第七章"中国服务贸易发展与政策分析"时,让学生们深刻体会我国社会主义核心价值观特别是富强、文明等元素的深刻内涵,自然领悟坚持"道路自信、理论自信、制度自信、文化自信"四个自信的真谛,深刻理解中国对外交往过程中所践行的"打造人类命运共同体"的理念。要让学生们从国家几十年的飞速发展所取得的成绩中产生民族自豪感,以此激发他们的爱国情怀。教师要利用一些图表将中国和其他发达国家国家服务贸易发展情况做一比较,让同学们看到差距,激发学生们奋发图强的责任感和使命感。

3. 新思政背景下教学方法的改革

新思政背景下,国际服务贸易课程教学设计的优化应以社会主义核心价值观教育为引领,以知识传授和能力培养为载体,深入挖掘教学内容中所蕴含的思政元素,改革教学方法,从而丰富教学知识的内涵。教学方法的改革要改变教师讲授为主的传统方式。改革后的教学方法要以学生为中心,强调通过问题引导、创设情境、案例分析、小组合作等教学方法开展的启发式教学,适当增加讨论、学生展示等教学环节,提高学生课堂参与度,激发学生的学习兴趣。讨论的主题要体现思政元素,所有教学方法的运用和教学设计的优化都是为了实现知识传授、能力培养和思政教育的有机统一。在教学方法上最好是采用渗透方式。重要的是引导学生去感受和体会社会主义核心价值观和各行业先进领军人物的高尚品质,培养学生的爱国情怀,引导他们树立正确的世界观、人生观、价值观,让学生的思想品行得到优化。

4. 以课程思政为导向,增加思政素养和价值观考核比重

国际服务贸易的课程思政建设中,除了教学方法、教学内容的改革,还应进行考核方式改革,以体现其"思政"属性。具体来讲,以往的国际服务贸易考核包括课堂考勤、课堂表现、作业、课程论文四项,现在需要增加对学生思想政治素养和价值观的评价,采用过程性评价,由学生所在学院的辅导员、党团组织负责人等辅助完成。课堂表现侧重考核学生的平时的思想政治素养和价值观,课程论文选题以及写作要求上,也要体现思政的属性,评阅标准中增加"论文内容是否体现思想政治素质和较高的价值观、爱国情怀"一项。通过改革课程考核评价方式,不断提高学生思想政治素养、价值观,巩固课程思政建设效果。

五、结束语

本文以国际服务贸易课程为例,通过将课程思政元素有机融入教学目标、教学内容、教学方法和教学效果评价,积极探索了新思政背景下课程思政教学改革的实践路径。课程思政教学改革的研究要突出思政价值的引领作用,重新设定教学目标,深度挖掘知识点所蕴含的思政元素,以学生为中心,优化教学设计,提高教学质量,优化考核方式,从而发挥课程思政育人的重要作用,真正地将课程思政落到实处。

参考文献

[1] 习近平.把思想政治工作贯穿教育教学全过程,开创我国高等教育事业发展新局面[N].人民日报,2016-12-09(01).
[2] 《关于印发高等学校课程思政建设指导纲要的通知》[Z].中华人民共和国教育部,教高[2020]3号,2020-06.
[3] 毛静,李瑞琴."三全育人"背景下课程思政教学理念与实践方式探索[J].国家教育行政学院学报,2020,(7):78-84.

［4］刘馨.工科专业基础课程中思政教育探索——以《机械工程材料》课程为例[J].广东化工,2020(13)24.

［5］中华人民共和国教育部.全面推进高等学校课程思政建设工作视频会议召开准抓实全面推进高校课程思政建设取得实效[EB/OL].(2020-06-09)[2022-11-15].http://www.moe.gov.cn/jyb_zzjg/huodong/202006/t20200609_464012.html.

［6］谭红岩,郭源源,王娟娟.高校课程思政评估指标体系的构建与改进[J].教师教育研究,2020,(9):11-15.

作者简介

孙　蕾　博士,上海立信会计金融学院讲师;主要研究领域为国际贸易学;联系邮箱为cathysunlei@126.com。

深化课程思政建设,凝练"新文科"教育模式

——以上海立信会计金融学院保险学专业为例

王宁馨

摘要 价值引领是新文科建设的根本要求,课程思政是新文科建设的重要内容;我校保险学专业课程思政在内容上同新文科理念具有高度契合性,通过深化课程思政建设,探索新文科教育的教改实践取得了一定的成效。实践证明,以深化课程思政建设为抓手,凝练新文科教育模式,是一条可行的路径。

关键词 课程思政 保险学 新文科

近年来,我国高校按照"立德树人"的总要求,坚持"三全育人",专业课和思政课"同向同行",大力推进课程思政建设,取得了丰硕的成果。在此基础上,教育部在2020年3月,提出了大力推进新文科建设的教育改革思路,倡导突破传统文科思维模式,促进多学科交叉融合,把新技术渗透于文科教育。那么,新文科建设与课程思政建设是什么关系?这是我们需要思考的一个重要问题。2020年11月,教育部高等教育司司长吴岩在《积势蓄势谋势 识变应变求变全面推进新文科建设》主题报告中指出,"价值引领是新文科建设的根本要求""新文科要培养知中国、爱中国、堪当民族复兴大任的新时代文科人才""把握文科知识性和价值型的双重属性,筑牢'五爱'主线,围绕鉴定学生理想信念这个核心,全面推进高校课程思政建设""要把课堂变成思政与专业无缝衔接的金课,打造有情有义有温度有爱的文科课堂"。由此可见,新文科之"新"并非仅仅体现在多学科的交叉融合和渗透进现代技术等方面,其更深层次的内涵是,"'新'在人文精神的主题变化上",具有中国特色的新文科建设"要有时代的使命和担当",突出文科专业的价值引领功能,真正做到立德树人。可以说,课程思政建设是新文科建设的一项根本要求。

一、保险学专业课程思政建设的背景

保险学专业课程思政建设走过了几年的探索路程。2014年新"国十条"出台后,时代赋予了保险业更高的定位,保险业要成为"完善金融体系的支柱力量、改善民生保障的有力支撑、创新社会管理的有效机制、促进经济提质增效升级的高效引擎和转变政府职能的重要抓手"。在新形势下,保险业不再局限于关注行业自身的发展,而是更加积极地履行社会责任,以充满使命担当的姿态立足于新时代的舞台,充分发挥经济"减震器"和社会"稳定器"的作用。

新时代的保险行业需要一大批新型的保险人才,他们不仅需要具备过硬的专业技能,更为重要的是要爱国爱党、有强烈的社会责任感、有创新精神和实践能力,能够适应保险业的新发展、新变革。然而,在市场经济条件下,保险行业违规经营、不当营销等问题仍然存在,由于粗放式发展造成的增员难、人才流失严重、优质人才稀缺的问题依旧是各大险企面临的共同难题。保险业行业形象和行业生态不佳,究其根本原因,因为是部分保险从业人员思想政治水平低、缺乏正确的价值观,这已成为新时代制约保险业发

展的瓶颈。要打破这一瓶颈,需从各大高校的人才培养模式这一根本方面抓起。

二、保险学专业课程思政内容与新文科理念的契合性

近年来,保险学专业教师通过课程思政建设,不断提升专业课程的质量,进一步强化育人功能。在课程思政建设中,专业课教师"守好一段渠,种好责任田",深挖所承担课程的思政元素,通过打磨与加工,使专业知识和思想政治教育紧密融合,在知识传授的同时,润物细无声地实现价值引领。我们在以下五个方面进行了不懈的努力,而且这些同"新文科"的理念、"新文科建设"的要求是并行不悖的。

(一)彰显保险学专业对于构建社会主义和谐社会的重大意义

保险的精神内涵与构建社会主义和谐社会的基本要求具有高度的一致性。市场经济是一个多风险的社会。一方面,"保险姓保"的理念一直是保险行业坚守的初心,提供风险保障是保险的根本职能,也是保险业存在的根基。企业和家庭通过投保,可以达到防范和化解风险、缓解社会矛盾的目的,减少社会不安定因素的产生,进而促进社会和谐运转。另一方面,保险这种同舟共济、友爱互助的内在精神,也体现了和谐社会的价值追求。

在讲授保险学相关概念和原理时,教师通过将社会主义核心价值观中的"和谐"理念,以及构建社会主义和谐社会的理想,与保险业"互助共济"的内在精神有机融合,彰显保险对构建和谐社会的重大意义,加深了学生对社会主义核心价值观的理解与认同。我们对于课程思政主题的把握,与"新文科建设"以人文精神引导学科文化的发展是高度一致的。

(二)凸显保险学专业对于社会民生的重要作用

《国务院关于加快发展现代保险服务业的若干意见》提出,"构筑保险民生保障网,完善多层次社会保障体系"。近年来,一方面,保险行业大力发展社会保障体系建设,致力于为人民提供更加多元化、多层次的社会保障服务,提高人民社会保障水平,为人民生活保驾护航。另一方面,保险资金充分发挥独特优势,支持一带一路、养老社区建设,为科技型企业、小微企业发展提供资金,服务实体经济发展,提高人民生活质量。保险行业越来越充分地发挥着服务社会民生、承担社会责任方面的作用。保险行业充分体现了"以人为本"的理念,以及爱国爱民、责任担当的情怀。保险专业教师通过将这些理念与专业知识的传授相结合,进一步提高了学生的社会责任感,以及对祖国、对人民的热爱。这与新文科建设所强调的人文精神的养成也具有高度的一致性。

(三)以改革创新的时代精神统领保险学教学

《国务院关于加快发展现代保险服务业的若干意见》提出,"要增强保险产品、服务、管理和技术创新能力,促进市场主体差异化竞争,个性化服务"。一方面,随着经济社会的发展,人们对保险的需求也在不断提高,这就要求保险公司创新保险产品,提供更多样化的保障,同时也要求保险公司不断创新服务理念,为人民群众提供更为个性化的服务。另一方面,近年来保险科技的飞速发展给行业带来了巨大的冲击,保险业正在越来越快地向数字化、信息化、智能化转变。

守正创新是新文科建设的必由之路。在保险专业教学中,教师通过案例教学、学生科创辅导等方式,启迪学生的创新精神,鼓励学生开发新的保险产品或服务,同时,在设置人才培养方案时,开设大数据、R语言基础等相关课程,注重专业知识与现代信息技术的融合,开阔学生视野,培养学生勇于开拓、锐意创新的精神品质。

（四）打好保险从业者的价值观和道德基础

新形势下，我国保险业从追求数量增长向提质增效的内涵式发展转变，良好的行业形象已成为实现行业内涵式发展的必然要求，而行业形象的打造，不仅需要监管部门加强监督和管理，更重要的是要从提高保险从业人员职业道德水平入手。

一方面，通过保险专业教学，使社会主义核心价值观和优秀的职业道德理念成为保险人才的精神素养，保险人才爱岗敬业、诚信自律、造福于民，只有真正拥有服务国家和人民的时代担当，才能够真正发挥保险的社会管理职能，使保险行业的发展成果惠及广大人民群众。另一方面，良好的行业生态、对于行业强烈的责任感和使命感也能够吸引更多的专业人才积极投身保险行业，为社会主义建设事业添砖加瓦，保险行业的人才瓶颈将能得到根本上的缓解，保险行业吸纳更多的人才，有利于促进就业，进而为维护社会稳定、构建和谐社会贡献力量。

（五）强化保险人才的应用型特色和实践能力

新形势下的保险行业对人才提出了更高的要求，数字化时代不断变化的市场形势要求从业者不仅需要具备坚实的专业知识基础，还需要有较强的实践能力，跟得上市场的发展形势，熟悉保险实际业务流程和开展模式，能够及时处理问题，客观进行市场研判，善于沟通协调、勇于决策。

服务于经济社会发展大趋势，坚持需求导向，不断提高教学的时代性和针对性，这是新文科建设的抓手之一。教师通过人才培养方案设置和课堂组织形式的创新，弘扬改革开放、与时俱进的时代精神，注重培养学生勇于实践的精神和理论联系实际的能力，在实践中巩固德育效果，实现学生的全面发展。

以上五个方面是我们课程思政建设的主要内容。不难看出，这些方面也是"新文科建设"的基本要求。在新的形势下，我们要不断总结经验，拓展保险学专业课程思政的广度和深度，以此为抓手，形成具有保险学特色的"新文科"建设模式。

三、以课程思政促进"新文科建设"的教学改革与实践

以课程思政为抓手，凝练保险学专业的新文科教育模式，我们从以下几个方面开展教育教学改革，取得了良好的成效。

（一）坚持党建引领，完善体制机制

近年来，学院将开展课程思政教育教学改革作为重点工作，制定了《保险学院课程思政教育教学改革整体推进方案》，进一步改革和完善教学管理制度，加强教学工作的规范性，为教学育人提供制度保障。

学院将教师课程思政开展情况纳入教师教学综合评价，作为教师绩效考核的重要指标，成立教材建设与管理领导小组，对课堂教学使用的教材严格把关，牢固树立起立德树人的思想防线。

教师党支部开展多种形式的主题活动，深入学习习近平总书记关于思政工作系列重要讲话，以及教育部课程思政相关重要文件和会议精神，提升教师对于课程思政的理解和水平，帮助教师提高开展课程思政建设的积极性。

（二）聚焦育人目标，遴选知识点，重构知识体系

学院组织教师通过教学沙龙、教学研讨的方式，共同学习国内优秀的课程思政开展案例，学习其课程思政建设思路和开展方式，通过多次集体研讨，最终确定各门专业课程开展课程思政的具体建设目标。教师聚焦建设目标，集思广益，深挖课程思政切入点，继而在此基础上进行知识点的遴选，重构知识体系。力求实现以"润物细无声"的方式开展思想政治教育，真正实现知识传授与价值引领的有机统一。

目前,保险学专业课程已实现课程思政教学大纲全覆盖。一方面,教师进一步强化思想政治元素在课程教学目标、教学内容、教学形式和教学方法中的体现,精心设计,使德育融入课堂教学的各个环节。另一方面,教师也注重在学生学习评价方案中体现德育因素。

同时,教师坚持深挖德育因素,完善教材体系。近年来,学院教师以《保险学》为核心,编写了《人身保险学》《财产保险》《再保险》《人身保险实训教程》《保险人才职业素养培育》等一系列教材。其中《健康保险营销管理》入选国家"十三五"重点出版规划。同时,教师不断更新和完善教材内容,对原有教材进行修订、扩展,使教材内容更加丰富、体系化。

(三)加强团队建设,创新教学方法,形成长效机制

教师是推进课程思政的主力军,课堂教学是开展课程思政的主渠道,要培养担当民族复兴大任的时代新人,离不开专业教师的春风化雨式悉心培养。高校教师要在知识传授的同时,"润物细无声"地实现价值引领,使学生不但具备优秀专业能力,而且拥有强烈的爱国情怀和社会责任感、拥有高尚的道德操守、拥有坚定正确的政治方向,真正做到立德树人。

保险学专业教师以教学激励计划开展为契机,以教研室为基础,组建了保险学基础教学团队。一方面,团队成员积极交流开展课程思政建设的教学方法和教学模式,探讨案例教学、实践教学、线上线下混合式教学打造优质课程的有效途径,不断提高自身育德水平。另一方面,通过团队成员之间的交流讨论,形成了良好的课程思政建设氛围,进一步提高了教师的育德积极性。

(四)建设课程思政优秀示范课程

教师将课程思政理念融入课程建设,拓展课程的广度、深度和温度,建设了一批高质量的示范性课程,同时积极开展教学研究,探索推动课程思政教育教学改革新方法。目前,学院建成上海市精品课程1门、市教委重点课程1门、校级金课4门、院级重点课程15门。在这些优质课程的课堂教学中,教师不但注重透彻的理论讲解,并且融入具有思想政治教育意义的案例,注重理想信念层面的精神指引,使用新型的教学方法和手段,培养学生的实践能力,把知识传授和能力培养相结合,增强课程的育人实效。

学院鼓励教师开展听课观摩和交流活动,鼓励优秀课程负责人在学院内推广经验,培育更多的课程思政专业课,提升教师教学水平和育德自觉。

以上这些做法和措施,不仅保证了课程思政建设的顺利开展,而且也为推进"新文科建设"奠定了良好的基础。

四、深化课程思政建设探索新文科教育初见成效

课程思政建设、新文科建设的对象是大学生,其成效如何主要体现在学生身上。通过各方共同努力,我校保险学专业"深化课程思政探索'新文科'教育之路"取得了一定的成效,体现在以下两方面。

(一)学生思想发生新转变

学院通过深化课程思政建设,探索保险学专业的新文科教育模式,进一步加深了保险专业学生对社会主义核心价值观的理解和认同,提高了职业素养。同时,培养了保险专业学生勇于实践的精神、开拓创新的胸襟和理论联系实际的学风。学生对保险行业更加热爱、充满使命感和责任感,重新定位了自己的角色,以服务社会、服务人民为己任,明确了自己的目标和方向。另外,学生更加关心时事政治,入党的积极性更高。

（二）学生科创成果展现

教师根据行业需求和育德要求，鼓励学生开展科创研究。目前，我院学生更加乐于发表看法、表达自己的思想，创新自觉性和主动思考的能力得到了进一步提高，能够将自己所学的专业知识运用到行业现实中。近三年来，学院学生在各类科创比赛中获奖三十余次，其中包括获"知行杯"2019年上海市大学生社会实践项目二等奖、第十二届"挑战杯"上海市大学生创业计划竞赛铜奖等奖项。

五、主要结论

新文科是新的高等教育理念，新文科建设是我国高等教育改革的崭新思路与实践。课程思政建设虽然进行了若干年，但由于其根本性，也必须常抓不懈。保险学专业课程不仅仅是培养具有专业技能的保险从业者，而且更为重要的是对保险人才进行社会主义核心价值观和高尚职业道德教育，真正做到新文科所要求的，"培养知中国、爱中国、堪当民族复兴大任的新时代文科人才"。这与课程思政立德树人的根本任务是完全一致的。

以课程思政为抓手，以彰显保险学专业对于构建社会主义和谐社会的重大意义、凸显保险学专业对于社会民生的重要作用、以改革创新的时代精神统领保险学教学、打好保险从业者的价值观和道德基础、强化保险人才的应用型特色和实践能力这五个方面为切入点，进一步明确育人目标、遴选知识点、重构知识体系、创新教学方法，以德育引领和贯穿教育教学全过程，凝练保险学专业的新文科教育模式，可以最大限度地发挥专业课的铸魂育人功能，提升保险专业大学生思想政治和专业素质水平，使他们成为新时代中国特色社会主义建设者和接班人。

参考文献

[1] 吴岩.积势蓄势谋势 识变应变求变[J].中国高等教育,2021(01):4-7.
[2] 中国政府网.国务院印发《关于加快发展现代保险服务业的若干意见》[EB/OL].(2014-08-13)[2022-11-15].http://www.gov.cn/xinwen/2014-08/13/content_2734444.htm,2014-08-13.
[3] 张俊宗.新文科：四个维度的解读[J].西北师大学报(社会科学版),2019,56(05):13-17.

作者简介

王宁馨　硕士,上海立信会计金融学院保险学院助理研究员;主要研究领域为高等教育研究;联系邮箱为 20149028@lixin.edu.cn。

"新文科"背景下保险学课程思政建设探索与实践

吕慧娜

摘要 新文科建设对保险学课程体系建设提出了新要求,探索多学科交叉融合、开放式课程教学模式和支撑引领的学科发展方向。本文在对保险学课程思政融入的整体内容设计基础上,以保险史学教育为例,以"搜史料、讲故事"的方式示范保险学课程思政建设实践。"课程思政建设"是高校"新文科"建设的重要抓手,对培养具有创新精神、政治人文素养的新保险人具有重要意义。

关键词 新文科 课程思政 史学教育

"新文科"研究不仅仅指"文科+新技术",其更深远的意义在于以学科发展需求为导向,跨越专业划分藩篱,实现一切有利因素的参与、融合、共享,共同推进学科创新,实现学科教育的高质量发展。"课程思政建设"是高校新文科建设的具体措施之一,即通过马克思主义世界观和方法论指导教育实践和理论创新,用习近平新时代中国特色社会主义思想指导重大理论创新和重大现实问题的研究,并将之融入专业课程的实践教学,实现"财经+思政"的人文社会科学领域内跨学科交叉与融合,以课程思政重构财经专业学生的思想,培养财经储备人才的家国情怀和全球视野,实现"有专业"财经人才向"有专业、有原则、有温度"财经人才的人才培养目标的转变。

保险学专业作为财经专业之一,是孕育未来从事保险、银行等金融行业执业与监管人才的摇篮,迫切需要按照新文科的要求进行课程改革,在保险学课程中进行课程思政建设就是其中重要的内容。上海立信会计金融学院保险学院所开设的保险学课程是国家级一流本科专业,为培养适应新时期行业发展要求的保险人才,在新一轮保险学课程建设中,积极对标新文科要求,大量融入课程思政元素,进行精心化、系统化保险学课程思政建设。本文在梳理保险学课程思政融入的整体内容设计的基础上,以保险史学教育对保险学课程思政建设的重要意义和实践探索为示例进行展开。

一、新文科对保险学课程体系建设提出新要求:新保险

首先,新文科要求突破传统文科对严格学科分割的固守,进行多学科交叉与深度融合。新一轮科技革命和产业变革促使人工智能、算法、区块链等新兴技术的出现,引起各学科研究内容的突变,也产生了与新技术相关联的新兴学科,如人工智能法学、智能政治学、智能教育学等。保险科技的发展也给保险学提出了许多新的命题。以无人驾驶技术为例,该技术的发展就对传统车险提出了多方位挑战。传统的交强险、商业三责险由车主购买,那么在无人驾驶状态下,车险是否会转变成产品责任保险?是否应由汽车生产商或销售商进行购买?发生交通事故时如何进行责任认定?这些问题不仅需要保险领域的积极应对,同时也需要法学领域的制度跟进。如此,相较于传统文科对狭隘学科导向的短视,"新文科"更突出以问题意识为导向,进而搜集各学科相关知识进行分析、解决。

其次,新文科要求突破传统文科对封闭教学模式的复制,探索开放式课程教学模式。传统文科教学模式较为封闭,且受教育理念功利化的影响,出现对文科课程不够重视的现象,文科教学设置雷同,教学模式复制粘贴,对实际问题和重大理论问题回应不足,学生的创新意识和实践能力也受到限制。而在新文科背景下,教学模式也应求新,探索开放式课程教学模式。比如,对于平台经济领域的灵活就业人员的社会保险保障问题的研究,就可以以问题为导向进行课程体系重构,利用平台数据、政府公开数据或其他大数据交易中心付费数据等开展实践调研,创新开展产教融合、校企合作、行业专家进课堂等开放式教学模式,拓宽学生视野和解决问题的思路。

最后,新文科要求突破传统文科对适应服务的浅薄定位,转向支撑引领的学科发展目标。新文科的价值在于其战略性,即立足于"中国特色社会主义进入了新时代"的背景,以服务我国经济社会领域的全面深化改革为目标,解决与人们思想观念、精神价值等有关的重大理论与实践问题。这一目标的实现,离不开科学思想理论的指导。以保险业参与社会治理为例,在我国经济发展和改革历程中,保险通过风险管理和分散损失等职能的发挥,为社会治理提供了有力支撑。以保险业发展历程和我国经济发展历程的"双线结合",突出保险业为个人、家庭、社会和国家发展所做出的贡献,进而形成良好的行业信誉和形象,使保险真正成为人们的"风险管家",树立全新的风险管理理念,引领一种新的生活方式。

二、课程思政建设对新保险人才培养的作用

全面推进课程思政建设,就是要寓价值观引导于知识传授和能力培养之中。大学生正处于价值观形成的重要阶段,课程思政建设对于培育大学生树立正确的价值观十分重要。新保险发展对新保险人才的要求也急需新的人才培养理念与之相适配,课程思政建设对于新保险人才培养可谓是恰逢其时。

(一)树立保险专业学生对保险行业的"四个自信"

保险学研究和关注的领域是与人民的生产生活联系最为紧密的问题,将思政建设融入保险学一流课程体系建设中来,对于提高保险学课程的格局站位具有重要价值。通过深度挖掘提炼保险学专业知识体系中所蕴含的思政元素,落实立德树人的根本任务。保险学课程思政建设主要通过保险业对我国经济发展做出的突出贡献,确立学生对保险专业选择的道路自信;通过中华人民共和国成立后我国社会保险和商业保险领域取得的巨大进步,树立学生对保险专业的制度自信;通过最大诚信原则、大数法则、概率论等专业知识的讲解,树立学生对保险专业的理论自信;通过保险"人人为我、我为人人"的互助共济理念的历史渊源挖掘,树立学生对保险的文化自信。

(二)培养保险专业学生的创新精神

《高校学校课程思政建设指导纲要》指出,要"引导学生了解世情国情党情民情,增强对党的创新理论的政治认同、思想认同、情感认同"。我国建国以来所施行的医疗保险和推行的一系列改革,都充分体现出我国依据自身特殊的国情党情民情而做出的制度创新。20世纪50年代初,我国建立了由国家机关、事业单位实行公费医疗制度,企业实行劳保医疗制度,农村实行合作医疗制度三种类型构成的医疗保险制度。但是,随着我国医疗保险制度蕴含矛盾的显现以及城乡二元对立结构的尖锐化,对农村农民医疗保险制度的改革和创新势在必行,于是于2002年年底开始推行新型农村合作医疗制度。然而,随着城镇化发展中大量外来人口进入城市,使得城镇未成年人、无业人员等弱势主体的医疗保障缺位,对此,2007年,我国开展了城镇居民基本医疗保险试点,基本覆盖了此类人群。之后,随着贫困地区脱帽,乡村振兴战略的推进,以及全民小康目标的实现,我国也开始在医疗保险领域推进城镇居民医保和新农合制度的整合,逐步在全国范围内建立起统一的城乡居民医保制度。教师有必要在讲授中注重医疗保险改革与我国经济发展进程的联系,增强学生对我国医疗保险制度实践意义的理解和领悟。同时通过对比西方经济

学理论与我国现实的差异,让学生深刻理解马克思主义中国化的伟大意义,不迷信西方理论的"权威",从而树立批判性思维和创新意识,真正领悟"将论文写在祖国的大地上"的深刻含义。

(三)提升保险人才的政治人文素养

保险学课程思政建设对于提升未来保险行业从业人员的政治人文素养,进而提升行业形象,具有重要意义。保险代理人制度的引入在极大繁荣我国保险市场的同时,也带来了很多弊端,其中最典型的表现就是保险代理人的素质普遍不高。保险代理人与保险公司之间是一种委托与代理关系,保险公司只需按照保险代理人的业务代理情况给付代理手续费,而无需提供其他的福利待遇,因此,保险公司偏爱人海战术,对保险业的进入门槛不做过高要求。在此种背景下,进入保险行业的个人代理人素质参差不齐,部分素质不高的保险代理人为了获取短期利益,不惜欺骗客户,导致保险公司,甚至保险行业的形象受损,保险人才流失,从而陷入"恶性循环"。保险专业本科生作为未来保险行业执业与监管人才的生力军,对于保险业未来行业发展至关重要,因此,在大学本科阶段的保险学课程中融入课程思政内容,提升未来保险人的政治人文素养,以社会主义核心价值观理念为引导,树立保险人服务社会的互助共济精神,以新一代保险人的新鲜血液改善保险行业的社会整体评价,提升保险行业的社会信用。

三、保险学课程思政融入的内容设计

2020年4月,教育部等八部门发布《关于加快构建高校思想政治工作体系的意见》,明确要求健全立德树人的教育体制机制,加快构建高校思想政治工作体系,详细规划了学科教学体系等七个子体系,要求在每堂课程的实际教学中融入课程思政内容。保险学课程思政建设主要采用"将能力培养有机融入知识传授"的方法,使专业知识与课程思政二者关系达到"如盐在沙、如盐在水、化合反应"的层次递进。

具体内容设计方面,详见表1。

表1 具体内容设计

教学内容	教学内容方面的思政元素
风险与风险管理	引导学生从风险识别、风险评估和风险管理的视角分析现阶段个人、家庭及社会所可能面临的风险,并结合社会主义核心价值观突出新时代大学生的担当和使命
保险概述:保险的概念、分类及职能	结合现实保险实践,引导学生动态理解保险的职能及其在风险管理中的作用,尤其突出现阶段保险业服务国家治理体系和治理能力现代化的重要作用
保险的产生与发展:世界保险业发展的现状与趋势;我国保险业的产生和发展	结合社会主义保险业改革发展所取得的成就,启发学生们对社会主义经济建设和改革开放四十多年所取得伟大成果的认同,树立同学们的"道路自信"和"制度自信"
保险合同	引导学生深刻理解保险合同的经济契约属性,树立起依法经营、诚实守信、公开公平的道德理念
保险的基本原则:最大诚信原则、保险利益原则、损失赔偿原则和近因原则	保险合同是最大诚信原则,深刻体现了诚实守信、和谐等社会主义核心价值观,引导学生深度理解诚实守信是保险经营的立身之本,更是人类社会发展的重要力量
财产保险	结合财产保险的防灾减损功能,引导学生们理解各类财产保险在社会治理中具的积极作用,生动形象理解保险如何服务社会治理能力提升
人身保险	人身保险合同是人民群众实现人身保险风险保障的核心载体。"以人为本"是人身保险发展的根本宗旨,突出人民群众对保险风险保障功能的美好期待,以及人身保险服务国家治理现代化的功能,使学生更加深刻认识到作为保险人的社会责任和历史使命

(续表)

教学内容	教学内容方面的思政元素
再保险	介绍全球再保险发展的趋势，并结合上海国际再保险中心建设的基本情况，指出我国再保险发展仍有很大空间，打开学生的国际视野，突出新时代大学生的责任和使命
政策保险与社会保险	社会保险和政策保险均是社会主义多层次保障体系中的重要组成部分，引导学生认知和理解社会保险和政策保险的深度融合发展是实现多层次保障目标的重要方向，也是实现"美好生活"的合理路径
保险费率	结合费率厘定说明"平等、公正"等社会主义核心价值观在其中的体现。以大数据技术和人工智能等创新保险科技应用为例，帮助学生动态理解保险费率的公平性原理，保险费率厘定不仅要以客观数理结果为基础，更要考虑到人民群众的风险保障需求，以此引导学生要以满足人民群众美好生活需要为职业目标
保险经营	保险是管理社会风险的行业，其根本目标是促进人民的美好生活，因此，保险业经营必须聚焦于现实的风险保障需求。引导学生树立"保险姓保"基本理念，保险服务社会的中心思想
保险市场	从我国保险市场改革完善的进程启发学生对改革开放以来取得成果的认同，树立"文化自信"和"道路自信"理念
保险监管	保险业是典型的准公共事业组织，"安全与发展"是保险业的永恒主题，保险业的特殊性要求必须严监管。引导学生认识到保险从业人员的品格操守和职业素养对行业发展的重要意义，由此激发学生在今后职业活动中的使命和担当

资料来源：作者个人整理。

四、典型案例：保险史学教育对保险学课程思政建设的实践

学习专业历史可以增进学生对本专业的认识，培养学生的历史批判意识，建立客观判断的立场。然而，从实际情况来看，保险学专业的学生所能接受到的专业史学教育却十分有限。对保险史知识的缺失导致保险专业学生知识理论积累缺乏深度，对专业认知较为浅薄，对专业的认同，以及对保险道路、制度、理论、文化的认同都会受到影响。基于此，笔者开展了保险史学教育对保险学课程思政建设的教学实践。此处限于篇幅要求，仅对如何通过保险史学教育加强保险学课程思政建设角度进行论述。

保险史学教育遵循史料搜集、史料整理、史料串联、史料讲解等步骤。在史料搜集和整理阶段，教师向学生推荐《保险史话》《世界保险史话》《迷失的盛宴：中国保险史1978—2014》《中国保险史》《抗战时期重庆保险史》《宁波帮与中国近代保险史略》等书籍，让学生在阅读系列保险史学专著的基础上，对保险史料进行梳理。在此过程中，教师将使用史料的基本规则，如尽可能使用第一手史料、"孤证不信"、史料辨伪等，通过史料梳理实践予以讲授和学习，培养学生客观思辨、逻辑严谨、科学体系的学术态度。在史料串联和讲解阶段，如何克服史料的枯燥乏味、激发学生兴趣是关键的问题。对此，笔者建议学生以"讲故事"的方式进行。例如，在中国保险史部分，以中国第一家船舶保险公司——保险招商局为故事主角，串联讲述我国民族保险业是如何在洋行垄断保险市场的情况下打开中国保险发展的局面的；以上海为故事主角，讲述我国保险中心是如何一步步从广州转向上海并迅速繁荣起来的；等等。此外，运用网络流行文化、漫画等多元形式，让学生真正掌握保险的演进与发展，感悟我国保险业发展之路的艰辛，以及体味保险业与我国经济发展的紧密联系。

五、结语

"课程思政建设"作为高校新文科建设的重要抓手,对建成高等教育强国、实现我国教育现代化的战略意义十分深远。新文科建设对保险学课程体系建设提出新的要求。在此背景下,加强保险学课程思政建设,培养具有创新精神、政治人文素养的新保险人,是保险学院对此次高等教育改革应交的答卷,本校保险系教师将为此不懈努力!

参考文献

［1］姜澎.新文科研究,不止"文科＋新技术"那么简单：在信息化时代回答与"人"相关的问题,更需要现实问题牵引下的学科融通［N］.文汇报,2021-03-17。
［2］王铭玉,张涛.高校新文科建设：概念与行动［N］.中国社会科学报,2019-07-29。
［3］徐爱荣,李鹏.保险学(第三版)［M］.上海：复旦大学出版社,2020.
［4］谢鑫,张红霞.一流大学本科教育的课程体系建设：优先属性与基本架构［J］.江苏高教,2019(7)：32-39.
［5］王青,忻蓓.物理专业课程思政建设的认识与思考［J］.中国大学教学,2021(3)：52-54.

作者简介

吕慧娜　博士,上海立信会计金融学院保险学院讲师；主要研究领域为保险法；联系邮箱为1468718048@qq.com；本文的通讯作者。

实 践 教 学

信用评级实验实践教学模式改革的探索与实践

黄 燕 李杰群 刘晓明 吴 洁 周珊珊

摘要 在信用评级实验实践教学模式改革的探索与实践中,本课程教学团队秉持"以学生发展为中心、成果导向、持续改进"的教学理念,努力推进专业课程的理论学习与业务实践相结合,不断完善"信用评级实训"的实验教学设计与实施,按照信用评级业务的基本流程,并根据信用评级分析师的知识体系和执业能力要求及相关信用评级行业监管变化,对实验任务进行了重新设计与改进,并基于SPOC平台引入项目教学法不断改进优化信用评级实验实践教学流程,逐步构建起课程教学质量保障体系。

关键词 信用评级 实验实践教学 成果导向 SPOC 项目教学法

为了建设面向上海"五个中心"和"长三角一体化"国家发展战略、紧扣行业发展人才需求的信用管理学专业,实现德智体美劳全面发展、具备宽厚的理论基础、较强的应用能力、进取的学习与创新精神以及广阔的国际视野的高水平应用型人才培养目标,如何在专业必修课程的教学中加强专业类实验教学,如何将专业必修课程中涉及的技能性教学内容开发设计为符合实际需要的实验实训项目,成为本课程教学团队亟待解决的教学问题。

一、信用评级实验教学已有实践基础

信用评级是信用管理专业的核心专业必修课,为了与学校及信用管理学专业人才培养目标有机衔接并适应行业发展的需要,加强信用评级课程的理论教学与行业业务实践的有机融合,保证并提高理论教学质量,着力培养与提高学生实际业务操作的实践能力,在理论教学的基础上进一步强化信用评级实验实践教学是十分必要的。

(一)"信用风险综合实验平台"的建设与完善

为了搭建实验实践教学的实验模拟环境,本课程教学团队协同学院、原校实验教学中心与上海伊纬金融信息服务股份有限公司于2015年合作开发了"信用风险综合实验平台",这是一套吸收行业内机构业务实践经验并具备专业化特色的信用评级教学平台软件,该实验平台主要包括行业分析与风险评估系统、基于信用评级的风险定价与金融结构产品设计系统、信用评分卡系统、信用评级系统等子系统。2017年本课程教学团队根据信用评级教学实验中教师与学生相应操作的实际教学需要,申请对"信用风险综合实验平台"进行了功能升级,主要对"行业分析与风险评估系统"和"信用评级系统"两个子系统里的相关模块功能进行了改进,主要完善了信用评级基础数据录入、案例储存与管理、评级报告撰写与下载以及用户管理功能,进一步满足了信用评级实验实践教学中的教学演示与实验操作需求。

(二)信用评级实验实践教学的主要内容

自"信用评级实训"课程开设以来,信用评级实验实践教学主要着力于培养和训练学生的实际业务应用实践能力,基于"信用风险综合实验平台"中的"行业分析与风险评估报告"和"信用评级系统"两大系统展开①,要求学生通过课程学习与实践,熟悉国内外知名的信用评级机构已开展的主要评级业务类型及行业发展趋势,掌握行业信用风险分析的基本方法并撰写行业信用风险分析报告,熟悉信用评级业务的一般程序与操作规程,掌握信用评级现场调研的基本内容与要求并能完成调研提纲的拟定与调研报告的撰写,能够针对企业主体进行定性与定量信用评价分析,完成信用评级报告的撰写工作。

二、信用评级实验实践教学模式改革的基本思路

本课程教学团队主要基于"以学生发展为中心、成果导向、持续改进"的教学理念不断探索与实践教学模式的革新。成果导向的教学理念强调围绕"定义预期学习产出——实现预期学习产出——评估学习产出"这条主线开展教学活动,这也构成了教学质量持续改进的闭环。根据信用评级行业实务工作的基本特点,理解并完成信用评级报告的撰写就是信用评级实验实践教学中学生学习成果的直接体现。因此,本课程教学团队尝试尽可能细化具有可操作性和具体化的实验实践教学目标,设计改进实验任务的教学内容与要求,尝试采用以项目教学法为主的教学模式,逐步实现以教为主向以学为主转变,注重引导学生将信用评级的基础理论知识与信用评级实务工作有机结合,培养"干中学"(Learning By Doing)理念。此外,教学团队还需强化对预期学习产出的实现度的评估,不断完善课程综合考核评价体系的建设,逐步实现以结果评价为主向以结果和过程评价结合的转变,为持续性改进教学活动提供依据。

同时,在已有实验平台的基础上,教学团队应充分利用互联网资源和网上教学平台建设的契机,逐步实现实验实践教学从以课堂教学为主向课内外结合的转变,在课程教学资源中引入信用评级行业的相关互联网资源,以保证课程教学与行业实务实践变化的有效衔接。

三、信用评级实验实践教学实验任务的设计与改进

(一)基于问卷调查的实验任务教学效果评价

信用评级实验实践教学主要围绕信用评级公司业务类型与业务程序学习、案例企业信用评级财务指标分析和现场调研模拟、行业信用风险分析及报告撰写和企业信用评级分析及评级报告撰写等设计了相应的实验任务。为了更为全面系统地评测这些课程实验任务的学习效果,本课程教学团队依据实验任务难易程度、实验任务安排的课时充裕程度、对实验任务改进的意见与建议等角度设计了调查问卷,并通过问卷星向完成课程学习的学生发放和回收问卷。从问卷调查收集到的反馈信息可以看出,上述实验任务对学生而言的难易程度是逐项递增的,实验任务的教学内容设计和课时安排也需要进行调整与完善,还需要加强依据财务报表取数进行财务指标计算与分析、调研提纲的问题设计、行业分析的背景介绍、行业

---

① 黄燕,李杰群.基于"信用风险综合实验平台"的信用评级实验实训教学研究,金融教育教学改革和创新论文集[M].上海:立信会计出版社,2018.

财务指标数据的收集或测算、报告撰写中的用语表达等教学示范与指导[①]。

(二) 基于项目教学法的实验任务设计与改进

结合信用评级实训课程的特点,本课程教学团队在已有教学实践和前述问卷调查分析的基础上,引入项目教学法,按照信用评级业务的基本流程,进一步为学生设置有利于经验积累和知识理解的与信用评级实务工作过程相似的学习环境,并根据信用评级分析师的知识体系和执业能力要求及相关信用评级行业监管要求,对相应的实验任务进行重新设计与改进,着重训练学生培养信用评级分析师应具备的信息收集能力、信息的审核和验证能力、信息的加工和处理能力、信用风险的预测和判定能力、沟通和协调能力以及表达能力等执业能力,并注重实现信用评级实验实践教学的高阶性、创新性和挑战度。

1. 实验任务一:信用评级机构基本业务学习

本实验任务首先要求学生在"信用评级"教学内容学习的基础上进一步熟悉理解《信用评级业管理暂行办法》,明确目前我国信用评级业务中所涉及的债务融资工具种类及相应的市场环境和监管要求,熟悉相应的信息披露渠道,其次要求学生熟悉理解《银行间债券市场信用评级机构注册评价规则》,并引导学生访问浏览国内知名的信用评级机构的公司网页并选定一家信用评级机构,查阅该机构按要求披露的《银行间债券市场信用评级机构注册文件表格体系(R表)》的基本内容,重点理解学习该信用评级机构的基本信息、股权架构及组织架构以及主要评级业务。

2. 实验任务二:信用评级业务程序及业务制度学习

本实验任务要求学生熟悉理解《银行间债券市场非金融企业债务融资工具信用评级业务信息披露规则》,并以前述实验任务一确认研究的信用评级机构为对象,查询其按要求披露的《信用评级机构信息披露表格(D表)》中有关评级业务制度(DB-2)、评级体系文件(DB-3)、信用评级结果(DR-1)以及评级结果质量统计(DR-2)的相关信息,整理相关资料附件完成实验报告并整理制作PPT进行课堂分享交流。

3. 实验任务三:基于信用评级视角的案例企业财务分析

本实验任务要求学生进一步学习理解《贷款企业信用评级》中有关财务分析的基础理论知识,研读给定的案例企业基本财务报表以及基本情况的补充材料,在此基础上,在"国家企业信用信息公示系统"中搜集该企业的相关基本信息,并在"信用风险实验平台"的"信用评级系统"中完成连续三年的财务报表数据的录入,并计算反映偿债能力、营运能力和盈利能力的相关财务指标填写财务指标比较表,撰写财务分析简报。

4. 实验任务四:行业信用风险分析

本实验任务在课堂讲授行业划分的一般标准、行业信用风险分析的基本原理与分析框架以及业内的典型分析案例的基础上,要求学生进一步学习了解国家统计局发布的《国民经济行业分类》,并参考中国证监会定期发布的上市公司行业分类结果,从中选择目标行业作为研究分析对象,并根据"信用风险综合实验平台"的"行业分析与风险评估系统"的要求分别从行业基本状况、行业环境分析、行业特点分析、行业风险分析以及行业展望等方面完成行业信用风险分析报告的撰写。

5. 实验任务五:企业信用评级业务模拟

本实验任务的主要内容包括:

(1) 要求学生从前述实验任务涉及的信用评级机构的官方信息披露网页查找前述行业中的相应被

[①] 黄燕,等.基于OBE理念的信用评级实验实训教学模式的探索与改进 新时代金融教学改革和课程建设研究[M].北京:中国财政经济出版社,2020.

评企业的信用评级报告。

（2）进一步搜集被评企业的相关资料，拟定现场调研提纲，理解掌握现场调研中的常见问题。

（3）对照被评企业所在行业的评级方法和评级模型，梳理该被评企业的信用评级等级的确定过程，并给出相应的初评结果，并仔细研读信用评级报告。

（4）解读前述被评企业的信用评级报告，制作PPT，主要就适用于被评企业所属行业的评级方法概述（行业基本特征、评级思路及评级要素）、被评企业对应于适用的评级模型的等级确定过程（重点评级指标表现、评价依据及相应得分或结果）、被评企业（可结合具体债项）的基本评级结论、评级观点、主要优势及需重点关注的信用风险点以及后续跟踪评级安排等方面模拟完成信用等级评定的上会答辩。

四、信用评级实验实践教学流程的改进

为了保证教学质量，强化师生共同体建设，实现深度学习，本课程教学团队基于SPOC(Small Private Online Course, SPOC)平台从准备阶段、课前阶段、课堂教学、考核评价和总结反馈等环节不断改进优化信用评级实验实践教学流程。

（一）持续完善基于SPOC平台的课程资源建设

本课程教学团队在超星网络教学平台完成了信用评级和信用评级实训课程资源建设，在实验共享云平台完成了实验教学的课程资源建设，主要包括修订完善教学大纲、教学计划、教学课件、实验任务设计、教学案例、课堂互动设计（如学情调查问卷，课前、随堂及课后练习，主题讨论和小组任务等）和持续更新的教辅资料数据库等。这些准备阶段的工作为后续实验实践教学的开展提供了丰富的教学学习资源。

（二）加强课前阶段基础理论知识的巩固学习

在此阶段，学生可以在SPOC平台上根据教师提供的学习任务单的要求完成与信用评级实验任务相关的基础理论知识的复习巩固、学情调查问卷、课前练习或浏览访问相关信用评级机构或相关信息披露官方网站等。教师可以根据SPOC网络教学平台相关数据分析学生课前的学习反馈，了解学生的知识水平与学习需求，细化完善后续线下课堂实验实践教学方案。由此完成课前阶段学生知识结构的评估与激活以及教师线下教学课前备课。

（三）探索以项目教学法为主的课堂教学模式

在课堂教学阶段要加强学习共同体的构建，授课教师要营造良好的课堂氛围。前述设计改进的实验任务通过SPOC平台的分组任务（PBL）线上发布，根据学生特点进行分组，小组成员3~5人，并推选一名组长，由组长负责组织组员根据实验任务要求进行讨论分工，共同完成实验任务报告并进行成果展示，在这一过程中，授课教师需观察了解各小组的项目进展情况，引导学生主要从信用评级分析师的视角出发，从行为、认知与情感层面全方位理解并完成实验任务，还需注重引导学生反思总结项目开展过程中可能存在的问题及改进措施，培养学生的经验总结和积累能力。

（四）构建并完善课程综合考核评价体系

授课教师应充分利用SPOC平台的技术优势，收集整理反映学生课程学习过程的量化学习记录数据，为过程性考核及客观考核提供了依据。在此基础上构建并完善主客观结合、过程性评价与总结性评价结合、过程考核与报告考核结合的课程综合考核评价体系，主要评测学生在课前阶段教学互动的参与情况和基础知识的掌握情况,课堂教学阶段的学习态度与课堂参与情况、各实验任务的完成情况与成果展示反馈效果。其中,各实验任务(即分组任务)及成果展示的考核设置了教师评价(占比60%)、组间互评(占比10%)、组内互评(占比20%,主要由组长完成)和学生自评(占比10%),主要从实验工作态度或团队协作能力,报告格式规范,报告内容符合实验项目要求的完成度、行文表达的规范严谨、陈述观点清晰明确等方面细化考核评价标准。由此保证相应评价结果不仅能反映项目小组的项目报告质量及成果展示反馈、项目小组内成员的沟通交流效果与协作程度,还能反映学生个人对小组成果的贡献及其认知、技能、态度、协作与沟通能力。

(五)强化教学质量与教学效果的总结反馈

"以终为始"是信用评级实验实践教学流程设计的重要原则,其最终目的不是评价,而是通过多元评价的方式,保证教学互动效果实现教学相长:一方面,要促进学生对基础知识的运用和实验任务完成过程的反思,培养学生自主探索、协作学习的思维,让学生从多个视角发现学习过程中的问题,并通过持续改进与完善得到更好的项目成果,即"以评价促改进",实验教学课堂不应随着期末的到来而结束,教师应鼓励学生进一步拓展实验实践教学项目成果的广度和深度,如推进相关科创项目的申报或是毕业论文的设计;另一方面,从教学团队的角度来看,要对基于SPOC平台的信用评级实验实践教学全过程及时总结,对各个环节发现的问题都应及时反馈,评估教学效果,优化更新教学资源,完善实验实践教学方案,不断探索总结实验实践教学方法与经验。

五、信用评级实验实践教学模式改革的效果与反思

综上所述,在信用评级实验实践教学模式改革的探索与实践中,本课程教学团队秉持"以学生发展为中心、成果导向、持续改进"的教学理念,传承"诚信为本,学验并重"的人才培养特色,在夯实"信用评级"专业必修课程建设的基础上,努力推进专业课程的理论学习与业务实践相结合,联合业内机构合作开发了"信用风险综合实验平台",并以此为基础上不断完善"信用评级实训"的实验教学设计与实施,设计改进教学实验任务的内容与要求,并基于SPOC平台不断改进优化信用评级实验实践教学流程,逐步构建起课程教学质量保障体系。

以项目教学法为主的课堂教学模式能够增强学生对信用评级机构岗位设置与职责要求的理解,强化学生在信用评级业务流程中现场调研环节前期准备与现场访谈的实践能力,依据信用评级机构发布的信用评级方法与模型理解分析被评企业的信用评级过程,通过上会答辩模拟,使学生进一步熟悉信用评级报告的审核与评审操作流程,着力培养和训练学生的信用评级专业应用实践能力。同时,我们也应该看到,推行项目教学法并不是要完全排斥和否定传统教学方法如讲解、演示等的运用,而是强调应根据学习领域课程中不同层次和内容的特质和需要,有选择性地将传统教学方法与项目教学法结合起来,从而有效地开展实践教学。

在后续的实验实践教学中,教学团队需要更加注重针对学生的教学案例积累,对历届学生已完成的评级报告进行分析整理,在此基础上,针对实验过程中存在的共性问题以相关案例进行展示讲解。此外,在基于"信用风险综合实验平台"的"行业分析与风险评估系统"和"信用评级系统"的实验项目设计的基础上,继续设计以"信用评分卡系统"和"基于信用评级的风险定价与金融结构产品设计系统"为基础的实验项目,强化学生进行消费者个人信用评分业务和结构化融资评级业务的操作实践能力。

参考文献

[1] 黄燕,李杰群.基于"信用风险综合实验平台"的信用评级实验实训教学研究,金融教育教学改革和创新论文集[M].上海：立信会计出版社,2018.
[2] 黄燕等.基于OBE理念的信用评级实验实训教学模式的探索与改进,新时代金融教学改革和课程建设研究[M].北京：中国财政经济出版社,2020.
[3] 中国银行间市场交易商协会教材编写组.信用评级：理论与实务[M],北京：北京大学出版社,2020.
[4] 王文倩.SPOC环境下金融类课程教学探索与设计[J].科教导刊,2016(6)：112-115.
[5] 张旸,于海燕.转型期新建本科院校人才培养模式变革探析[J].高等教育研究,2016,(9)：60-66.

作者简介

黄　燕　博士,上海立信会计金融学院金融学院讲师；研究方向为信用管理,联系邮箱为hy8995@163.com。
李杰群　博士,上海立信会计金融学院金融学院副教授；研究方向为信用管理。
刘晓明　博士,上海立信会计金融学院金融学院副教授；研究方向为技术创新、信用管理。
吴　洁　博士,上海立信会计金融学院金融学院讲师；研究方向为信用管理。
周珊珊　博士,上海立信会计金融学院金融学院讲师；研究方向为创新经济学、信用经济学。

应用型高校创新创业教育与专业教育有机融合的路径研究

——基于上海某高校的实证研究

童 杰

摘要 2010年,教育部明文提出,高校把创新创业教育纳入专业教育体系,建立多层次、立体化的创新创业课程体系。创新创业教育是培养创新型人才的有效途径,随着上海科创中心的加快建设,创新创业教育的重要性毋庸置疑,只有将创新创业教育与专业教育有机融合,才能培养出适应时代的具有创新能力的高素质专门人才。基于此,笔者选取上海某本地高校开展实证研究,从人才培养目标、课程设置、师资队伍、活动开展等方面了解学校创新创业教育开展情况,发现学校对创新创业教育不够重视、学生申报创新创业项目不够积极、创新创业教育与专业教育融合度不高、学校创新创业工作机制存在问题,提出转变观念、高度重视,构建创新创业课程体系,加大投入、加强管理,理顺创新创业工作机制等措施来促进学校创新创业教育与专业教育的融合。

关键词 应用型 地方院校 创新创业 专业教育 融合

2010年,教育部下发《关于大力推进高等学校创新创业教育和大学生自主创业工作的意见》,明确提出高校把创新创业教育有效纳入专业教育和文化素质教育教学计划与学分体系,建立多层次、立体化的创新创业教育课程体系。2015年,《国务院关于深化高等学校创新创业教育改革的实施意见》对高校加强创新创业教育提出明确要求。2020年10月,十九届五中全会通过《中共中央关于制定国民经济和社会发展第十四个五年规划和二〇三五年远景目标的建议》,提出"全面建成小康社会,开启全面建设社会主义现代化国家新征程""我国已转向高质量发展阶段,创新能力不适应高质量发展要求。'十四五'时期创新能力显著提升;坚持创新在我国现代化建设全局中的核心地位;深入实施创新驱动发展战略,完善国家创新体系。到二〇三五年,我国将进入创新型国家前列,建成文化强国、教育强国、人才强国……"高等院校作为国家创新体系的重要组成部分,责无旁贷,应加大创新人才培养力度,重视开展创新创业教育。认识到创新创业教育扎根于专业教育,专业教育是创新创业教育的基础,创新创业教育是专业教育改革创新的动力源泉,两者相互依存、相互促进,只有将创新创业教育与专业教育有机融合,才能培养出具有创新意识、创新精神和创新能力的高素质人才,为建设创新型国家做出应有贡献。

一、文献综述

中国知网搜索创新创业教育与专业教育融合相关的研究文献,发现自2010年起,学者们对创新创业教育的研究热情逐渐升温,研究文献数量逐年递增,特别是在2015年李克强总理提出"大众创业、万众创新"号召至2019年,研究文献数量直线上升,2019年达到高峰(267篇)后,2020年略有减少(186篇)。从研究主题上来看,学者们对创新创业教育的研究多于对专业教育的研究,排第三的是专创融合研究。从研究内容上来看,对高职院校的研究多于本科应用型高校,且大部分是从具体某个专业或者某类专业研究创新创业教育与专业教育的融合,还有一部分是选择创新创业教育的某个点,如课程体系、教学实践、师资队伍、保障机制等方面来研究创新创业教育的发展情况。总的来说,创新创业教育发展至今,已有十余年,高校积累了一些经验,同时也暴露了一些问题,针对创新创业教育的发展现状,一些学者开展了有意义的调查研究,如陈永忠的《大学生创新创业教育现状研究——以江西省9所高校为例》、徐雪娇的《吉林省高校创新创业教育体系改革研究》、张世爱的《地方高校创新创业教育与专业教育融合的实践探析——以临沂大学为例》、李丽的《关于大学生创新创业教育与专业教育融合的调查与研究》等,还有一些学者对国外的创新创业教育进行了借鉴研究,如武鹏的《韩国高校创业教育课程体系及其运行特点探析》、吴云勇的《迈向创业型大学——查尔姆斯理工大学发展之路窥探》、王兰敬的《高校创新创业教育融入专业教育的模式研究》等。

为研究学校创新创业教育与专业教育的融合情况,本文选取上海某地方高校,从学校创新创业教育管理部门与二级学院之间的协调配合机制入手,开展实地调研。通过文献研究法、访谈调研法了解学校创新创业课程设置、项目申报、组织管理等内容,发现问题所在,分析深层次原因,并尝试提出解决办法,期望理顺学校创新创业管理部门与二级学院之间的权责关系和工作机制,进而有效促进学校创新创业教育与专业教育的有机融合。

二、学校创新创业教育现状

(一)校级层面

1. 创新创业教育要求

统观近几年学校本科人才培养方案指导意见,学校一直致力于培养具有"诚信品质、实践能力、创新意识、国际视野"的高素质应用型财经人才,将"创新意识"写入学校人才培养目标,从人才培养目标的高度强调培养学生的创新意识。

2020级本科人才培养方案较之前做了大幅修订,内容更加完善,学校首次明确提出"将创新创业教育融入专业教育全过程",鼓励教师积极参与指导学生专业发展、创新创业竞赛和项目、学科竞赛、学术训练、社会实践、升学就业和职业发展等,对学生参加创新创业竞赛等实践活动取得的成果给予一定的学分认定。

与此同时,学校修订了《创新创业实践学分认定办法》,规定全日制本科学生须完成《创新创业实践》必修课程(2学分),才可获得毕业资格。为培养学生的创新意识,学校在各专业课程体系中安排了两门创新创业相关课程,分别是创业基础(2学分,通识平台必修课)、创新创业实践(2学分,实践平台必修课),总计4学分。2020级本科人才培养方案更加重视开展创新创业教育,并且采取了一些实质措施。

2. 创新创业教育开展

为促进和保障创新创业工作开展,学校设置创新创业学院实体部门,主要职责为组织实施学校创新创业教育、知识培训、项目申报、竞赛开展、创业园区管理等。学校先后制定《创新创业实践保障和激励办法》《创新创业学院工作实施意见》《创新创业实践学分认定办法》等文件推动学校创新创业教育开展和创新创业人才培养,激励全校学生开展创新创业实践、申报创新创业项目、参与创新创业竞赛等,在真学实干中培养创新精神、提升创业能力。

在知识教育方面,创新创业学院开展了一系列形式多样的创新创业知识教育。一是每年从全日制本科二年级学生中选拔具有创新创业意识的学生80人,组建"立诚"实验班,进行"创新教育""创业能力"两个模块课程学习,旨在培养具有社会责任感、创新思维、创业能力和国际视野的高素质创新创业型人才。学生提交申请表和自述材料参与选拔。(学生申请不太积极,每年大概50人。)顺利完成"立诚"实验班总计 80 学时课程学习的学生将获得 5 个学分,这 5 个学分可以抵扣相同学分的选修课。课程学习与专业学习同步进行。二是面向全校学生,开展"周三创客汇""周四创思堂""创客训练营"等系列创新创业讲座和培训,内容涵盖创新创业教育的方方面面,如商业计划书撰写、创业经历分享、创新创业政策解读等,师资多为校外聘请。每次活动限额报名,不超过 60 人。

3. 创新创业师资队伍

培养创新创业人才关键在于师资队伍建设。师资队伍建设不能只重视教师学术理论水平的提高,还应该重视增强教师的实业历练,教师要具备将学科知识转化为产业行动的能力。为适应创新创业人才培养要求,提升教师的专业技能和实践教学能力,学校制定《"双师双能型"教师队伍建设意见(试行)》,通过"内培外引"、加强交流学习,实施研修项目等措施着力建设一支结构优良的高水平应用型"双师双能型"师资队伍。

"十三五"末,根据学校 2020 年教育统计结果,学校专业课专任教师中"双师型"教师占比已过半,为 54%(371/686)。

(二) 学院层面

学校创新创业实践工作实施二级管理,由二级学院具体组织、实施大学生创新创业实践活动。根据学校 2020 年教育事业统计工作数据,高基表(2020/2021 学年初)表 312 统计显示,学校各专业在校生数排名前三的专业依次为会计学(1 852 人)、金融学(1 748 人)、审计学(1 052 人),总计 4 652 人,占比超过学校在校生数的 1/4,为 26.29%(4 652/17 692)。基于此,本课题选取上述在校生数最多的三个专业所在的会计学院、金融学院两个学院作为研究对象,并将会计学、金融学两个专业作为考察对象,以更加具体了解学校创新创业教育在二级学院的开展情况及其与专业教育的融合情况。

1. 创新创业课程设置

以会计学院 2020 级会计学专业本科培养方案为例,人才培养目标要求毕业生"能够独立思考,具备科学精神和创新思维",专业学习"注重创新能力培养,引导、激发学生的创新思维"。在课程设置方面,在通识课程模块和实践课程模块均有安排创新创业类课程学习,其中"创业基础"(2 学分)为通识必修课、"创新创业实践"(2 学分)为实践必修课,另有通识选修课"创新创业类课程"(纯理论、2 学分)、实践选修课"创新创业训练专题"(全实践、1 学分)。课程学习注重理论知识与实践训练相结合,如"创业基础"偏向理论学习、"创新创业实践"全部为实践课,且安排了为期 8 周的产学研实习(2 学分)。总之,学生在校学习期间均要求修读创新创业相关课程(至少 4 学分)和参与实习实践(2 学分)。

再看金融学院 2020 级金融学专业本科培养方案,人才培养目标注重培养学生具备"进取的创新精神",能独立思考和判断问题,有敏锐洞察力,能学以致用创造性解决实际金融问题,具备终身学习能力和创新精神。学院专业办学历史悠久,建有大型校内产学研基地和市级示范性实验教学中心,用以培养学生的金融实操能力。要求毕业生具备创新意识和创新能力,勇于创新善于创新。在课程设置方面,金融学院与会计学院大同小异,同样安排了通识必修课"创业基础"(2 学分)和实践必修课"创新创业实践"(2 学分),另有通识选修课"创新创业类课程"(纯理论,2 学分),课程学习理论与实践相结合,注重激发学生创新思维和培养学生创新实践能力。毕业前学院要求学生开展为期 4 周的校外专业实习(2 学分)。

综上所述,学校二级学院本科人才培养方案均重视培养学生的创新意识和创新能力,并在专业课程体系中统一安排了创新创业类必修和选修课程,其中必修课程学分总计 4 学分,课程学习强调理论与实践相结合,理论指导实践,并要求学生必须开展为期至少 4 周的专业实习实践,做到学以致用,能敏锐发现问题并创造性解决问题,提升实践创新能力。

2. 创新创业活动组织

为了解二级学院在组织开展创新创业教育活动方面的情况,笔者分别访谈了会计学院、金融学院相关老师。访谈内容包括学院创新创业工作内容、组织实施机制、经费投入、激励措施、学生参与情况等方面。

访谈结果显示,二级学院创新创业工作主要是组织学生参加高水平科创比赛和申报创新创业训练计划项目(以下简称大创项目),同时开展学院项目孵化工作和参加校内其他部门组织的创业比赛。一般由学院副书记副院长负责创新创业工作,由团学具体实施,会组织学生开展项目培训和经验分享之类活动。学院领导非常重视创新创业工作,会安排配套资金用于支持项目孵化和奖励。近年来,由于学校要求学生必须完成创新创业实践课程2个学分才可获得毕业资格,而"大创项目"是创新创业实践学分认定的主要内容之一,因此,学生申报"大创项目"的积极性有所提高。学生申报"大创项目"或参加创新竞赛类活动均配备指导教师,以全方位指导学生自主完成创新创业实践。

三、存在问题与原因分析

(一)学校对创新创业教育不够重视

一是,学校对创新创业教育工作还不够重视。虽然学校设置专门机构负责学校创新创业教育开展与项目申报,体现了学校对创新创业教育的重视,但是自2013年单独设立创新创业学院以来,创新创业学院经历"两合一分",三次分分合合。2015年,学校机构改革,创新创业学院与就业处合并成立就业与创业处;2016年,学校与原上海立信会计学院合并,创新创业学院又单独设置;2019年5月,学校再次机构改革,创新创业学院与原教务处、教学质量控制与评估办、实验教学中心等6个部门整合合并成新的教务处(表1)。

表1 创新创业学院成立以来名称变化情况

时间	名称	属性
2013年	创新创业学院	单独设立
2015年	就业与创业处	与原就业处合署办公
2016年	创新创业学院	单独设立
2019年至今	教务处	与原教务处、教学质量控制与评估办、实验教学中心等六部门整合合并

二是,二级学院对创新创业教育也不够重视,或者说重专业教育轻创新创业教育,没有专人落实创新创业教育。在学校最新的《中层干部职责分工概览》(2020年10月)里,仅有信息管理学院和外国语学院两个二级学院指明分管创新创业工作领导,其他二级学院均未明确创新创业工作分管领导,导致二级学院创新创业工作处于无专人负责的尴尬处境。学校《本科生全程导师制实施方案》提到,"导师应指导学生参与经典阅读、课外科创活动、社会实践活动、各类学科竞赛和创新创业训练计划项目等,有意识地培养和提升学生的人文素养、文献和信息检索能力、社会实践能力和创新创业能力",但实际情况是,学生申报"大创"项目或参与科创赛事,需自己寻找合适的指导老师,或者找辅导员帮忙联系指导老师。

(二)学生创新创业项目申报不够积极

学校每年组织开展"大创项目"申报,由创新创业学院具体负责。"大创项目"分国家级和市级,项目类别分创新训练、创业训练、创业实践三类,项目建设期1年,每年立项数量接近200个。"大创项目"是响应教育部对高校创新创业教育的号召,属于年度常规项目,也是高校开展创新创业教育的主要载体之一。

近年来,学校"大创项目"的报名率持续走低,申报项目数远低于预期。根据学校《学生创新创业实践保障和激励办法》第五条,"二级学院每年参与申报'大创计划'的学生数应不少于本学院在校学生数的15%""每个项目团队不少于3人,不多于8人"。从全校范围来看,根据2020年学校高基表统计数据,学校在校生数为17 692人,申报学生数应不少于在校生数的15%为2 653.8人;按3人组建一项目算,至多有2 653.8÷3=884.6个项目,按8人组建一项目算,至少有2 653.8÷8=331.725个项目;从理论上来看,学校每年申报"大创计划"的项目数应在331~884之间,但实际情况远低于此,创新创业学院近年来"大创项目"申报立项不足300项,实际立项数不足200项,申报情况不尽人意。学校创新创业教育氛围有待提升。

(三)创新创业教育与专业教育融合度不高

一是在课程设置方面,各专业人才培养中创新创业类课程偏少,学生选择有限。一般是在专业学习课程体系中加入两三门创新创业相关课程。其中必修课程两门,一门是由工商管理学院提供的通识必修课"创业基础",另一门是实践必修课"创新创业实践",学生须参加科创竞赛、申报"大创项目"、投身社会实践或有作品获奖,然后申请认定创新实践学分。且与专业教育融合度不高,更不成体系,专业教师在创新创业教育方面投入较少,难以有效培养学生的创新意识、创新思维和创新能力。

二是学校创新创业学院与二级学院之间的协同配合不够。二级学院作为创新创业教育的主体,理应在开展创新创业教育方面发挥主导作用,积极调动学生参与创新创业学院开展的创新创业相关活动,如"大创项目"申报、"立诚"实验班学习、各类讲座及实践培训等,但事实是,二级学院在开展创新创业教育方面缺乏动力,创新创业学院在组织二级学院开展创新创业教育方面缺少"抓手",面对创新创业教育工作感到"有心无力",两者之间缺乏有效的联动配合机制。学校也没有一份文件明确二级学院在创新创业教育中应承担的具体职责,某种程度也导致二级学院与创新创业学院之间的工作衔接脱节,协调配合不到位。

(四)学校创新创业工作机制存在问题

为贯彻落实国家和上海市创新创业相关文件精神,深化学校创新创业教育改革,统筹资源、协调配合,形成全校共同推进创新创业教育的良好环境,学校制定《创新创业学院工作实施意见》,关于机构设置,提出"创新创业学院院长由实践教学管理部负责人兼任。设副院长若干名,由相关职能部门和二级学院分管创新创业工作负责人兼任。"另附创新创业工作分管领导名单,其中院长1人,副院长19人(3位为职能部门负责人,来自学生处、招生与就业办公室、团委,16位为二级学院副院长)。仔细查看名单,笔者认为有三处似有不妥:一是16位二级学院副院长来自13个学院,其中10个学院均是一位担任创新创业学院副院长,但会计学院、金融学院、财税与公共管理学院3个学院均有两位同时担任创新创业学院副院长,这种情况下如无进一步明确分工,很容易出现推诿扯皮现象。二是名单显示外国语学院担任创新创业学院副院长的是邵某,但学校中层干部职责分工中却显示,高某(外国语学院党总支副书记、副院长)"分管学院学生、就业与创新创业……",这种情况名不正言不顺,亦不利于工作开展。三是创新创业学院挂靠教务处,院长由实践教学管理部负责人兼任,19位副院长也均为兼任,也是问题之一。兼任可能就不太重视甚至不管这部门工作。

五、对策建议

(一)转变观念,高度重视

对创新创业教育不够重视,归根结底是对创新创业教育的认识不够,没有认识到创新创业教育是推动学校教育改革,是提高人才培养质量的重要途径,与单纯的创业教育存在着较大的区别。学校领导应转变观念,深刻认识到创新创业教育是培养学生创新意识、创新能力的有效载体。深刻认识到创新创业教育与专业教育融合的重要意义,将创新思维、创新意识、创业能力的培养融入专业课程,根据专业特点进行教学改革,做到创新创业教育与专业教育有机融合,才能培养出具有创新思维、创业能力的适应时代迅速发展变化的高素质应用型人才。学校应高度重视创新创业教育,营造鼓励创新、支持创业的良好氛围。

(二)构建创新创业课程体系

学校应将创新创业教育纳入专业教育的培养方案,结合专业人才培养目标,开设更多创新创业相关课程,构建创新创业课程体系,贯穿大学四年。课程设置应有机结合专业教育内容,鼓励学生在专业领域综合运用所学创造性解决实际问题;课程内容应理论结合实践,既有理论知识学习也有创新实践实习,在实践中巩固所学反思所学;课程学习可采取项目化学习方式,指导学生以团队形式思考、解决实际问题;课程评价应重视学生的学习过程,积极反馈学生学习情况,强化培养学生的实践能力和创新意识。

(三)加大投入,加强管理

进一步加大经费投入,用于激励学生参与"大创项目"申报、科创竞赛、社会实践、师资配备、创新创业课程建设、项目培育等。加强经费管理,设置创新创业专项经费,根据各学院创新创业教育开展情况进行差别化下拨,既设置人均性经费,也设置奖励性经费,发挥经费的正向激励作用。创新创业学院作为统筹学校创新创业教育工作的管理机构,应出具学校总体创新创业教育开展情况及各学院创新创业组织实施情况年度报告,供领导参考决策和作为经费下拨依据。

(四)理顺创新创业工作机制

创新创业工作机制指的是创新创业学院与二级学院之间的权责关系,只有明确了两者之间的权责关系,在开展创新创业工作时才能做到上传下达、有效衔接。目前针对学校创新创业工作相关制度,建议学校首先明确二级学院分管创新创业工作负责人名单,一个学院上报一名负责人,一般为学院分管教学工作的副院长或分管学生工作的党委(或党总支)副书记担任,并明确具体职责,做到责任到人,组成学校创新创业工作小组,组长由创新创业学院负责人担任。只有理顺校院二级创新创业工作机制,才能将校级创新创业教育及相关精神更好融入各二级学院专业教育,与专业教育融合成为有机整体,助力人才培养,共同为经济社会发展培养适应时代需求的高素质创新型人才。

参考文献

[1] 王珊珊.创新创业教育与应用型人才培养研究——以"工匠精神"的培育为视角[M].北京:中国水利水电出版社,2019.
[2] 何桂玲,张敏真,等.地方高校创新创业教育与专业教育融合路径研究[J].高教论坛,2020(12):13-14.
[3] 刘娅,徐震,等.地方高校创新创业人才培养的改革探索[J].黑龙江教育,2020(12):91-92.
[4] 查云飞,刘霞.新时代应用型高校创新创业教育的特点、挑战及前瞻[J].创新与创业教育,2020(10):40-44.

作者简介

童 杰 硕士,上海立信会计金融学院发展规划处、高教研究所,助理研究员;研究方向为高等教育课程评价、高等教育管理。

专 业 建 设

现代信息技术背景下金融科技专业课程思政的探索与实践

——以机器学习课程为例①

楚晓琳　高倩倩

摘要　在全球信息化时代，飞速发展的现代信息技术已渗透到社会的各行各业，影响着人们的生活、学习及工作方式。高等院校教育模式也发生着显著变化，如不断利用智慧教学工具辅助开展教学。高等院校作为社会人才培养的主要阵地，在现代信息技术背景下，探索课程思政融入专业课教学途径，对于落实立德树人根本任务具有重要意义。本文以机器学习基础课程为例，分析改革背景，从改革理念、目标、内容角度探究现代信息技术背景下金融科技专业有效融入课程思政路径，并总结改革成效。旨在依托现代信息技术，帮助学生更加高效地学习专业知识，以及养成良好的职业素养。

关键词　现代信息技术　课程思政　教育教学改革　机器学习基础

2020年，突如其来的新冠肺炎疫情蔓延全国，人们的生活、学习、工作面临着巨大的挑战。教育部、人社部指出2022届高校毕业生规模预计将高达1 076万人，同比增加167万人，疫情的持续将会使得就业形势更加严峻。在竞争激烈的市场环境下，金融科技这类复合型人才的需求仍然十分旺盛。比如，工商银行公布科技菁英计划，招聘用户研究、信息安全与管理、产品研发，以及产品设计等领域的金融科技复合人才。

金融科技（Financial Technology，FinTech）最早源于20世纪90年代花旗银行提出的"金融服务技术联盟"项目。金融科技行业更加偏向于复合型、创新型、应用型的人才。不仅要求人才具备较强的观察力、记忆力、逻辑力等学习能力，也需要具有创新意识、探索精神、责任感、使命感等素养。

高校课程建设和人才培养息息相关。机器学习是金融科技专业重要的专业课。在该课程中，开展思政教育是非常必要和有意义的。世界格局不断变化，各种社会思潮和不同的意识形态影响着金融科技专业大学生的人生观。面对这些挑战，课程教学中亟待明确"培养什么人""怎样培养人""为谁培养人"。

当前，信息技术与思政课的融合呈现形式多样，如利用微信公众号、慕课微课推进网络课程建设，开展思政课新媒体教学。信息技术与思政课的融合发展已成为新时代思政课教学的重要支撑。面对高校课程融入思政元素高质量发展的时代诉求，以机器学习基础课程为例，探寻金融科技专业课程思政改革的路径。

---

① 基金项目：上海立信会计金融学院校级金课建设项目"机器学习基础""金融数据库技术"；教师专业发展工程和培训计划。

一、改革背景

金融科技是推动上海金融业转型升级的战略选择,金融科技人才是服务上海国际金融中心和全球科创中心的重要支撑。机器学习、区块链、云计算等高新技术的发展,有利于加快实现金融科技在金融支付、城市智能化等场景的应用。国务院明确指出,要推动人工智能等现代信息技术在教学融合思政元素的应用。

作为金融科技专业的必修课之一,机器学习课程的教学目标是通过对常用的有监督学习算法、无监督学习算法等的理论介绍,以及在 Anaconda 软件中采用 Sk-learn 库编程解决典型案例,使学生掌握机器学习算法和具备一定的编程能力。本课程依托现代信息技术,通过翻转课堂,有利于教师更好地与同学进行互动,了解学生知识点掌握情况。

学生具备一定的编程基础,他们前期已完成学院开设的 Python 编程、数据科学基础与 Python 语言等课程。金融科技学生对于掌握机器学习算法以及编程有着极大兴趣。机器学习具有多学科交叉的特点,涉及概率论、统计学、近似理论等,因此,它具有一定的难度。在翻转课堂中,学生通过在线学习,可以反复观看课程教学视频,以不断巩固理解。此外,学生不受地域的限制,可以更加便捷地学习课程,完成如作业等任务。

二、现代信息技术背景下机器学习基础课程思政模式探索

(一)改革理念

在讲授常见机器学习算法的理论和实践基础之上,依托现代信息技术,改革试验教学方法。丰富化教学资源、多元化授课形式、高效化课堂互动,以及实时掌握学生学习进展,以充分调动学生的积极性,增强学生的编程实践能力、搜集资料能力以及创新能力。

(二)改革目标

以培养具备扎实理论基础、较强实践能力,以及较高创新能力的金融科技人才为目标,探索先进的教学方法,不断充实教学内容,进一步实现多形式、开放式、高效化、实时化的教学新模式。

(三)改革内容

1. 教学方式方法创新

教学资源多样性,授课形式多元化,课堂互动答疑高效化,教学进度监督实时化。第一,通过灵活运用教学视频、慕课视频、动画等形式,丰富教学资源,提高教学质量。第二,通过 QQ、微信等工具的使用,多元化线上教学方式,吸引学生注意力。第三,通过线上发布在线学习、案例分析、作业,线下面对面教学等方式,实现高效的师生交流,使得课堂互动答疑更加高效。第四,通过超星学习通任务点的设置,以实时掌握每一位学生完成教学视频观看的进度情况,以更好地了解学生学习进程。

2. 教师思政能力提升

强化任课教师"三全育人"理念。"三全育人"指的是全员育人、全程育人、全方位育人。高校要始终明确育人的本质,坚持立德树人贯穿于高等教育的全过程。教育大计,教师为本。高校可以通过开展专题报告、邀请优秀思政教师讲座等系列课程思政专场,增强任课教师对于"三全育人"的理解,以及促进课程思政教育教学改革。

提升教师自身素养和业务水平。教师要不断提升自身素养,忠诚于党和人民的教育事业,积极传播

好中华民族伟大复兴的中国梦。课程的思政元素和德育价值需要教师多角度的深入挖掘。课前，修订好教学大纲，并思考思政元素的融入；课中，以学生为中心开展教学，激发学生的兴趣，开展育人工作，潜移默化中帮助当代大学生树立正确的职业价值观；课后，根据教学效果，通过思政教育教学改革，不断完善课程设计，进而，提升教师业务水平。

3. 思政元素融入课程

1) 课程思政融入绪论

绪论是课程正式开始前的导入简介，它通过对课程整体的概括，有利于调动学生的兴趣，实现知识传播和育人的有效结合。机器学习课程的绪论主要包括简述要求掌握的有监督学习、无监督学习等机器学习算法理论，以及经典的编程实践案例。课程的目的是为学生从事机器学习相关的实践项目或研究工作打下基础。此外，绪论还涉及教学内容、基本要求、课程考核等项目。在绪论的内容安排上，也可以融入"为什么学这门课""怎么学好这门课"，以及"怎么学以致用"等思政内容。

2) 课程思政融入案例

探索机器学习课程的教学过程中，将思政元素融入编程实践案例。结合2019年优秀大学生信息，收集训练样本数据，更好地预测新样本的标签。通过开发教学案例，学习优秀大学生高贵品质，增强金融科技专业学生的责任担当。

三、现代信息技术背景下机器学习基础课程思政探索与实践

（一）课程导入融合思政

在开展"为什么学这门课"内容教学时，通过列举金融科技人才的重要性，可充分调动学生学习的积极性。2019年10月，中国人民银行上海总部印发的《关于促进金融科技发展支持上海建设金融科技中心的指导意见》指出，为加快建设上海金融科技中心，可以从打造具有全球影响力的金融科技生态圈、加大新兴技术研发，以及加强长三角金融科技合作共享等8个方面做出努力。社会发展的需要，可以进一步激发学生学好专业知识、提升业务水平，以及增强使命感。

在进行"怎么学好这门课"探讨的过程中，强调动手实践的重要性。学生们在掌握机器学习算法的基础上，要编程实现课堂中演示的典型案例。并且，学会查看出错提示，及时修正错误代码。在解决案例的过程中，学生能够提高整体思路设计、编程实现、调试代码、查看结果等较多的能力。因此，这样在学好机器学习课程的同时，也能培养学生的分析和解决问题能力，以及团队分工协作的能力。此外，学生也能够领悟"实践是检验真理的唯一标准"的道理。

面对"怎么学以致用"这个问题时，课程内容应从身边机器学习的应用场景着手。目前，机器学习应用于自然语言处理、计算机视觉、语音识别、垃圾邮件检测、汽车自动导航等多个领域。特别是，2017年5月，AlphaGo以3：0击败世界排名第一的人类棋手柯洁。2019年10月，基于机器学习算法，现代汽车开发了智能巡航控制技术，实现了业内首例的突破。由此可以看出，机器学习有着广泛的应用，并且融入了生活的方方面面。因此，从身边机器学习的应用场景入手可以增强学生的就业信心，培养学生敢为人先的创新精神，以及激励学生拥有远大抱负的决心。

（二）教学活动设计

教学活动设计如图1所示。课前，采用Camtasia 2019软件完成章节教学视频的录制。整理视频、课件、动画等多样的教学资源，并上传到超星学习通创建的相应章节。并且，为了更好地确保每一位学生按时完成教学视频的观看，将课程教学视频设置为任务点。

课中，多元化教学方式，更好地吸引学生的注意力。通过查看任务点完成情况，确保实时监督学生按

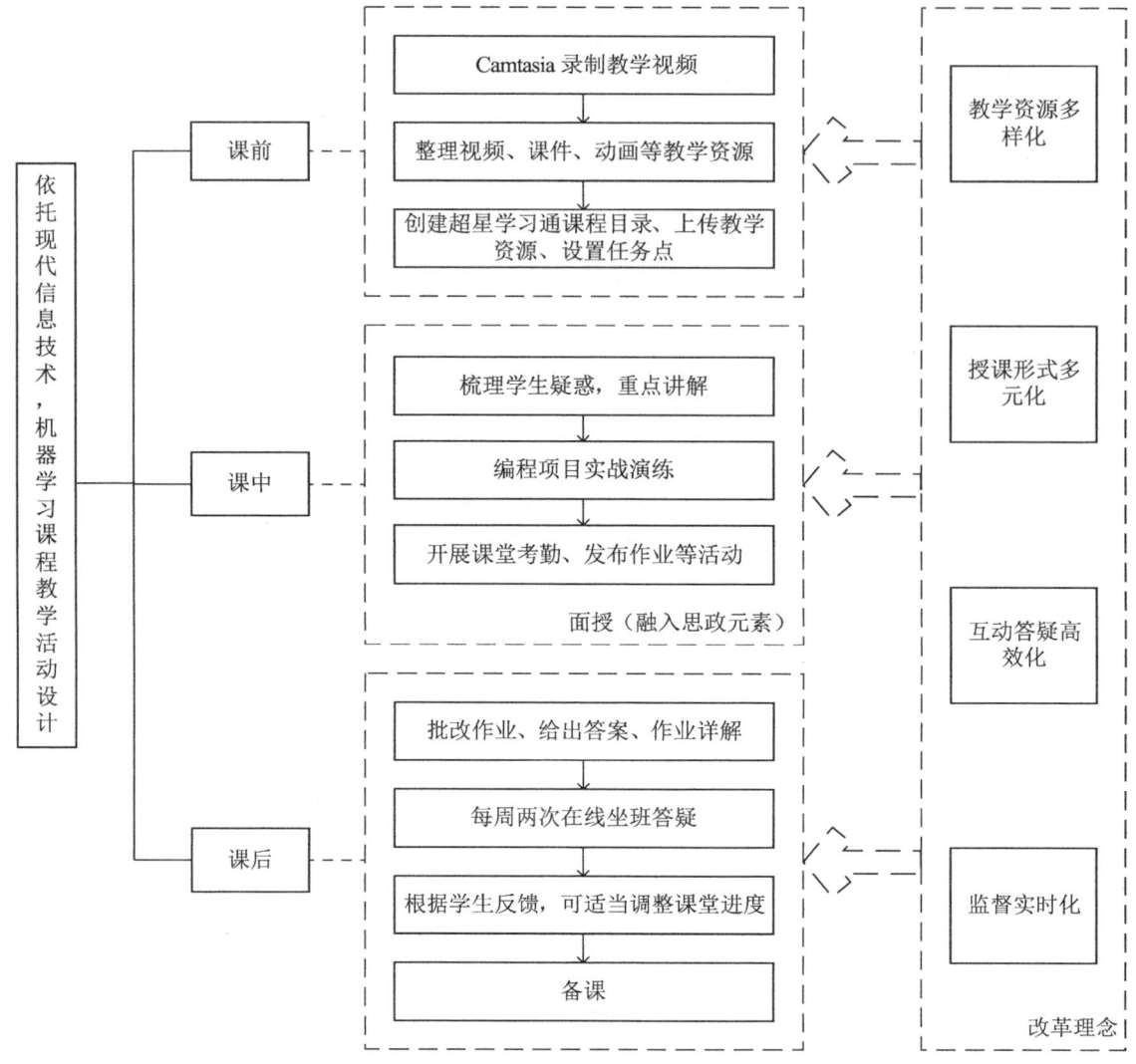

图 1　机器学习基础课程教学流程设计示意图

时完成课程教学视频的观看学习。梳理学生疑惑,课堂上进行重点内容讲解。此外,进行编程项目实战演练,并开展发布作业等活动。

课后,教师在超星学习通上批改学生作业,并给出作业正确答案,进行翻转课堂教学实践。开展每周两次的在线坐班答疑活动。此外,根据学生对授课过程的反馈,适当调整课堂进度,并对下一个教学周进行备课。

(三) 案例开发

1. 训练样本数据生成

训练样本数据集为 2019 年优秀大学生数据信息,可为 2020 年大学生评选提供参考依据。数据集中的每一行代表一位学生,每一位学生有姓名、高校、性别、专业、特长、抗疫事迹五个特征,以及是否为优秀大学生的标签。

本案例中,先给出我校荣获"2019 上海大学生年度人物"荣誉称号的余森乐同学的特征值和标签:上海立信会计金融学院,男性,击剑员,击剑运动,生产口罩,是。生成数据集和余森乐数据的代码如图 2、图 3 所示。

```
import numpy as np
#属性：姓名、高校、性别、专业、特长、抗疫事迹；标签：是否是优秀大学生
ExcellentStu=np.array([('YuSenle','LiXin','Male','Fencer','Fencing','Production of masks','Yes')])
print(ExcellentStu)
print(ExcellentStu.shape)
```

图 2　训练样本数据集的生成和余森乐信息的设置

```
[['YuSenle' 'LiXin' 'Male' 'Fencer' 'Fencing' 'Production of masks' 'Yes']]
(1, 7)
```

图 3　初始训练样本数据集

然后演示如何向训练样本数据集中添加样本。以同样荣获"2019 上海大学生年度人物"荣誉称号的复旦大学博士生蒋龙泉为例，进行演示。蒋龙泉，复旦大学，男性，计算机科学与技术，研究，检测设备，是。蒋龙泉的样本信息生成和添加到训练样本数据集的代码如图 4、图 5 所示。

```
data1=np.array([('JiangLongquan','FuDan','Male','Computer Science and Technology','Research','Diagnostic equipment','Yes')])
ExcellentStu=np.vstack((ExcellentStu,data1))
print(ExcellentStu)
print(ExcellentStu.shape)
```

图 4　蒋龙泉的样本数据生成，以及添加到训练样本数据集中

```
[['YuSenle' 'LiXin' 'Male' 'Fencer' 'Fencing' 'Production of masks' 'Yes']
 ['JiangLongquan' 'FuDan' 'Male' 'Computer Science and Technology'
  'Research' 'Diagnostic equipment' 'Yes']]
(2, 7)
```

图 5　添加蒋龙泉样本数据后的数据集

2. 训练样本数据完善

布置作业，参考上述代码，让学生收集 2019 年各省市的优秀大学生先进事迹，添加到优秀大学生数据集中。特别注重的是收集大学生在此次抗击新冠肺炎疫情中所做出的贡献。

在搜集数据的过程中，同学们需要查询不同省市的优秀大学生的信息，以及梳理先进事迹。这样有利于发挥优秀大学生的榜样示范作用，无形之中引导同学们梳理正确的人生观，增强责任感。

3. 采用机器学习算法进行训练

在机器学习中，逻辑回归是解决分类问题常用的有监督学习算法之一。因此，该案例中采用逻辑回归算法进行训练拟合样本数据集。首先，将训练样本数据集中样本的标签（即 Yes 和 No）转化为 1 和 0 两个类别，代码如下图 6 所示。

然后，通过 LabelEncoder 类对训练样本数据集中的离散特征值进行独热编码。最后，实例化逻辑回归对象，训练样本数据集，代码如图 7 所示。

机器学习算法选择需要同学们认真对比不同算法的优缺点。这个过程有利于重点培养学生的思考能力和总结能力。算法编程实践解决该问题的过程往往会遇到各类编程错误，这就需要同学们不厌其烦，仔细梳理思路，提高自身动手能力、总结能力，以及坚持不懈的毅力。

```
i=0
while i<len(ExcellentStu):
    if ExcellentStu[i,6]=='Yes':
        ExcellentStu[i,6]=1
        print('yes')
    else:
        ExcellentStu[i,6]=0
        print('No')
    i+=1
print(ExcellentStu)
```

图 6　训练样本数据集标签标准化

```
from sklearn import linear_model
from scipy.special import expit

X=ExcellentStu[:,:-1]
y=ExcellentStu[:,-1:]
print(X)
print(y)
clf = linear_model.LogisticRegression(C=1e5, solver='lbfgs')
clf.fit(X, y)
```

图 7　逻辑回归算法训练样本数据集

4. 预测新样本的标签

基于该训练样本数据集得到的模型,可用于预测是否为优秀大学生,思考优秀大学生的特征表现。给出新的样本,包含 6 个属性值,即可得到预测该样本是否是优秀大学生,即标签 1 代表是,0 代表否。

预测新样本是否为优秀大学生的环节有利于引导同学思考,具有哪些优良品质,才能成为一名优秀的大学生。特别是,在抗击新冠肺炎的战役中,如何在具体事件中贡献自己的力量。作为金融科技相关储备人才,只有提高自身业务水平以及思想政治觉悟,才能够更好地为国家建设添砖添瓦。

四、现代信息技术背景下机器学习基础课程思政改革成效

学生编程能力方面,通过一个学期的学习,大部分同学都表示对于课程的实践教学过程非常感兴趣。对于同一个问题,同学们可以采用线性回归、支持向量机、决策树、BP 神经网络等不同的机器学习算法进行代码编写。在编程实践的过程中,学生们不断发现问题和解决问题,进一步加深对于理论知识的理解,并且能够获得一定程度上的成就感。

学生自主学习方面,教师可以通过超星学习通查看到学生是否认真完成每一节课布置的任务点。另外,学生可以反复观看教学视频,加强对课堂知识的理解。对于程序代码,个人编程能力较强的同学还能够表达自己的观点。有了编程新思路时,学生会主动、积极地与老师进行讨论,学生们自主学习的积极性会得到大幅度提高。此外,结合实际案例,学生的爱校荣校意识会不断增强。

学生学习成效方面,教学过程中,教师布置了编程相关的案例分析、理论相关的课外作业等平时成绩考核项目,从多个角度考查学生对于机器学习算法理论知识和编程解决应用问题的掌握程度。基于机器学习算法学生能够较为出色地完成挑战杯、全国大学生数学建模竞赛、上海高校社工案例分析大赛、长三角高校金融科技创新应用案例大赛等比赛,具备一定的解决实际问题的编程能力。

学生思政教育方面,依托现代信息技术,编程类课程融入课程思政元素,学生的创新意识、实践能力、团队协作、爱校荣校、爱国情怀不断增强。比如,在完成课程综合实践项目过程中,学生能够进行独立思考,主动查阅相关资料,加强团队分工协作,尝试不同编程方式。

同行评价方面,学院的系主任转述学生评价较高。跟课老师明确表达课程内容对其帮助很大。此外,学院部分教师表示对于机器学习非常感兴趣,通过超星学习平台自主观看教学视频,能够整体了解机器学习算法。

五、结语

(一) 特色提炼

本课程以学生为中心,结合学生知识储备情况,依托现代信息技术,从便捷、高效、有趣等角度进行金

融科技专业课程思政的改革与探索,以提高学生的自主学习能力、编程实践能力,以及时代使命感。采用多样化的教学资源提高教学质量,多元化的教学方式吸引学生的注意力,高效化的在线互动答疑调动学生的积极性,实时化的沟通和监督了解学生的学习进度。

(二) 改进提升

一方面,为了避免翻转课堂教学过程中学生听音乐、玩手机等中途离开课堂的现象,可以利用超星学习通"选人""抢答""随机签到"等功能来实施有效的监督。另一方面,为了更好地满足学生个性化、多样化的学习需求,结合班情,可以通过筛选国家级精品课程或公开课等方式,进一步整合教学资源和提高教学质量。

(三) 成果推广

金融科技专业其他编程类课程同样可以依托现代信息技术,通过翻转课堂,调动学生学习的激情和主动性,提高学生课堂参与度。此外,尝试开发编程实践案例,教学日课中深度融入课程思政元素,可以不断提高学生的责任和担当意识。

高校是培养人才的主战场,立德树人是根本。教育是一个教学相长的过程,需要根据时代的变化不断调整。课程思政改革是当前高校教育教学改革的必然趋势。本文结合金融科技专业特色,依托现代信息技术,深入挖掘编程类课程的思政元素,并与课程教学内容深度融合,以更好地实现教书育人,让当代金融科技专业学生更好地了解如何成为一名优秀的大学生,提升金融科技人才的责任感和使命感。

参考文献

[1] 金文奖,马奇峰,林梦颖.新冠肺炎疫情下大学生就业压力与心理健康的关系探究——以温州六所高校为例[J].就业指导,2020(17):59-64.
[2] 王小燕,阮坚,蔡敏容,等.金融科技人才能力结构与培养策略研究——基于高校供给侧的视角[J].电子科技大学学报(社科版),2020,22(5):1-6.
[3] 李建伟.基于金融科技背景的金融专业人才培养模式创新研究[J].高教学刊,2020(25):39-41.
[4] 谢鑫,王世岳,张红霞.哈佛大学通识教育课程实施:历史、现状与启示[J].高等教育研究,2021,42(03):100-109.
[5] 吴宁宁.推进信息技术与思想政治理论课深度融合的思考[J].思想理论教育,2021(08):74-79.
[6] 中办国办印发《意见》深化新时代学校思想政治理论课改革创新[N].人民日报,2019-08-15.

作者简介

楚晓琳 博士,上海立信会计金融学院金融科技学院讲师;主要研究领域为机器学习、随机规划,以及能源运筹优化等;联系邮箱为 xiaolinchu@lixin.edu.cn。该作者为本文的通讯作者。

高倩倩 博士,上海立信会计金融学院金融科技学院讲师;主要研究领域为金融风险分析、复杂经济系统建模与分析等。

人工智能背景下的税收专业建设研究

赵海益

摘要 本文结合人工智能与数字技术的特点,分析人工智能时代对税务专业的发展会带来的挑战和机遇,并预测了税收专业未来的发展趋势。本文认为人工智能时代纳税人所有经济活动都将在虚拟空间留下痕迹,这些痕迹将成为税务机关管理税务工作的重要依据,这样也就必然会导致税务工作走向大数据化。这就要求税务专业的同学必须具备大数据处理的能力,能够熟练使用人工智能技术,把税务专业建设成符合人工智能时代要求的"新文科"。

关键词 人工智能 大数据 税收专业

人类正在经历又一次技术革命——数字技术革命。数字技术革命不同于以往的技术革命,以往的技术革命都以提高人类的生产技能为主,提高了劳动力生产率,而此次数字技术革命则以降低人类社会的交易成本为主。Avi Goldfarb 和 Catherine Tucker(2019)认为,数字技术降低了人类社会信息的搜寻成本、复制成本、传播成本、追踪成本和验证成本,有效地提高了人类交易的效率。数字技术创造的虚拟空间,让人们可以在万里之外的地方于虚拟空间聚集,并在虚拟空间中完成各项交易活动。虚拟空间留下了人们交易活动的痕迹,这些痕迹就构成了交易活动的大数据,也就人工智能时代的诞生创造了条件和基础(刘尚希、孙静,2016)。那么,在人工智能时代,税务专业发展将会产生怎样的变化,应该如何利用人工智能对纳税人的涉税信息处理以及如何利用人工智能为更好地为纳税人提供服务,这关系着税收专业在人工智能时代的发展。

一、人工智能给税务专业发展带来的挑战

(一) 纳税人经营活动的空间扩大

数字技术的创造和广泛应用,造就了人工智能时代的产生和发展。因此,人工智能时代就是数字技术广泛应用的时代。数字技术提高了人们处理信息的能力,降低了人们处理信息的成本,其创造的虚拟空间能够满足人们在虚拟空间的聚集。在虚拟空间中,人们完成了各项交易活动。因此,可以想象只要能够连接上网络,无论身在何处,都可以完成交易活动。这无疑拓展了人类活动的空间,扩大了市场交易的范围。在网络虚拟空间中,来自全国、全世界的交易者汇集在此,形成了一个统一的市场,这是实体空间无法比拟的。企业可以在这个全国、全世界统一市场中进行交易活动,不管是要素市场,还是商品市场都形成了统一的市场。在全国、全球市场一体化的背景下,纳税人的生产经营活动已经不再局限于一个地区、一个国家,而是扩展到全国、全世界的范围。当纳税人经营活动扩展到全国、全世界的范围的时候,其涉税信息也必然分布在全国乃至全世界的范围内。这就为搜集纳税人涉税信息带来了相当大的困难。

一般来讲,税收是纳税人的一种负担,避税是纳税人天然的想法。当纳税人经营活动的空间扩大后,其避税或漏税的可能性也就随之增长。对在人工智能时代的纳税人进行管理的难度也就自然增长,这也是人工智能时代对税务管理当局的重大挑战。

(二)纳税人交易场所虚拟化

数字技术创造的虚拟空间,使得人们可以在万里之外的地方于虚拟空间聚集,让距离不再是问题。同时也打造了全国、全世界范围内的统一市场,这是现实所无法比拟的。这进一步强化了虚拟世界的优势,不仅克服了现实距离的障碍,而且造就了全国、全世界统一商品市场和要素市场。在统一的商品市场和要素市场中,纳税人可以在全国、全世界范围内配置资源,进一步降低纳税人的生产和经营成本,提高经济运行的效率,并且这种效率会随着进入虚拟世界的人越多提升越明显。当人们都进入虚拟世界进行交易时,纳税人就实现了交易活动地点的虚拟化。这种虚拟化的交易活动地点也就变得不再具有现实意义,对纳税人收入实现地点的考量也就失去了作用。纳税人可以根据需要随时、随意调整其交易实现地点,让纳税交易活动地点变得不可捉摸。对现行的基于线下交易活动地点而确定收入来源地规则构成了挑战,税法将无法按照虚拟空间的交易实现地来确定交易活动的实现地点,从而确定收入来源地(辛浩,2019)。这是人工智能时代对现行税法的直接挑战,亟待解决。

(三)纳税人税收筹划便利化

纳税人能够进行税收筹划的前提是:一是纳税人面对多样化的税收制度,需要进行选择。在人工智能时代,纳税人借助虚拟空间在全国范围、全世界范围内从事生产经营活动,早就超出了一国的范围,自然面对不同国家的税收制度。因此,纳税人有选择的空间,也必然会选择对自己最有利的税收制度进行纳税。二是纳税人经营活动多元化,需要根据不同的经营活动选择适用的税收制度。在虚拟空间的帮助下,纳税人很容易进行多元化经营,甚至是跨地区、跨国进行多元化经营。这使得纳税人同样需要根据不同的经营活动选择适用的税收法律制度。因此,不管是从纳税人面对的税收制度,还是纳税人的经营活动分析,其需要进行税收筹划的需求和动机都远远超过了非人工智能时代。并且在人工智能时代,这种需求还进一步增加,人工智能时代更加便利了纳税人的税收筹划工作。可以想象,在人工智能时代,更多的纳税人具备这样的条件。税收筹划将成为越来越普遍的企业管理行为,这将给纳税人的税务管理工作带来重大挑战。

二、人工智能给税务专业发展带来的机遇

人工智能时代,纳税人的各项经济活动都会因为发生重大变化。对纳税人的纳税行为也必将产生重大变革,有以下三点表现。

(一)涉税信息采集电子化

人工智能时代,数字技术创造了虚拟空间,虚拟空间创造了全国、全世界统一的市场。实现了全国、全世界统一的商品市场和要素市场,纳税人在这个全国、全世界统一的虚拟空间中进行交易,实现了成本最低化和价值最大化。在虚拟空间中进行交易,实现了交易的无纸化,交易活动的痕迹留在虚拟空间。当纳税人所有经济活动都以电子形式存在时,企业进行税务管理活动也必将是电子形式,纳税人与税务机关的涉税信息交换也必然是以电子形式进行。涉税信息电子化之后,一方面,节省了信息传输的成本,包括传输时间、纸质成本等;另一方面,也方便了税务机关处理信息的成本。可以这么认为,纳税人经济活动电子化之后,税务管理活动也将实现电子化。税务管理活动电子化是纳税人经济活动电子化之后的

顺势而为,是数字技术革命在税收管理领域的表现。

(二) 涉税信息交换便利化

数字技术创造了一个新的空间,在这个空间中,纳税人留下了所有交易活动的痕迹,自然形成了一个数据库。这些数据库中的交易记录信息将成为税务机关进行税务管理的重要依据(杨磊,2020)。在这个数据库中:

(1) 横向部门间信息交换便利化。除了纳税人基本税务资料,纳税人交易活动所涉及的工商、银行、海关、外汇等部门信息也将这个数据库中。在人工智能时代,只要税务部门提出申请并经其他部门同意,税务机关就可以在这个数据库中查询其所想要的各类信息。这样的数据查询在税务机关内部就能完成,而不必再到其他部门去当面复制,节省了大量的人力和物力,并且非常及时和可靠。

(2) 税务部门纵向间信息交换便利化。税务部门之间数据一体化建设将成为一个重要的突破口,整个税务部门之间实现"一张网",达到了"一网通管"的效果。实现无论从哪个地区登录,都能通过一张网便利了解所有的涉税信息。

(3) 跨国信息交换便利化。跨国涉税信息交换在人工智能时代将变得更加便利,只要国家间达成协议,就能够方便地传输纳税人涉税信息资料。在区块链技术的帮助下,纳税人在虚拟空间中的所有信息都能够被保存下来,并且被篡改的可能性为"零",这样就保证了数据资料的真实性。

(三) 纳税评估信息精准化

人工智能时代,大数据将成为可能。在大数据的帮助下,税务机关对纳税人所有交易活动信息进行全方位的评估,这些信息不仅包含基本涉税信息,还将能够获取银行、海关、工商等部门的涉税信息,形成综合立体的数据结构。另外,在大数据技术的帮助下,税务机关还可以获取其他纳税人的涉税信息作为参照,使得纳税评估建立在更加可靠的数据分析分析基础之上。未来的纳税评估将以大数据为基础,建立在税务、银行、工商、海关、外汇等五位一体的数据之上,使得纳税评估更加精准,开启人工智能时代的纳税评估。

三、人工智能时代税务专业未来趋势

(一) 一网通管全覆盖

人工智能时代,"一网通管"和"一网通办"将成为税收领域的必然选择。在税务部门之间建立一张统一的网络,且是一张唯一的网络,通过这张纳税人能够在这张网上申报涉税信息,同时获取其想要的涉税资料。"一网通管"的全覆盖实现了数据的汇集,让一个个数据汇集成数据的海洋,可提高纳税评估结论的稳定性和准确性。所有纳税人的涉税信息都通过这张网络实现了数据的"云聚集",为大数据的使用提供可能。在区块链技术的协助下,保证纳税人涉税数据资料的准确性和安全性。也只有在人工智能时代,才能为大数据的使用提供可能,也只有大数据的汇集才能保证人工智能发挥应有的作用。

(二) 涉税服务智能化

通过对纳税人相关信息的收集,能够识别出纳税人的主要特征,同时根据纳税人的主要信息特征,为纳税人提供精准服务。比如,纳税人何时进行增值税申报,纳税人何时应进行所得税申报,设定提醒类功能。又如,也能够根据纳税人所处的行业,及时为纳税人报送相关行业的税收政策,特别是税收优惠政策。当前,纳税人对国家税收优惠政策并不能及时准确掌握,通过人工智能的及时准确报送,一方面,能够给纳税人提供准确的税收政策信息,另一方面,人工智能还可以提供政策讲解功能,对政策执行过程中的一些常见问题能够提供解释和答案。这样既节省了纳税人的负担,同时也节省了税务机关的人力成本(闫晴,2019)。人工智能的推送到及时而准确,既可以作为税务机关的宣传税收政策的工具,又可以作为纳税人咨询税收政策的渠道,这充分利用了人工智能处理信息的优势。

(三)税收政策精准化

大数据提供了纳税人全方位的数据信息可以对纳税人的税收负担进行精准的评估。基于对税收政策精准的评估,税收政策可以实行精准化。一是可以对不同的行业进行精准施行政策。不同的行业有不同的作用,在国民经济中发挥的作业也不相同,国家的税收政策也应有所不同。但在非人工智能时代,没有足够的数据进行评估使得国家税务机关并没有准确地掌握税收实施的效果,这样也就不能进行精确的调节。在人工智能时代,各行各业的数据都能够掌握,政策效果的评估也就能够准确完成。那么,建立在精准评估基础之上的税收政策也就更加精准。二是针对不同人群出台精准税收政策。大数据同样可以根据不同的生活和消费习惯,对税收政策进行精准制导,让税收政策落到实处。对不同的人群进行精准服务,让税收政策起到应有的调节作用。

四、人工智能时代税务专业发展对策

人工智能时代是一个新的时代。大数据成为各行各业发展的重要依赖。税收专业也不例外,将深受人工智能的重要影响,必然会导致"新文科"的建设,实现税务专业的流程再造。

(一)扎实的税务专业知识

无论是人工智能时代的税收专业,还是非人工智能时代的税收专业,扎实的税收专业知识都是税收专业的基础,没有扎实的税收专业知识将不能称为税收专业。但在人工智能时代,对税务专业知识的要求会更高。人工智能时代,不仅仅是对纳税人涉税信息的监管,同时也是对纳税人涉税服务的智能化。要想实现涉税服务的智能化,税收政策就必须精确化,让人工智能能够准确地识别税收制度的使用范围和适用条件。税收专业制定,要求税务专业人才必须对税收理论知识和原理有深入的理解和认识,让税收政策具有可行性,同时,还必须考虑执行过程中可能存在的主要问题。人工智能能否在税收领域发挥应有的作用,税收制度是否清晰和明确是第一步,也是最关键的一步。只有清晰而明确的法律制度,才能够被程序化,人工智能也才能发挥应有的作用。

(二)必备的大数据处理能力

人工智能时代,税务机关面对的已经不再是个别纳税人的数据资料。不管是从纳税人监管的数量分析,还是从服务纳税人的数量考虑,税务机关面对的都是海量的数据(张云华,商永亮,2018)。不具备海量的数据处理能力是不可能胜任人工智能时代的税务工作的。

大数据处理能力包括以下三点:

(1)涉税信息的收集能力。涉税信息包括纳税人基本的税务资料,同时也包括纳税人的涉税信息佐证资料,以及来自其他部门的涉税相关资料。这些资料都存在于网络中,需要具备相应的能力来收集。只有具备这些数据搜集能力,才能得到这些数据资料。

(2)涉税信息的处理能力。有了数据之后,还必须具备数据的处理能力,如数据之间的匹配关系等,能够处理这些数据是进行税务分析的前提,只有这样才能将这些数据价值挖出来。

(3)涉税信息的评估能力。纳税评估是现代税收服务的基本工作之一,但纳税评估的执行有赖于数据模型的建立。通过深入研究和测试,建立现代税收评估模型,将税务评估工作落到实处,发挥大数据时代税务工作的特色作用。

(三) 掌握人工智能模拟技术

无论是税收政策的科学制订,还是税收政策的准确评估,都需要人工智能的参与。计算机模拟技术是现代人工智能的重要分支和方向。对税收政策的模拟和评估是人工智能时代准确把握税收政策方向的重要依据。

它具有以下三点作用:

(1) 能够开展对税收政策的事前模拟。税收政策的出台需要有准确的模拟,对所有可能出台的税收政策进行政策效果模拟,评估可能的效果。

(2) 能够进行税收政策的事中跟踪和监管。熟练掌握人工智能数据跟踪收集的能力,能够做到随时可以收集纳税人交易过程中留下的网络记录痕迹,对交易过程进行跟踪分析,检验税收政策对纳税人交易行为的影响。

(3) 能够进行税收政策效果进行评估。税收政策执行的最后效果就是纳税人政策执行的结果,包括纳税人税负的变化,纳税人有没有享受税收政策给予的优惠,以及纳税人如何享受的,最终导致的经济运行结果有没有达到预期的状态。

参考文献

[1] AVI GOLDFARB, CATHERINE TUCKER. Digital Economics[J]. Journal of Economic Literature 2019, 57(1), 3-43.
[2] 刘尚希,孙静.大数据治税的理念、模式及应用[J].经济研究参考,2016(09):3-6.
[3] 辛浩.人工智能时代税收治理面临的挑战与对策[J].税务研究,2019(9):85-89.
[4] 李旭红."互联网+"背景下的税收管理创新[J].税务研究,2016(11):121-124.
[5] 杨磊.强化数据要素驱动推进智慧税务建设的思考[J].税务研究,2020(11):130-134.
[6] 王爱清."互联网+纳税服务"的智能化创新发展研究[J].税收经济研究,2019(6):75-86.
[7] 闫晴."人工智能+税收征管"的理念确立与制度建构[J].当代经济管理,2019(02):77-83.
[8] 谢波峰.智慧税务建设的若干理论问题[J].税务研究,2021(9):50-56.
[9] 张云华,商永亮.大数据时代税收管理的机遇与挑战探析[J].税务研究,2018(9):76-81.
[10] 孙存一,谭荣华.简析大数据支撑下的"互联网+智慧税务"[J].税务研究,2018(4):104-107.

作者简介

赵海益 上海立信会计金融学院财税与公共管理学院副教授;主要研究方向为税收与地方政府收入;联系邮箱为 zhaohaiyi@lixin.edu.cn。

质量评估

基于学评融合的网络爬虫课程教学评价案例

陈 欣

摘要 教育评价是教学过程的指挥棒,教育评价改革是高校教学改革中的一个重要环节。传统的教育评价方案往往将测验、考试作为课程评价的核心部分,对学生起到的作用局限在诊断学习成果上,未能发掘出教育评价的导向性和学习性。学评融合理念强调将评价融入学生的学习过程,让学生更多地参与进评价,从而在评价的过程中对学生进行高阶思维能力的训练。本文以"数据采集与网络爬虫"课程为例,展示了基于学评融合理念的课程教学评价案例。该评价方案借助网络教育平台的讨论、小组互评等功能,使学生在教学评价过程中能有更高的参与度,也能获得更多维度的训练。

关键词 学评融合 教学评价 网络爬虫

一、案例背景

"数据采集与网络爬虫"是面向应用统计学、经济统计学专业学生开设的专业选修课程,课程的任务是使学生熟练掌握使用 Python 在静态网页、动态网页中爬取数据的基本方法,基本掌握使用数据解析、模拟登陆等编写爬虫程序的进阶方法,为将来开展数据收集、分析研究等工作打下良好的基础。课程内容分为理论教学和实验教学两部分。其中,理论教学部分包括 Python 爬虫环境与爬虫简介、网页前端基础、简单静态网页爬取、动态网页爬取、数据解析、模拟登陆等章节,实验教学部分以案例为核心,讲解从搜狗浏览器、豆瓣、百度翻译等网站收集数据的一般方法。因此,本课程既有一定的理论性,要求学生对 http 协议等网络通信的机制和原理有深入的理解,同时,也要求学生具有较强的理论联系实践、举一反三的能力,能够将实验教学中的案例推广至实际数据收集的问题中,从而提高解决实际问题的能力。

传统的教学评价方案往往将期末考试作为课程考核成绩的主要部分。例如,在网络爬虫的课程通常以开卷的形式进行期末考试,试题包括爬虫与反爬虫、爬虫的合法性、网页前端基础等相关概念,以及在静态网页、动态网页、需要登录后才能访问的网页中爬取数据的方法等,题型采用判断题、选择、简答、应用题等方式。虽然这样的考核方式能够快速、高效地检验出学生的学习成果,但是教学评价作为教学过程中的"指挥棒",其作用不仅仅是作为学生的阶段性学习的总结,而且还能给予学生学习方向、学习方法、学习模式上的引导与监督。认知心理学家安德森曾经指出,认知过程从低级到高级,由简单到复杂,分为记忆、理解、应用、分析、评价、创造六个层级。而考试、测验的考查维度往往局限在记忆、理解、应用这三个低阶思维的层级上,它会鼓励学生去记忆知识点、去理解相关概念、去练习使用讲授的方法解决问题,但是对于学生分析、评价、创造等高阶思维能力的发展,考试、测验所能起到的作用非常有限。

二、案例设计理念

2020年,中共中央、国务院印发的《深化新时代教育评价改革总体方案》指出,教育评价事关教育发展的方向,要"坚持科学有效,改进结果评价,强化过程评价,探索增值评价,健全综合评价,充分利用信息技术,提高教育评价的科学性、专业性、客观性"。在这一方案的指导下,教育评价的相关理论也发生了新的变化。面向人工智能时代下的教育评价变革,张生等提出了"学评融合"的理念,强调将评价与学习过程相融合,进而使教育评价不仅能够促进学生知识技能的培养,而且更能促进学生核心素养的发展。

学评融合的一个重要特征是将评价的诊断性与学习性统筹为一体。测验、考试等传统的评价方式虽然有很强的诊断性,但评价过程由授课教师主导,学生只是被动的参与者,再加上评价给予学生反馈往往不及时、也非常有限,导致对学生而言,评价过程和学习过程是分离的两个部分,评价是对学习的总结,学习是获得优秀评价成绩的形成过程。但是,根据Earl的学习评价理论,评价不仅有关于学习的评价(即总结性评价)、为了学习的评价(即形成性评价),还有作为学习的评价。换言之,如果能够让学生更多地参与评价的过程中,鼓励每一位学生在接受他人评价的同时,也参与对他人的评价。那么,评价的过程也就成为一种学习的过程。评价活动不仅具有诊断学习成果、引导学习方向的作用,还能够训练学生分析、评价、创造等高阶思维能力,全面地提高学生的核心素养。

在信息技术高速发展的智能时代,如何借助大数据、5G等现代技术,将"学评融合"理念融入高校课堂教学评价方案的设计中,是具有研究价值的问题。但在现有的文献中,基于学评融合理念的高校课程评价案例还十分有限。因此,本文将以数据采集与网络爬虫课程为例,尝试将学评融合理念融入教学评价方案的设计,从而提高教学评价过程的交互性和学习性,促进学生自身核心素养的发展。

三、网络爬虫课程教学评价案例

数据采集与网络爬虫课程的教学评价由课堂表现、课外作业、期中测验、小组实验四个部分组成,其中课堂表现和期中测验占总评成绩的20%,课外作业和小组实验占总成绩的30%。

(一)课堂表现

课堂表现包括学生的出勤和课堂讨论两部分,满分为20分。具体评定方式如下:

(1)使用网络课程平台的"签到"功能考查出勤情况,每次考查满分2分,迟到1.5分,请假1分,缺勤0分。共随机考查8次,满分16分。

使用学习通等线上平台进行签到的显著优点是操作方便、节约时间。当班级学生人数较多时,常规的点名往往会占用很多课堂时间,而线上签到可以极大提高考勤的效率。同时,网络教学平台大部分会提供签到数据统计功能,为授课教师统计出勤率提供很大的便利。但是,使用在线签到的过程中也可能出现一些问题。比如,远程签到防不胜防,个别学生即便人不在教室、也可以完成签到。此外,点名虽然耗时,但可以帮助老师认识班级的学生,而在线签到减少了这一师生互动过程。针对这些问题,授课教师可以将签到时间从课前调整至课程中的随机时间,并使用二维码签到,降低远程签到的可操作性。为了更快速地熟悉学生,授课教师可以通过固定班级座位、使用座位表来认识学生。

(2)使用网络教学平台的"讨论"功能考查课堂讨论完成情况。授课教师在课程平台上发布3~5次讨论,学生每参与一次讨论得2分,参与讨论2次及以上就可以得到满分4分。

设置"讨论"模块的优点包括:

(1)训练学生独立思考的能力。例如,在讲授"爬虫的法律效力""如何合法使用、编写爬虫"知识点的同时,教师可以发布类似于"用爬虫爬取视频网站的VIP视频合法吗"的讨论,让学生通过查阅资料,加深对"爬虫的合法性"的理解。

（2）集思广益，为学生提供展示交流的平台，并将学习成果进行共享。例如，在讲解"豆瓣电影排行榜"案例之后，发布讨论"除了豆瓣电影排行榜，豆瓣网站还有哪些值得收集的数据集"，不仅可以引导学生去举一反三、主动发掘爬虫程序的价值，而且由于讨论内容是公开的，每位学生在完成讨论的同时，还能看到其他同学从不一样的角度思考后的回答，从而打开思路、获得更多启发。

（3）开放评论权限，每个学生都可以对其他同学的回答进行点赞或者评价，在对他人作品进行评价的过程中，学生的思辨能力和沟通能力也能得到训练。

（二）课外作业

布置3~5次课外作业，学生在课程平台上完成线上作业，老师在批阅后，在线上发布正确答案或进行讲解。作业题型包括程序题和简答题，每次作业按满分100分进行评分，评分标准如表1所示。

表1 课外作业评分标准

评分区间	程序题评分标准	简答题评分标准
90~100分	程序题书写符合Python规范、简介、条理清晰，程序有详细的注释，结果正确	简答题思路清晰，表达流畅，提出有价值的观点
80~89分	程序题书写符合Python规范、简介、条理清晰，程序有一定的注释，结果正确	简答题思路清晰，表达流畅，提出较有价值的观点
70~79分	程序题书写符合Python规范、简介、条理清晰，结果正确	简答题表达流畅，提出个别有价值的观点
60~69分	程序题结果正确	简答题提出极个别有价值的观点
1~59分	程序题结果不正确	简答题未给出有价值观点
0分	不交作业，或抄袭作业	不交作业，或抄袭作业

（三）期中测验

在课程的教学中期，授课教师安排一次期中考试。期中考试满分为100分，依托网络教学平台完成，考试范围包括爬虫基础知识、网页前端基础知识、程序编写三个部分，考试题型包括填空、选择、判断等。具体考查知识点和考查题型分布如表2所示。

表2 期中测验考点与题型分布

模块	考查知识点	考查题型
爬虫基础知识	爬虫的原理	选择、判断
	爬虫的合法性	简答
	爬虫的类型	选择、判断
	常见的反爬机制	选择、判断
网页前端基础	HTTP请求方法与过程	选择、判断
	常见的HTTP状态码	选择、判断
	HTTP头部信息	选择、判断
	Cookie机制	选择、判断

(续表)

模块	考查知识点	考查题型
程序编写	Requests函数的使用	代码填空
	数据解析	代码填空
	模拟登陆	代码填空

其中,爬虫基础知识和网页前端基础涉及的理论概念较多,主要以选择题和判断题的方式考查学生对相关概念的熟悉程度,如:

例1 设置requests.get()中的header参数时,应该参照哪个头信息?
A. User-Agent　　　　B. FormData　　　　C. Response Header　　　　D. Request Header

程序编写部分使用代码填空题的方式,将案例代码中的部分关键词语删去、让学生补充完整,如:

例2 简易网页采集器

import requests
url = 'https://www.sogou.com/web'
headers={
【空格1:'User-Agent'】:'Mozilla/5.0 (Macintosh;Intel Mac OS X 10_15_7) AppleWebKit/537.36 (KHTML,like Gecko) Chrome/91.0.4472.106 Safari/537.36'}
keyword = input('enter a word you want to search:')
param = { 'query':【空格2 keyword】}
response = requests.get(url=【空格3 url】,params=【空格4 param】,headers=headers)
page_text = response.text
fileName = keyword+'.html'
with open(fileName,'w',encoding='utf-8') as fp:
　　fp.write(【空格5 page_text】)

(四)课程实验

课程实验是本教学评价案例中,体现学评融合的最重要的部分。课程实验分为开展实验、成果展示、实验评价以及反思改进四个环节。每一环节的具体实施方法如下:

(1)开展实验。学生以不超过5人为一组进行自由组队,每一组选择一个感兴趣的主题,通过用Python编写爬虫程序、从网络上爬取相关主题的数据,并以博客的形式阐述爬取数据的相关流程。

(2)成果展示。学生以小组为单位,在课堂上展示小组实验的成果,展示内容包括:①阐述选择该主题的原因;②演示爬取数据的实现过程;③介绍爬取数据过程中遇到的问题及解决方法;④通过图表对最终获得的数据进行简要分析

(3)实验评价。每一位同学对其他小组的作品进行评价,并以小组为单位给出评分,评价表和参考评分标准见表3和表4。

表3 组间互评表示例

组别	选题	对该组作品的评价	对该组作品的评分
1		组员1:	
		组员2:	

(续表)

组别	选题	对该组作品的评价	对该组作品的评分
1		组员3：	
		组员4：	
		组员5：	
2		组员1：	
		组员2：	
		组员3：	
		组员4：	
		组员5：	
……		……	

表4　组间互评评分标准

评分项目	评分区间	评分标准
选题	8~10	选题非常有意义，获取的数据有较强的分析价值
	6~8	选题有一定意义，获取的数据有一定的分析价值
	0~6	选题没有太大意义，获取的数据基本没有分析的价值
代码	8~10	程序书写符合Python规范、条理清晰，程序有详细的注释，结果正确
	6~8	程序书写符合Python规范，结果正确
	1~6	程序书写不太符合Python规范，结果正确
	0	程序结果不正确
讲解	18~20	思路清晰，表达流畅，重难点部分解释详细，提出有价值的观点
	16~18	思路清晰，表达流畅，重难点部分有一定的解释
	12~16	思路清晰，表达流畅
	0~12	表达通顺

通过增加"实验评价"环节，学生不仅需要对自己的实验过程进行总结与展示，还需要阅读他人的作品，并给出评价和改进意见。而后者往往可以促使学生将其他小组的实验成果与本组的实验成果进行比较与总结，使思考的维度得到扩展、总结的深度得到提升。

（4）反思与改进，在展示和评价活动结束之后，将评价和评分反馈给各小组，各小组根据评价意见进一步修改完善实验内容，并提交一份实验报告。实验报告的内容包括：①选题的意义和价值；②爬取数据的实现流程；③对收集到的数据的描述性分析；④实验过程中遇到的问题及反思总结；⑤爬虫程序的源代码及爬取的全部数据。

课程实验的最终得分由组间互评分数、组内自评分数和教师评分三部分组成。其中，组间互评分数是"实验评价"环节，以小组为单位，每一组对其他小组的课堂展示进行评分，占实验成绩的40%；组内自评是在实验完成之后，由各组的组长，对所在小组成员的参与情况进行评分，占实验成绩的30%；教师评分是由任课教师根据各小组最终提交的实验报告给出的评分，占实验成绩的30%，实验报告的评分标准见表5。

表5 实验报告评分标准

评分区间	评分标准
90~100分	程序书写符合Python规范、简介、条理清晰，程序有详细的注释，结果正确。实验报告思路清晰，表达流畅，提出有价值的结论
80~89分	程序书写符合Python规范、简介、条理清晰，程序有一定的注释，结果正确。实验报告思路清晰，表达流畅，提出较有价值的结论
70~79分	程序书写符合Python规范、简介、条理清晰，结果正确。实验报告表达流畅，提出个别有价值的结论
60~69分	程序结果正确。实验报告提出极个别有价值的结论
1~59分	程序结果不正确。实验报告未给出有价值的结论
0分	未完成课程实验，或实验报告抄袭

四、案例总结

本文以"数据采集与网络爬虫"课程为例，展示了基于学评融合理念的教学评价案例。本案例在充分利用信息技术的基础上，通过改进考勤方法提高学生的出勤率，端正学习态度；通过使用网络平台的"讨论"功能鼓励学生积极参与课堂研讨，激励学生在讨论中拓宽思路，敢于质疑，提出自己不同的见解；通过精心设计课外作业的评分标准，以及期中检测着力培养学生的诚信意识，独立思维的态度；通过课程实验中开展实验、成果展示、实验评价、反思改进四个环节的设计，将理论与实践相结合，充分发扬学生的团队合作精神、有助于学生在表达自己独到的见解的同时接纳他人合理正确的意见，有助于学生发现问题、提出问题，并从不同的角度去思考问题，探索解决方案，激发学生新的学习动机，培养科学探索精神。学生在评价过程中参与度的提高，使得评价过程兼具总结性、引导性和学习性，对学生的分析、评价、创造等高阶思维能力的发展有显著的促进作用。

本案例具有以下几个方面特点：贯彻中央教改精神，培养学生核心素养；充分调研教学实情，探求最佳教学途径；打破常规评价方案，融入现代信息技术；助力教师深耕课堂，促进学生全面发展。通过指导学生学习理论与实际操作相结合，学习评价与学习过程相融合，课堂学习与课后检测相结合，个人学习与小组协作相配合，从而充分调动学生学习的积极性主动性，提高课堂教学的实效性，开发学生的创造潜力，促进学生全面发展。

总之，本案例是作者在研究教学内容、分析教学目标的基础上，在观察调研学生学习中存在的各种真问题、真困惑，借助现代信息技术，不断探索解决问题的可行性方案的教育教学实践中而产生，可操作性强，因而对于今后的教学具有一定的指导意义。

参考文献

[1] 安德森.学习、教学和评估的分类学[M].上海：华东师范大学出版社,2008.
[2] 国务院.中共中央国务院印发《深化新时代教育评价改革总体方案》[EB/OL].(2020-10-13)[2022-08-31]. http://www.gov.cn/zhengce/2020-10/13/content_5551032.html.
[3] 张生,王雪,齐媛.人工智能赋能教育评价:"学评融合"新理念及核心要素[J].中国远程教育,2021,02:1-8,16,76
[4] EARE, LORNA M. Assessment as learning: Using classroom assessment to maximize student learning[M]. Corwin Press, Inc., 2003.

作者简介

陈 欣 博士,上海立信会计金融学院统计学教学学院讲师;主要研究领域为统计学;联系邮箱为chenxin@lixin.edu.cn。本文的通讯作者。

一流本科背景下教学质量管理与监控体系闭环管理研究

——以上海立信会计金融学院为例

林爱琦

摘要 目前,"双一流"建设是高校建设的新趋势和新队标。上海立信会计金融学院作为上海市属应用型财经类高校,以"双一流"建设为契机,立足学校办学实际,探索一流本科背景下教学工作的开展与实施。高校教学质量是本科教学的生命线,也是保障人才培养质量的坚实基础,在双一流本科专业建设过程中占据极其重要的地位。本文着眼于在一流本科专业建设背景下,学校对教学质量管理与监控体系的闭环管理模式构建与研究的探索,具有非常重要的现实意义。

关键词 一流本科 教学质量管理与监控 闭环管理

高校培育人才,归根结底要回归到教育的初心与本源。教学质量就是其中一个极其重要的组成因素。教学质量的高低与好坏,直接影响高校育人育才的成效。而教学质量保障与评价监督体系又恰恰为高校教学质量的把控提供切实有力的保障,其建设的完善对一流本科建设的成效乃至人才培养的成果具有非常直接的影响。如今,"双一流"建设是上海立信会计金融学院在新时代建设的新目标和新机遇。学校以"双一流"建设为契机,立足办学实际,探索一流本科背景下教学工作的开展与实施,力争建设更多的一流课程、一流专业、一流学科。

一、一流本科专业建设的目标与任务

为深入落实全国教育大会和《加快推进教育现代化实施方案(2018—2022年)》精神,贯彻落实新时代全国高校本科教育工作会议和《教育部关于加快建设高水平本科教育全面提高人才培养能力的意见》、"六卓越一拔尖"计划2.0系列文件要求,推动新工科、新医科、新农科、新文科建设,做强一流本科、建设一流专业、培养一流人才,全面振兴本科教育,提高高校人才培养能力,实现高等教育内涵式发展,经研究,教育部决定全面实施"六卓越一拔尖"计划2.0,启动一流本科专业建设"双万计划"。[①]

二、上海立信会计金融学院一流本科专业建设目标与任务

(一)建设目标

落实立德树人根本任务,围绕"建设国际知名、国内有重要影响、经管理法文等多学科协调发展、特色

---

① 教育部办公厅关于实施一流本科专业建设"双万计划"的通知。

鲜明的高水平应用型财经大学"的发展目标,坚定不移走内涵式发展道路,构建高水平人才培养体系,推动学校专业进入国内一流的行列或前列,在国际上具有一定竞争力,全面提升本科教学质量,培养高素质的应用型、复合型高素质财经人才。[①]

(二) 建设任务

1. 打造有立信特色的应用型财经人才培养模式
(1) 优化人才培养模式。
(2) 提升教师教学能力和水平。
(3) 实施"公共课改革"。
(4) 深化卓越财经人才培养。
(5) 加强重大教育教学问题研究。

2. 分层推进一流专业认证和一流专业建设
(1) 建设引领行业发展的一流专业。
(2) 实现课程思政和专业思政建设全覆盖。
(3) 强化学生实践能力和创新能力培养。
(4) 构建开放共享的云实验实训教学平台。
(5) 探索"数据+"财经人才培养。
(6) 推进产学研深度融合和协同创新。

3. 高标准建设一流课程。
(1) 实施"十百千"优质课程建设计划。
(2) 大力推动在线开放课程建设与应用。
(3) 推动先进教学方法改革和应用。
(4) 建设立信特色教学资源。

综观我校关于一流本科专业建设的目标和任务,其核心在于对标一流本科专业建设背景下的一流课程、一流专业的建设,通过打造新的教学模式、教学平台、课程平台、教学资源等,推进产学研深度融合和协同创新,从而推进、打造具体立信特色的应用型财经类人才培养的改革。其中焦点分别又在于教师教学能力和水平的提升和教学质量的提高。教师教学能力和水平的提升对教学质量和人才培养质量的提高具有显而易见的正面影响。

目前,学校对于教师教学能力和水平的提升、对教学质量监控与保障,主要基于校院两级管理的监督与评价,包括校级督导、院级督导、同行评价、学生评教等方式。其质量监控与评价的模式基本与同类高校大同小异,或者说还是属于比较传统的,偏重于结果评价,其对教学过程的监督与评价比较欠缺。这对于"符合新时代一流本科建设"这一更高的要求,显然是远远不够的。

三、闭环管理的内涵

在管理学范畴上,闭环管理是综合闭环系统、管理的封闭原理、管理控制、信息系统等原理形成的一种管理方法。在社会生产实践过程中,一方面,闭环管理把全公司的供-产-销管理过程作为一个闭环系统,并把该系统中的各项专业管理,如物资供应、成本、销售、质量、人事、安全等作为闭环子系统,使系统和子系统内的管理构成连续封闭和回路且使系统活动维持在一个平衡点上;另一方面,面对变化的客观实际,进行灵敏、正确有力的信息反馈并做出相应变革,使矛盾和问题得到及时解决,决策、控制、反馈、再

---

① 上海立信会计金融学院高水平地方应用型高校一流本科建设实施方案.立信会计金融教〔2019〕2号。

决策、再控制、再反馈……从而在循环积累中不断提高,促进企业超越自我不断发展。可以说,闭环管理非常强调设定目标,发现、分析问题,提出解决问题方法和步骤,强化过程管理、实施持续改进,不断优化目标的实现路径。

将闭环管理的模式引申到高校教学管理模式中,尤其是对高校教学质量管理与监控体系的建设,以提高教育教学质量为目标,持续改进、优化、提升教师教学能力和水平、教学环节的监督与过程化评价,从而不断达成目标,这也是高质量教学最需要的模式。

四、教学管理过程中实现闭环式管理的原则

(一) 校院多级系统整体性

教学质量是高校人才培养的生命线。教学质量管理与监控是学校人才培养质量的重要保障,也是促进教师教学水平稳步提升的一个重要举措。基于学校一流本科专业建设的视角,结合学校应用型财经类院校的办学特色,进一步贯彻落实人才培养与教学中心地位,教师教学水平与质量是一个显著的指标体现。二级学院是本科教学的基层组织,再下沉到系部、教研室乃至某个教学团队,由此衍生形成校、院、系等多层教学管理模式与教学质量管理与监控的体系。这就需要至少在校、院两级系统层面形成整体性合力。通过校、院两级乃至校、院、系、教学团队等三级或四级层面的有机整合管理,自上而下形成完善的教学质量管理与监控体系,强化顶层设计,明确建设与提升目标,形成有机联动。只有构建"设定目标——监控与评价——发现分析问题——反馈改进与优化"的闭环管理模式,才会达到预期的效果。

(二) 构建完善的制度保障体系

"没有规矩不成方圆",没有制度管理就没有约束。一个国家、社会、组织乃至家庭发展都离不开规矩的约束与制度的管理保障。高校的教学与人才培养同样需要相应的教学管理规章制度来保障,所谓"兵马未动,粮草先行",教学管理制度是高校开展教育教学活动的"先行粮草"。从教育部到省、市、地方院校,科学、完善的教学管理制度是保障高校有序开展教育教学活动与人才培养的坚实基础。教学质量管理与监控制度作为其中的一部分,它涵盖教师教学规范、教学评价、教学督导工作、试卷质量监控、毕业论文工作管理等相关的管理制度与办法,以教育部、省、市、地方教育管理部门的上位制度为引领,立足学校、学院的实际办学情况,结合校、院办学特色或专业定位,从而形成一套完善、科学、合理的教学质量管理与监控制度体系。

(三) 明确人员岗位职责

高校教学回归教学的初心就是为党育人、为国育才,其着眼点在于人才培养质量和教学质量。教学质量是我校本科教学的生命线,直接影响着新时代一流本科专业建设的成效和人才培养质量的高低。本科教学质量不仅仅是一线专任教师的教学职责和工作要求,同样也是学校、院系乃至全校所有教师与管理人员共同的坚守。学校教学管理组织部门和院系层面是校院两级教学管理规章制度体系的构建者。全体教师和管理人员是规章制度的践行者和执行者。教学质量管理与监控体系属于教学管理制度体系的一部分,专任教师和管理人员需要全员、全过程、全方位的高度重视教学质量管理与监控的工作要求与目标任务,明确各自的岗位职责,教学、管理、服务三者相辅相成,互相扶持又相互补充,始终贯穿于人才培养的全过程。对专任教师来说,严格遵守教学规范,提升自身的教学能力和水平,保障教学效果,提高教学质量,就是高校教师的天职。对教学管理人员来说,牢固树立以师生为中心的管理服务理念,严格执行教学管理流程和规章制度,提高业务能力水平,细化工作流程,提升管理服务工作成效,同样是作为高校教师尤其是管理人员兼具"教"与"管"的职能和使命。另外,一般来说,部分专任教师还兼具教学管理人员的角色,他们是学校教学管理组织部门的管理者、学院教学副院长、系主任,或者是行政兼课教师等。具有双重或多重身份的教师或管理人员,应该时刻牢记双重或多重身份的岗位职责,对于教学与管理要两手抓,两手都要硬,以身作则,坚守更高更严的要求,为学校、院系其他教师树立标杆榜样。

(四)注重过程管理科学性

教学是一个过程,一般的课程教学以一学期或者半学期为单位。在理论课堂教学方面,教师教学过程包括课前准备、课堂组织、课堂授课、课后总结与反思、作业与试卷等内容。目前的教学评价更多注重于课堂教学过程的评价,忽视对课前准备、课堂组织与课后等教学工作的评价。在实验实践类课程教学方面,由于社会实践、调查研究等第二课堂的特性,它们更注重教师指导学生开展社会实践、调查研究等实践类课程的过程,兼顾指导的成果与成效。目前来说,学校与学院构建的两级教学质量管理与监控模式,其主要手段和方式是教学督导、领导评价、同行评价、学生评教四种。而教学督导和学生评教又是其中占比最大的监控与评价方式。就目前的督导、领导、同行以及学生听、评课的监控与评价方式来说,其不免显得单一和片面。单一的课堂教学效果以评教作为评价标准存在一定的偏差。如何将教学质量监控与评价开展过程性与即时性评价相结合,以科学、合理的评价指标体系来评价考核,尤其注重过程管理的科学性,这就显得尤为重要。特别是在对标一流本科专业建设过程中,以一流的师资队伍、一流的教学质量与水平建设一批一流课程、一流教学平台进而推进一流本科专业的建设,具有极大地推动作用。

(五)及时反馈整改形成良性循环

无论是注重过程化还是结果导向型的教学质量管理与监控、教学评价,开展落实各项监控与评价的举措后,及时将监控与评价的结果反馈到被评价人。监控与评价结果的好坏,被评价人都可以及时得到反馈信息,并对此做出反思或改进举措。尤其是对评价结果不理想的教师来说,及时、客观、有效的监控与评价结果对其克服原来自身存在的不足,取长补短,探索更优更好的教学方法或提升教学水平和教学质量具有非常正面的推动作用。对于监控或评价结果比较优良的教师,也可以再接再厉,优中选优,扬自己之长,取他人之长,进一步提升其教学水平和质量。由此形成"监控评价——总结反馈——反思整改——优化提升"的良性循环。

(六)严格考核与强化奖惩模式

规章制度的落实、落地,尤其是教学质量管理与监控的制度与举措完全得到贯彻落实,最终依归还是在评价考核与考核结果的应用上。在教学质量管理与监控体系中,教师教学评价占据了极其重要的比例。客观、科学的教师教学评价结果是真实反映教师教学水平的一个重要依据。它包含学生、同行、督导等多层级评价人员多方位的综合考评,具有积极的参考意义。首先,教学评价的结果使教师对自身的教学水平有了一定的认识,及时得到评价者的反馈意见,可认识到自身存在的不足和相互之间的差距。其次,学校、院系可将教师教学评价结果加入教师个人职业发展、职称评定、年度考核,作为一项重要的参评依据和标准,赋予其实际意义。对评价优秀的教师,开展多样化的物质奖励或精神鼓励,如增加教学奖励津贴、教学奖项等,这样对教师个人和教师群体都具有激励作用。对评价结果较差或者不合格的教师,酌情扣减其绩效、津贴,也能起到激励、鼓励该教师进一步努力提升的正面促进作用。最后,院系可根据教学评价的结果,针对教师教学存在的不足,开展集中性培训与交流学习,扩大教师教学改革的支持力度,鼓励教师发挥个人教学的特色和发掘潜力,整体提升学院与专业教师的教学水平。

五、实现闭环式管理教学质量管理与监控体系的保障与举措

(一) 思想意识,提高校院两级、全体教师对教学质量的重视

教学质量是高校人才培养的生命线。教师教学的水平与质量直接决定了高校人才培养的质量高低。作为高校教师,教学与科研是两项最基本也是最重要的工作,同时其也是校院对教师个人工作考核的两项内容。然而,由于科研成果的考核指标易量化、易评价的特性,加之教师教学水平难以量化、难以评价,尤其在教师职称评定的过程中,科研评价所体现出来的重要性可以说是占压倒性优势。其中虽对教师教学的课时工作量、教学评价等也会有所要求,但事实上也仅仅停留在表面的考核,而教师教学水平如何、质量好坏却并不是关键依据。在教师个人发展上来说,科研评价比教学评价来的性价比更高,也更有实际效益。由此,这样导致的普遍现象是教师"重科研、轻教学",对自己的教学任务可能只是完成就好,备课马虎,授课松懈,对教学质量自然也就放松了。这对我校对标建设一流本科专业建设的目标和任务也会产生非常不利的影响。

提高对教学质量的重视是建设一流本科专业对高校的首要要求。无论是学校教学组织管理部门还是院系、一线教师,都应该深刻认识教学质量对人才培养质量的直接影响,坚持以本为本,从教学组织活动、同行评价、师生沟通等方方面面认识不足与改进、提高教学水平,严把教学质量关,严守教学质量管理与监控体系的规范与引导。教师教学评价是教学质量监控体系的重要组成部分。进一步来说,学校相关部门、院系亦应提高对教师教学质量管理与监控或教学评价结果在教师个人职业发展中的参照比重,从而使教师个人主观意愿和客观制度有机结合,切实将教学质量和管理、监控的工作提升到本科教学主导的重要地位。

(二) 完善制度保障,构建科学、客观、合理的教学质量管理与监控体系

我校的教学质量管理与监控体系主要包括校院教学管理类规章制度和教师教学评价类规章制度。构建完善、科学、合理的校院两级的教学管理规章制度,对专任教师、教学管理人员开展教学和教学管理工作具有规范和引导的重要作用。专任教师开展规范教学是教学质量的前提和保障。教学管理人员开展规范的教学管理工作是服务教学管理和师生的后勤保障。两者互相支持、相辅相成,是保障我校本科教学质量的坚实基础。

教师教学评价规章制度是我校教学质量管理与监控体系的核心内容之一。其中最主要的指标包括教学工作量、教学评价和教学研究与改革等。教学评价又是其中占比最大的监督评价内容,包括学生评教、校院督导督查和院系同行评价。学生评教只针对教师课堂授课的部分,忽视了对其他教学过程如课前组织、课后反思、课后指导等方面的评价。院系同行评价也经常只着眼于课堂教学的听评课。校院两级督导的督查主要包括听评课、试卷与毕业论文抽查。对教师教学评价也只停留在课堂教学与考核层面,且督查结果对教师并无实质性的约束作用,比较流于形式。实际上,高校教学的过程是一个系统化的过程,各个专业、学科乃至课程自有其独特性,不能一概而论。仅仅针对教师课堂教学的评价无疑是有失偏颇的,也是不够全面和客观的。无论是理论课程还是实务课程,以目前仅有的学生评教和校院两级督导督查来评价教师教学,忽略了教学过程的评价,这是不够全面与客观的。

建立健全教师教学评价体系以及教学质量保障组织势在必行。首先,在校院两级教学评价体系建设的基础上,充分对标我校一流本科专业建设的目标与任务,还可以融入各院系的专业办学特色,成立教师教学评价考核小组,科学制定、增加与细化评价指标,确定考核与评价的内容,合理设置比例权重,做到教学全过程与教学效果评价相统一、即时性评价与延迟性评价相统一、教师"教"与学生"学"的评价相统一。其次,在评价过程中,安排专人负责评价事务,加大对学生评教、同行听评课、督导督查的宣传力度。最

后,运用科学、客观的方法计算,汇集多方评价工作的成果,尽量剔除主观因素的影响得出客观真实的评价结果,并及时反馈教师评价结果。对教学过程中的不足,及时反思、改进,相互学习、交流经验,切实提高教师教学水平与质量。

(三) 人员配备,组建高质量的教学质量管理与监控的人员队伍与工作机制

构建起科学、完善的教学质量管理与监控体系之后,制度与保障的执行还需组建一支思想认识高、业务能力强的高质量的人员队伍,以确保将教学质量管理与监控体系的各项规章制度、评价指标、考核因素等落地落实。

1. 建立校院两级督导闭环管理工作机制

教学督导是目前高校普遍参与教学质量管理与监控的主力军。他们教学经验丰富,一般是本校或外校的具有高级职称的退休教师。经年累月的高校教学经验与资源,让他们在担任教学督导对教师教学质量的监控与评价,具有极其重要的参考意义。

目前,我校的教学督导分为校级督导和院级督导。根据相关的督导工作的规章制度,基本对校、院两级的督导工作的开展的任务如听评课、试卷质量监控、毕业论文质量监控等以及工作要求都做了详细的规定。然而,在实际工作开展中,教学督导人员队伍的水平可能存在参差,对质量监控和评价的把控也存在私情或主观偏颇的情况。针对此类情况,笔者认为,对我校、院两级督导的工作规范与考核还需进一步强化顶层设计,对教学督导的聘任需要优中选优,并分别建立校、院教学督导两支队伍的闭环管理机制,形成"设定目标—督导督学—过程与结果评价—反馈整改—反思提升"的督导督学与教学评价规范流程。同时,应强化两支队伍适度的沟通与交流,有机整合校院两级督导质量监控与评价的成效。另外。还需要定时从校院两级层面开展教学督导与教师面对面的交流与联系,就督导督学与评价过程中发现的问题与不足及时做出反馈与反思。

2. 建立院系领导、同行评价闭环管理工作机制

院系是高校开展本科教学的基层组织。院系里所属的专任教师组建的教学团队或教师个人是开展本科教学的一线组织和人员。具有同样学科、专业背景但又不同学缘的专任教师群体,在日积月累的教学工作、科学研究过程中,逐步形成一个相互了解的一个熟悉的团体。在我校,院系领导、同行听评课制度一直在实施,也是作为学校、学院教学质量管理与监控、教师评价的一项重要举措。每学期的教学观摩、院系领导听评课、教师互相听评课等工作要求也都会有一定的要求与任务。但不可避免的是,所谓的"熟人社会"里会形成"你好我好大家好"的私人情谊或者人情、脸面所碍的不良风气,互相听评课不免流于形式,浮于表面,只限于完成任务。但院系领导、同行评价的举措如果落到实处,产生的实质性评价价值是不可估量的。所谓的知己知彼在同行听评课制度落实落地过程中会产生非常积极的作用。因此,在目前学校教学管理与监控组织部门设定的规章制度引领下,学院层面需要进一步细化顶层设计,完善院系领导和同行听评课制度,将听评课的任务与要求做细化分解,设定客观、科学的指标因子,开展匿名评价以确保互评结果的客观性与有效性。同时,将院系领导听评课与同行互评的结果及时在院系范围公开、公布,定期召开院系部教研活动、反馈交流会,形成"设定目标—听评课—交流反馈—整改提升"的闭环管理模式,相信会对现行的院系领导、同行听评课的成效有所提升。同样的,在试卷质量监控与毕业论文质量监控工作方面,充分发挥院系领导、教学委员会等工作职责,强化质量评审与把关,增加互评互审机制,可有效促进试卷、论文的质量的提升。

3. 建立学生教学信息员闭环管理工作机制

在本科教学中,学生群体最为一个最庞大的群体,是被教育者,也是教学的直接受益者。学生群体对高校教师的授课与教学质量具有最直观的反馈和反映。因此,学生评教在目前来说是高校教学质量监控的一项占比非常大的重要手段和措施。一般的学生评教是在课程结束后的某段时间内对任课教师展开的,不免会有滞后性和主观性的不足。在我校目前的学生评教工作中,学生对于教师教学的过程性评价

是非常缺失的,他们仅仅着眼于结果性评教。这也不利于教师在教学过程中及时开展教学反思和对不足进行整改。

因此,学校可以在全校范围内选拔优秀的部分大学生群体,组建一支涵盖全校全部班级的学生教学信息员队伍。对于一名优秀的大学生来说,对自己的学习研究、专业职业、未来发展有清晰的规划,对教师教学质量和教学成效也会有非常明确的要求和客观理性的判断。经过对学生教学信息员队伍的专业化培训和引导,提升他们对教师教学质量过程化的观察与评价,加强其与教师教学过程中的联系与沟通,对标教学过程评价体系与指标因素,对教师教学过程的优劣进行监控与评价。同时,注重建立及时反馈与沟通机制,并将该评价结果与学生后期的评教成绩进行有机整合,做到更客观、更科学,更大程度保证学生评价的有效性。

(四)及时反馈与整改,改进不足,切实提高教学质量与水平

高校教学质量管理与监控主要是对校院教学管理规章制度的落实、教师的教学评价、试卷质量监控、毕业论文质量监控等内容。前期院系对校院两级教学管理规章制度的贯彻落实的程度,对学校教学管理部门、学院在教学过程和教学后期对教学质量监控的开展有最直观的影响。前期的教学管理与质量监控越规范越严格,后期的监督评价开展越顺利也越有效。无论是教学督导的督教督学,院系领导、同行评价监督,还是学生评教评价,监督与管理的科学、合理、客观非常重要,同样,监督与管理的结果与反馈也同样重要。及时反馈、整改不足是教学质量管理与监控闭环管理中极其重要的一个环节。通过交流会、教学观摩活动、教研室活动、校院级大会等面对面的活动方式,或以邮件、告知书等线上信息化方式,对教学督导、院系领导、同行监督评价、学生评教评价等结果及时反馈到教师个人。及时反馈、及时反思、及时整改,才能最大限度将监督与评价的有效性发挥到极致。另外,及时反馈的时间有效性也可以给教学质量存在不足的教师更多的时间间隔和机会做反思与整改。毕竟教学水平与质量的提升非一日之功,也不是主观上想提升就能提升的,需要教师投入更多的时间和精力去探索、学习。教师个人教学能力和水平的提升,在院系层面聚沙成塔、集腋成裘,进而促进学院、学校师资队伍整体教学能力和水平的提升,切实促进教学质量的提升。这在我校一流本科专业建设过程中是极其重要的。

(五)严格考核,科学应用考核结果落实奖惩措施

客观、科学、有效的教学质量监控与监督评价是真实反映教师教学水平的一个重要依据。它包含学生、同行、督导等多层级评价人员多方位的综合考评,具有积极的参考意义。首先,教学质量监控与监督评价的结果使教师个人对自身的教学水平有了一定的认识,可及时得到监督与评价者的反馈意见,认识到自身存在的不足和相互之间的差距。其次,学校、院系可将教师教学质量监控与监督评价结果加入教师个人职业发展、职称评定、年度考核,作为一项重要的参评依据和标准,赋予其实际意义。最后,院系可根据教学质量监控与监督评价的结果,针对教师教学存在的不足,开展集中培训与交流学习,扩大教师教学改革的支持力度,鼓励教师发挥个人教学的特色和发掘潜力,整体提升学院与专业教师的教学水平与教学质量。

完善的教学质量监控与监督评价体系,真实客观的教学质量监控与监督评价结果需要建立完善的奖惩机制保障落实实施。对于教学质量监控与监督评价存在较大问题的,甚至是出现教学事故的,按照校院两级的规定,予以认定并给予一定的惩罚措施,如年度考核不合格、职称评定予以否决或者延迟。对于表现优秀的教师,可以在院系内部树立标杆,召开交流学习会分享先进经验,并给予一定的精神奖励和物质奖励,如年度考核优秀、职称评定优先或者推荐学校、院系的先进典型或荣誉称号等。奖惩分明的机制和措施可将教学质量监控与监督评价各项规章制度和结果落到实处,对于教师切实提高教学水平与教学质量具有非常重要的现实意义。

五、结论

在推进"双一流"建设过程中,我校以建设一批一流课程、一流专业、一流学科为目标,以做强一流专业、培养一流人才为任务,逐步推进学校迈入"双一流"高校建设队列离不开本科教学质量管理与监控。这是我校本科教学的生命线,是专任教师和教学管理人员的天职,是践行教书育人使命的初心和依归。首先要构建科学、完善、合理的教学质量管理与监控体系,全员、全过程、全方位地执行相关规章制度。其次要设定明确的管理与监督目标,引导、监督学校全体教师严格遵守教学质量管理与监控评价各项制度与要求,明确在教学环节中各类教师与管理人员的岗位职责,强化过程化与结果化评价监督,及时反馈与反思整改,严格考核与落实奖惩机制,形成教学质量管理与监控闭环管理机制,切实提升教师个人教学质量水平与能力的提升,加强教学管理人员的教学管理业务能力和工作成效,最终使得院系、学校整体教学质量得到有效优化和提升,从而逐步提高我校在推进"双一流"建设过程中本科教育人才培养质量,最终稳步做强"一流"本科,培育"一流"人才。

参考文献

[1] 中华人民共和国教育部.教育部办公厅关于实施一流本科专业建设"双万计划"的通知[EB/OL].(2019-04-10)[2022-11-17].http://www.moe.gov.cn/srcsite/A08/s7056/201904/t20190409_377216.html.

[2] 上海立信会计金融学院.上海立信会计金融学院高水平地方应用型高校一流本科建设实施方案[EB/OL].(2019-03-22)[2022-11-17].https://www.lixin.edu.cn/wcm.files/upload/CMSnewjr/201910/201910110209043.pdf.

[3] 林爱琦.基于应用型本科人才培养视角下的教师教学评价体系研究——以税收学专业为例[J].税收学应用型本科专业建设的理论与实践探索论文集,2018,9.

作者简介

林爱琦 硕士,上海立信会计金融学院财税与公共管理学院助理研究员;主要研究领域为高等教育管理;联系邮箱为 laq@lixin.edu.cn。

基于 CEEAA 的财经类高校二级学院教学质量保障与监控体系设计

——以上海立信会计金融学院为例

胡翠华

摘要 在工程人才紧缺的背景下,为满足国家、社会和市场对符合行业要求的人才工程师的迫切需求,本文以上海立信会计金融学院信息管理学院为例,设计了面向工程教育认证的"学校—学院—专业"三层教学质量保障与监控体系,希望通过二级学院教学质量保障与监控体系、专业教学质量保障与监控体系、校级督导工作长效机制设计和院级督导工作长效机制设计反促人才培养模式改革,逐步培养提升学生分析和解决复杂工程技术问题的能力。在工程人才紧缺的背景下,希望该体系满足国家、社会和市场对符合行业要求的人才工程师的迫切需求,也希望该体系能为其他财经类高校的理工类专业面向工程教育认证设计教学质量保障与监控体系提供借鉴。

关键词 CEEAA 教学质量 二级学院 财经类高校

2019 年 6 月,上海立信会计金融学院信息管理学院(以下简称信息管理学院)启动中国工程教育专业认证相关准备工作,设定了在未来的 3 年计算机科学与技术专业向中国工程教育专业认证协会(China Engineering Education Accreditation Association,CEEAA)提交专业认证申请,并希望能得到受理的工作目标,同时,希望学院新专业数据科学与大数据技术的专业建设亦按照中国工程教育专业认证的标准进行筹划准备,以期未来能顺利通过 CEEAA 的现场考查与认证审查。为符合教育部工程教育认证的标准、对接国际工程教育质量标准,满足贯穿参与认证专业建设所需达到"申请认证的专业应当提供足够的证据,证明该专业符合本标准要求"的评价关键指标,信息管理学院设计了相应的教学质量保障与监控体系,希望通过教学质量监控反促人才培养模式改革,逐步培养提升学生分析和解决复杂工程技术问题的能力,在工程人才紧缺的背景下,希望该体系满足国家、社会和市场对符合行业要求的人才工程师的迫切需求,也为顺利通过工程教育专业认证做准备。本文以上海立信会计金融学院信息管理学院为例,探讨财经类高校二级学院教学质量保障与监控体系的设计问题,期望能为其他财经类高校的理工类专业面向工程教育认证设计教学质量保障与监控体系提供借鉴。

一、研究背景与意义

2020 年 9 月 22 日,在中共中央召开的教育文化卫生体育领域专家代表座谈会上,习近平总书记讲到,要抓好深化新时代教育评价改革总体方案出台和落实落地,构建符合中国实际、具有世界水平的评价体系。《中华人民共和国国民经济和社会发展第十四个五年规划和 2035 年远景目标纲要》指出,要提高高等教育质量,分类建设一流大学和一流学科,支持发展高水平研究型大学。建设高质量本科教育,推进部分普通本科高校向应用型转变。在学校围绕高水平地方应用型大学建设过程中，学校、学院需做好顶层设计，为达成顺利推进一流本科专业建设与提升人才培养质量的目标做好服务。全面深化人才培养模式的改革，需找到一根主线进行深挖，这根主线既要结合国家与上海经济社会发展需求，又要与学校办学愿景相结合，还要谋划专业和学生的长远发展。

工程教育认证是由国家教育部评估中心主导并由CEEAA推进实施的国际实质等效的工程专业教育质量评价标准。自2016年起，中国成为工程教育学位互认《华盛顿协议》的正式会员，通过认证专业的毕业生，其学位被《华盛顿协议》成员组织认可，架设了本科毕业生与执业工程师资格的桥梁，也为中国学生赴已加入《华盛顿协议》的国际知名高校继续深造提供了可能。许多理工科类院校高度重视工程教育专业认证工作，加强顶层设计，明确以教育部中国工程教育专业认证为重要抓手，进一步深化专业内涵建设，强化人才培养标准意识。为学生谋求更好的国际化教育机会，财经类院校的理工科类专业亦重视专业人才培养模式按照中国工程教育专业认证的标准进行设计。在此背景下，学院切实将CEEAA所倡导的"以学生为中心""产出导向""持续改进"OBE理念落实到二级学院的教学质量保障与监控体系中，进而影响人才培养模式改革，培养具有能够解决复杂工程问题能力的、面向未来的工程人才已成为二级学院教育教学发展的核心理念。因此，专业认证体系既为教育教学发展的全面深化改革提供了主线，也符合习近平总书记构建高水平评价体系、深化新时代教育评价改革的重要指示，同时也与我国"十四五"规划中的教育发展理念相吻合。

二、二级学院教学质量保障与监控体系设计原则

基于工程教育专业认证要求，信息管理学院着手设计二级学院教学质量保障与监控体系，将CEEAA的教育理念落实到教学管理工作中，促进学院教学管理更加规范。学院设计的教学质量保障与监控体系遵照《华盛顿协议》中的以学生为中心、产出导向和持续改进三大教育理念，有如下设计原则。

（一）该体系有助于信息管理学院树立科学的工程文化观和工程价值观

该体系以培养造就各种类型的高质量工程技术人才为目标，特别是面向财经行业的工程技术人才。该体系不能只注重形式而不注重内容、不能只注重文本而不注重根本、不能只注重一时而不注重常时。同时，信息管理学院对任课教师、教学管理人员进行OBE理念和专业认证等系列培训，使"以学生为中心，以学习成果为导向，不断持续改进"三大理念逐渐深入到人们的心中，并将其应用到日常的课堂教学活动，并逐步实现从以教学为中心到以学习为中心、从总结性评估到发展性评估以及重视知识忽视行为到知识与行为融合为一的三个主要转变。

（二）该体系要促进学院与专业深化"育人为本"的办学理念

该体系设计应符合我国"十四五"规划中的教育发展方向和社会经济建设需求，正确处理人才培养和科学研究、社会服务的关系，使工程教育改革从根本上得到重视。

（三）该体系要求学院和专业以"成果导向"的教育理念推进人才培养模式改革

按照学生毕业5年所期望达到的"培养目标"来设计"毕业要求"，对期望学生应掌握的知识、具备的能力和素质进行具体描述，逐一体现到制定学生的培养计划，设计课程体系系统，课程资源创建与维护和课堂教学建设等方面，确保教学目标充分体现产出导向理念。

（四）该体系的建设过程要深入理解与落实基于持续改进的工程教育理念

要形成制度化、周期性收集所有"用户"意见，根据需求变化适时调整教学质量保障与监控体系。在校生、毕业生、导师和辅导员的反馈，以及来自认证评估专家的评审资料和其提出的建设性反馈意见，为

学院提供一种持续改进的教学机制。

（五）通过设计教学质量保障与监控体系反促人才培养质量的提升

通过优化专业课程体系，明确课程建设目标，将基于CEEAA的教学质量保障与监控体系搬进学院与专业教学管理、搬进课堂教学，解决工程教育改革"最艰难的一公里"问题。

三、二级学院教学质量保障与监控体系设计

（一）"学校-学院-专业"三层教学质量保障与监控体系

学院教学管理的第一道防线就是院级教学质量的保障和监控体系的建设，是保障学院人才培养质量的基础和核心。从教学质量监控的目标系统、组织系统、内容和方法系统等方面构建系统化、科学化的院级教学质量监控体系，能够促进院级教学运行走向自我监控、自我完善的良性轨道。

信息管理学院原有的教学质量监控与保障体系由教学质量监控组织系统、教学质量监控内容系统、教学质量监控运行系统、教学质量保障系统构成。然而，随着学院部分专业与时俱进，按照工程教育认证标准进行改革，以往保障与监控教学质量的体系必须随着认证标准进行改进，以适应CEEAA的教学质量保障与监控要求。根据工程教育专业认证理念（图1），我们设计了如图2所示的面向CEEAA的"学校-学院-专业"三层教学质量保障与监控体系。

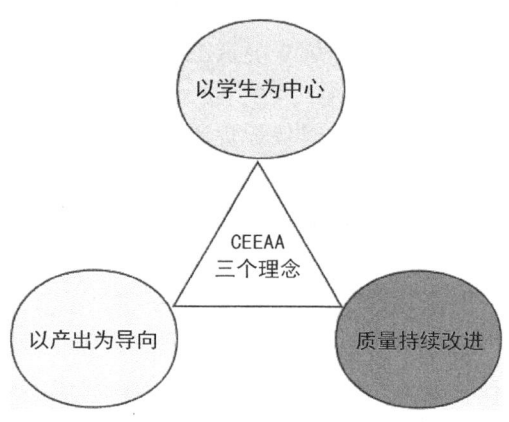

图1　CEEAA三个理念

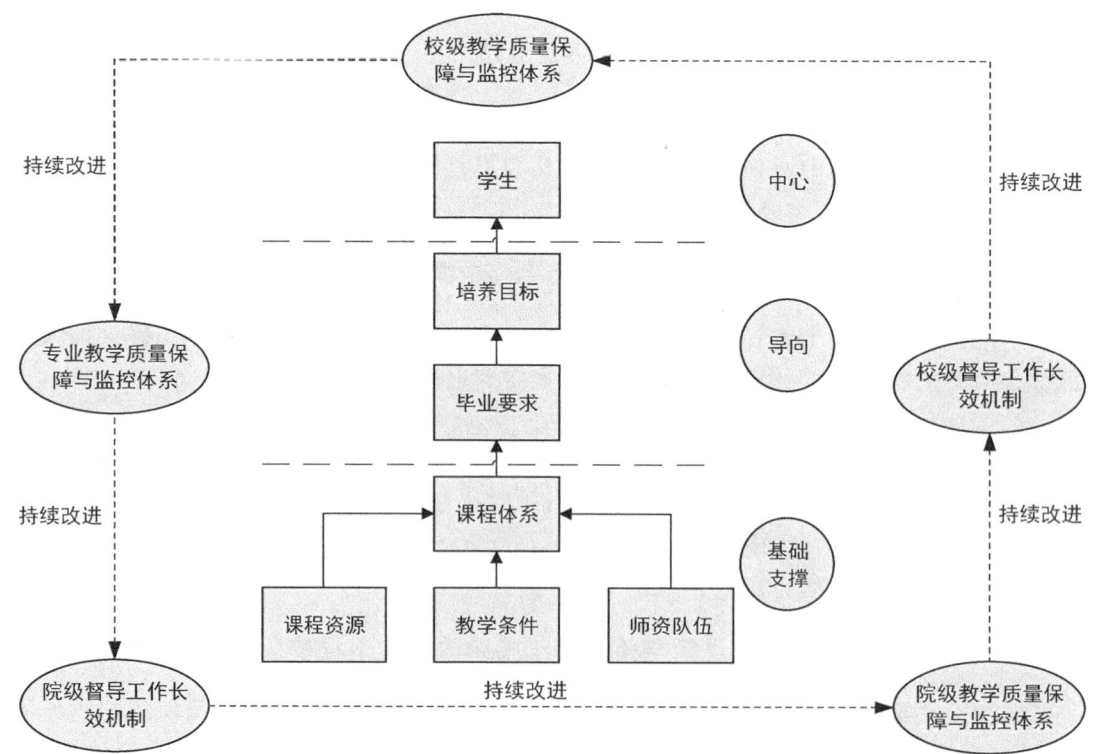

图2　面向CEEAA的"学校-学院-专业"三层教学质量保障与监控体系

(二)圈内:面向人才培养模式改革

圈内体现人才培养模式改革的总体思路。首先以学生为中心,设计学生毕业5年后的培养目标,一般情况下有5~6个,然后将该目标分解成9~12个学生毕业时需要达到的毕业要求。培养目标和毕业要求体现成果或产出导向。为了达到毕业要求,需要由课程体系来支撑,而课程体系是由若干课程资源在师资队伍的精心打磨下辅以教学条件(含实验环境)得以实施的。在这一过程中产生了很多教学活动。教学活动的开展应从前期建设需设定一定的要求和标准,对中期活动进行全面的质量监控,到后期进行目标达成度分析,形成一套系统的监督网络,进而形成具有良好的监督、调控、激励作用的工程教育实践。这一设计思想与原有体系只着重于教学管理质量的常态检测有别,符合工程教育专业认证标准的教学质量保障与监控体系需要具备能够通过监督功能及时发现偏差的闭环特征。

(三)圈外:面向教学质量持续改进

圈外含有学校教学质量保障与监控体系、院级教学质量保障与监控体系和专业教学质量保障与监控体系这三层,它们有垂直层级关系和隶属关系,但更是一种反馈关系,要体现持续改进的工作机制。一是学校建设有教学质量保障与监控体系,二是学院根据实际情况加以改进拟定学院教学质量保障与监控体系。如果学院教学质量保障与监控体系能覆盖专业需求与实际运行情况,则不需要另行制定专业教学质量保障与监控体系;如果难以覆盖专业需求,则需要根据专业标准与专业实际运行情况加以细化与补充,制定专业教学质量保障与监控体系。在此过程中,要考虑到校级和院级督导工作长效机制,把课堂教学、专业评估与检查过程中发现的问题及时反馈到学院,进行整改;若有不能解决或者涉及学校层面的问题及时反馈到学校,进行整改。学校站在更高层面来解决全校共性问题,制定全校性的规章制度,学院除了传达学校层面精神、执行学校层面规章制度,更多的是围绕各专业需求形成适合于学院人才培养特色的教学管理制度,并尽可能多地减少专业教学管理压力,也向学校层面反馈基层教学共性问题和优秀案例,以便于全校教学质量的持续改进。

(四)院级教学质量的主要监控点

信息管理学院着手于建立在学校总体教学质量监控体系下的院级教学质量监控体系,加强各主要教学环节院级教学质量的检查与评估[如教师座谈会、学生座谈会、试卷检查、毕业论文(设计)质量、坐班答疑抽查等],制定院级教学质量监控体系质量改进工作流程,指导专业建立教学质量保障与监控体系,建立与之相对应的奖惩制度,并充分依靠学院教学工作委员会集体讨论决议,使影响教学质量的关键环节在人才培养过程中始终处于可控状态,为全面提高学院教学质量,培养具有创新精神和实践能力的实干人才。

院级教学质量的主要监控点为:基于专业认证的大学生能力指标点设计与论证,培养方案的制定和实施,课程体系与教学大纲的制定和施行、课程负责人制度的制定与应用、教材的选用、师资的配备、课堂教学质量、实践性环节教学质量、教学内容和方法的改革、考核方式和试卷质量、毕业论文(设计)的质量等等。形成"学校-学院-专业-督导"层面的教学质量监控闭环,并制定相应的制度,保障各个环节工作的顺利开展。因此,基于CEEAA的信息管理学院教学质量监控体系不仅仅限于质量监督,更希望的是在监督的过程中发现问题,分析问题产生的原因,举一反三,并主动寻求解决好问题。

四、计算机科学与技术专业教学质量监控体系建设

在学校和学院制定的教学质量监控管理体系基础上,针对计算机科学与技术专业教学特点,按照

CEEAA 设计专业核心能力指标矩阵,确定培养目标要求,设计制定符合计算机专业工程教育认证的专业质量标准和教学监控与评价的个性化体系。通过课程建设,提供沟通渠道,了解专业教师和学生在教与学方面的需求、条件保障要求和应达到的目标,建立教学效果评价指标体系和审核机制,落实优质教学成果的奖励措施,促进教学质量问题的改进提升,形成教学质量目标的实现和教学内容不断改进的循环闭合监控体系。每隔一段时间开展专业教学质量研讨,结合专业特点,重点在行业合作、实践教学、创新创业、学科竞赛等方面设计教学质量和教学成果评价机制,探讨如何根据学生评价和获得成果进行量化,评估教学内容的实用性、先进性,把控专业教学质量风险,及时提供条件保障,促进专业能力教学质量的提升。

面向工程教育认证,计算机科学与技术专业应着重从以下几个方面入手进行专业教学质量保障与监控体系设计。

(一)先行建设人才培养制度

"工欲善其事,必先利其器。"先行建设人才培养制度,有利于围绕认证通用标准和专业补充标准展开专业认证工作。专业教学质量系统的建设,离不开课程质量评估制度、在校生和毕业生实时不断的反馈制度和社会各方评价的以"评价-反馈-改进"为主的持续改进制度。该制度是加快推进学校"一流专业"建设,提高计算机专业人才培养质量的重要保障。

(二)持续修订人才培养方案

计算机科学与技术专业人才培养要做到以学生为中心,持续改进由培养目标、课程环节、分解指标点和毕业要求构成的人才培养方案,将每一名毕业生培养成符合不断变化需求的社会所需要的人才。

(三)专业也应注重非技术能力的培养

工程教育认证通用标准中的 12 条毕业要求中有 7 条毕业要求并非与专业能力直接相关,而是强调对学生安全健康、职业道德、国际视野、跨文化交流、团队合作、法律法规等非技术能力的培养。专业教学质量监控体系的建设也需不断调研社会需求,实时更新完善课程体系。

(四)专业教学质量保障与监控体系应实现从"评教"向"评学"转化

原专业的监督体系只注重评价教师教学的工作过程,却忽视评价学生的学习成果。在 CEEAA 的理念中,能否有效的评价学生的学习效果,是提高教学质量的重中之重。

(五)注重提升青年教师工程能力

青年教师是专业未来发展的中坚力量,能够提升专业教学质量体系的稳定性。青年教师通过产学研践习,下企业锻炼,参与校企合作项目,提升青年教师的实践能力,以点带面,不断优化师资队伍的知识结构。

(六)积极建设实践教学与实验基地

CEEAA 要求专业拥有完善的实践教学体系,可以通过校企合作等方式为学生提供良好的实习机会,不断提升学生理论转化为实践的能力。

计算机科学与技术专业教学质量监控体系建设具体方向如图 3 所示。

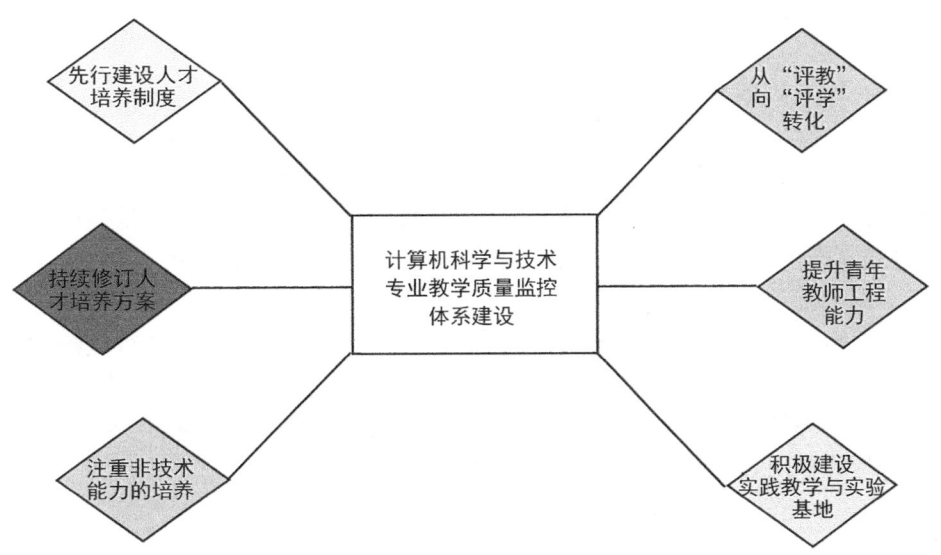

图3　计算机科学与技术专业教学质量监控体系建设

五、校级督导工作长效机制设计

学校结合专业认证要求,探讨校内督导工作要求,形成持续改进的专业、二级学院教学质量水平保障与控制的长效机制。从课堂理论知识教学、实验课的实践知识教学、毕业论文(设计)、教学检查、激励计划落实、专项教学事项督导等方面协助学院落实二级学院教学管理制度,形成教学质量保障与监控体系实施的证据性文件,为专业认证的申报提供资料支持。

校内督导应设立长期的工作目标,形成系统、有效并且长效的机制。质量保障机制的建设主要针对教学过程,并为每个重要的教学步骤建立明确的质量要求,根据监控评估结果,定期调整课程体系和重新评估课程质量。建立毕业要求评估指标,以要求学生达到毕业所要求的指标,并且每隔固定的时间就要评估学生毕业要求的完成情况。逐步建立起毕业生实时反应就业情况的机制和由高等教育体系之外各方参与的社会评估机制,并定期分析学院教育质量目标的实现情况,以证明评估结果可用于连续性的专业改进。

学校应从以下三个方面入手进行督导工作,保障督导机制长效。

(一) 从学校层面按照 CEEAA 要求做好顶层设计

计算机科学与技术专业申报教育部工程教育认证,是一项系统工程,涉及给专业授课的所有课程和授课教师,需要从学校层面予以重视。学校应成立 CEEAA 工作领导小组,由分管校领导牵头指挥教务处和相关职能部门落实该项工作,协调相关二级学院积极准备工程教育认证工作。

(二) 统筹推进,强化 CEEAA 工作过程管理

学校将横向统筹协调推进工程教育专业认证,由教务处协调各个学院完成工程教育专业认证的准备工作。学校也将同步推进制定详细的工作时间表,做好申请前、申请后、专家进校考察前、专家进校考察后等各项工作的安排,各部门精诚合作,将每一个环节中的工作完成到位。

(三) 保障到位,建立相应的激励机制

学校通过宣传与培训,让广大教师认识到专业认证的重要性,并建立有效的教学激励机制,鼓励参与

工程教育认证的教师积极投身于教学与教学质量的持续改进。

六、院级督导工作长效机制设计

二级学院教学督导组作为学院教学质量及相关管理工作的"参谋",不仅要控制好本学院教师课程教学的质量,而且还要控制好学生课堂学习的质量。因此,督导组应致力于促进教学质量的提高,以服务好教与学的管理为目的,进行信息收集,充分发挥学生和一线教师的反馈的作用,给出建议,进行监督指导和评估。

院级督导深入教学第一线听课、实施教学全过程的督导与监控,协助学院进行教师教学评价,以督促导,督中有导,以导为主,形成院级督导工作长效机制,促进教学质量不断提高,最终让学生受益。

院级督导应设计三种教学检查方式,保障督导工作长效。具体分常规检查、定期检查和专项检查三种具体形式。三种形式在内容上有所交叉,但各有侧重。

(一)常规检查

常规检查主要对各教学环节进行抽查,以系部、教师自查为主,学院检查为辅,主要包括:教学计划的执行情况、教师教学要件(包括集体备课情况、教学日历、大纲、教材、教案等)的准备情况、教师上下课时间的遵守情况、课堂教学情况、作业布置与批改、答疑等情况。

(二)定期检查

定期检查包括期初、期中、期末三个阶段的教学检查。期初教学检查主要检查内容包括:教师教学大纲和授课计划的准备情况;教学设施保障情况;课表执行情况、教师到位情况、学生到课情况、教学软件、设备运行等情况。期中教学检查主要检查内容包括:教师执行教学进度情况、教师的教学质量情况、各级领导听课情况、教学管理和教学保障方面的情况。期中教学检查期间,系(部)需召开一次学生座谈会和教师座谈会,听取学生对教师的教学、教学管理、教学条件等方面的意见和建议,并及时报有关职能部门备案、处理。期末教学检查主要内容包括:本学期开设的各门课程教学进度的完成情况、期末考试考风考纪遵守情况、试卷的命题和评定情况、本学期教学文件的材料整理与建档等情况。

(三)专项检查

专项检查是对某一项或某一方面的教学工作进行的专门检查,包括精品(重点)课程建设检查、专业建设检查、毕业论文(设计)工作检查、毕业实习检查、系部集体备课检查等。专项检查可以单独进行,也可以结合定期教学检查进行。

七、总结

吴岩司长在"在高等学校专业设置与教学指导委员会第一次全体会议上的讲话"指出,中国本科教育的三部曲,要从树立高等教育的"质量意识",走向"质量革命",然后到"质量中国"。他表示,"'质量中国'是要用中国高等教育自己的话语体系、我们自己的思路、我们自己的理念、我们自己的方案,做好我们自己的事。"这说明专业建设是需要根据专业的实际情况来设置"刻度",做好一把尺子,然后由某一方按照这个尺子来度量专业的实际建设情况是否达到专业预设的"刻度"。专业在进行内涵式建设的过程中,需持续地思考这把"尺子"该设置的"刻度",并持续地自反馈和改进,二级学院与专业的联动与唇齿相依就显得尤为重要。因此,在计算机科学与技术专业进行工程教育认证推进的过程中,信息管理学院将不断探索工程教育认证标准,制定满足工程认证要求的学院教学质量监控与保障体系,并予以实施和持续改进。

参考文献

[1] 习近平.在教育文化卫生体育领域专家代表座谈会上的讲话[EB/OL].(2020-09-22)[2022-11-17].https://baijiahao.baidu.com/s?id=1678551728406847331&wfr=spider&for=pc.

[2] 新华社.中华人民共和国国民经济和社会发展第十四个五年规划和2035年远景目标纲要[EB/OL].(2021-03-13)[2022-11-17].http://www.gov.cn/xinwen/2021-03/13/content_5592681.htm.

[3] 赵毅,梅迎军,黄维蓉.工程教育专业认证背景下材料科学与工程专业人才培养模式改革与探索[J].大学教育,2020(11):39-42.

[4] 李培骏,海洪,李霞,等.基于工程教育专业认证的人才培养方案的修订——以生物工程专业为例[J].科技与创新,2020(19):70-71.

[5] 安勇.工程教育专业认证改进工作质量提升的深度思考[J].中国高等教育,2018(23):38-40.

[6] 高新勤,陆馨,王浩.以工程教育认证为抓手推进"一流专业"建设[J].大学教育,2020(11):63-66.

[7] 吴岩.在高等学校专业设置与教学指导委员会第一次全体会议上的讲话[EB/OL].(2019-06-20)[2022-11-17].https://mp.weixin.qq.com/s/fGPd4eJSnNTz5usbJ9hBfQ.

作者简介

胡翠华 博士,上海立信会计金融学院信息管理学院副教授;研究方向为财经信息管理与决策分析、IT审计、教学管理。

学位论文质量保障体系深化建设研究

——以上海立信会计金融学院为例

禹小慧

摘要 学位论文是高校人才培养质量的标志性成果,是对学生综合能力和培养水平的全面检验。本文通过对现有学位论文质量保障体系相关研究的分析梳理,从学生、导师、管理人员三种视角出发,从学生、导师、内部制度和外部监管四个不同层面分析论文出现质量问题的主要原因,归纳出质量保障体系的构成要素及质量监控的7个主要环节。结合我校人才培养实际,在现有问题基础上从管理角度有针对性地提出建议,以提高管理水平,完善学位论文管理制度,加强论文质量监控与评价机制,深化建设更加合理有效的学位论文质量保障体系。

关键词 学位论文 质量监控 质量保障体系

学位论文是高校人才培养的标志性成果,是对学生综合能力和培养水平的全面检验,其创作过程是培养学生的创新、实践、学术、科研等各种能力的重要过程,其质量是衡量高校人才培养质量的重要依据。我国高等教育已由规模扩张转变为内涵建设阶段,人才培养的学科结构、培养方式和培养类型都在不断完善。但随着高等教育培养规模日益扩大、入学门槛降低、教学资源短缺、培养质量下降等现象逐渐凸显。尤其在学位论文质量方面,论文抄袭、剽窃等学术不端行为屡见不鲜。增强质量意识、开展质量保障研究已成为高等教育迫切需要解决的问题。

一、研究背景

2018年,习近平总书记在全国教育大会上做出重要指示,要求落实立德树人根本任务,国务院学位委员会全面提高教育质量。2019年,教育部先后印发了《学士学位授权与授予管理办法》(学位〔2019〕20号)、《普通高等学校本科专业类教学质量国家标准》《教育部关于深化本科教育教学改革全面提高人才培养质量的意见》(教高〔2019〕6号),要求落实本科毕业论文要求,加强本科人才培养质量监督。2020年,中共中央、国务院印发了《关于深化新时代教育督导体制机制改革的意见》,要求加强和改进教育评估检测,保证教育教学质量;印发了《深化新时代教育评价改革总体方案》,要求严格学业标准,探索本科毕业论文抽检试点工作。在此基础上,教育部于2020年年底印发了《本科毕业论文(设计)抽检办法(试行)》(教督〔2020〕5号),开展本科毕业论文抽检工作,严把人才培养质量关。

2009年全日制专业硕士开始面向应届生招生,《国家中长期人才发展规划纲要(2010—2020年)》明确要求加大重点领域急需紧缺专门人才开发力度,实施研究生教育创新计划,发展专业学位教育。自此我国专业学位研究生教育步入了高速发展的阶段。但随着招生规模扩大、入学门槛降低、教学资源日益短缺等,专业学位研究生培养质量呈现出逐渐下降的现象,学位论文抄袭、剽窃等学术不端行为屡见不鲜,学位论文质量问题备受关注。如何推动专业学位研究生教育发展由外延式向内涵式转变,提升学位论文质量从而保障研究生培养质量,已然成为专业学位研究生教育中日益凸显并亟待解决的问题。

本科毕业论文是本科生本科阶段教育的综合学业成果,而硕士学位论文是研究生教育教学的关键环节和培养质量的最终检验,其质量是综合反映高校人才培养水平的一个重要标志。虽然国家层面和高校层面已充分认识到了学位论文质量对人才培养的重要影响,并出台了论文标准、学术规范、评估监测等各级各类管理规定,但随着培养规模的不断扩大、培养质量下降,学位论文质量问题仍日益凸显。因此,增强质量意识,关注学位论文质量保障现状,及时发现并解决存在的问题以提高学位论文质量,开展质量保障研究以不断完善学位论文质量保障体系,是高校人才培养工作开展的迫切需要。

二、研究现状

(一) 国外研究现状

国外大多数高校重视学术研究与写作,却并未把学位论文列为本科阶段教育结业的必要条件,而专业学位研究生教育毕业形式多样且多对课程学分和职业资格证书有明确要求,而对是否提交学位论文要求不一。要求提交学位论文的高校更注重学术和科研能力的培养,主要通过完善的学位论文质量保障制度对论文质量进行管理和监控,且有第三方评价参与,如评估专门机构和社会团体群体力量等,评估手段制度化规范化。

国外对于学位论文质量保障的研究,大多基于论文写作各环节严格执行相关规定,如规范化的撰写、评阅、答辩程序等,并引入第三方如专门机构、社会群体等实施评估以更客观有效的监测论文质量。从研究对象上看,多数以硕士论文、博士学位论文为主,较少针对本科毕业论文(设计)开展;从研究方式方法上看,以调研法为主,通过实地观察、走访调研、问卷调查等多种方式,分析学位论文质量的影响因素等。国外专门针对本科毕业论文质量保障研究文献极少。

(二) 国内研究现状

国内有关论文质量保障体系的研究,一般从以下三方面开展。

1. 论文质量保障存在问题

国内学者普遍认为,影响学位论文质量的原因主要包括生源质量不高、制度流于形式、导师指导不力、过程监控缺失,以及学术道德失范等。

贾桂玲、刘晓华(2013)认为影响学位论文质量的原因有课程教学内容与实际要求脱离,专业实践环节缺失,导师类型不够丰富,学制短、论文写作时间难以保证,学位论文规格、标准和评价体系不够完善。

殷述飞等(2016)认为影响研究生学位论文质量的主要问题包括研究生本身的问题,导师指导论文程度不够,论文过程管理有待加强。

郑枫(2017)认为质量保障中存在的问题,主要包括同行评议影响和成果过度量化、配套管理未及时到位、培养过程监管力度不足、全程指导机制欠缺等。

周萍、吕义凯(2019)认为造成研究生学位论文质量不高的原因是多方面的。从主体层面看,研究生生源质量不高、创新写作能力不强、学术态度和行为不端正;从客体层面看,导师指导不到位,学习资源不充分;从外部监督看,制度执行不严格,监管不到位等。

2. 质量保障制度存在问题

国内学者大都认为,目前高校学位论文管理制度已经较为完备,但在具体实施落实过程中存在形式主义的问题。

黄金玲、施志仪(2004)认为学位论文在管理过程中存在重形式而轻落实的情况,如开题、预答辩、答辩制度管理不严且流于形式,论文评阅标准空泛等问题。

罗晖(2008)则认为学位论文开题工作存在"走过场"之嫌,流于形式;论文中期检查制度未有效执行;评审、答辩专家因对论文研究领域不熟悉、评阅时间不足、给同情分等情况,导致零淘汰现象。

3. 关于完善学位论文质量保障体系建议的研究

学者们目前对学位论文质量保障体系构建的研究,一般以控制论、全过程管理理论等理论为基础,从生源质量、制度建设、导师队伍、学术道德、论文评价等方面着手。

赵君、鄢苗(2015)基于控制论将研究生学位论文质量管理体系划分为前馈、过程和终结三个控制阶段:前馈阶段可采用改革研究生推免、招考制度,过程阶段可改革创新研究生培养体制机制,终结阶段可建立严格规范的论文审查评价制度及评优奖励机制。

吴淑娟(2016)认为应通过抑制扩招提高高校研究生生源质量、不断创新论文开题报告和论文答辩制度、加强对高校研究生论文导师队伍的构建、多途径提高研究生的学术道德水平等四个方面来构建研究生学位论文质量保障体系。

张守煜、董宏华(2017)认为应通过建立健全相关管理制度,加强导师队伍建设,改善科研、实验、实习基地条件,制订科学合理的学位论文评价机制,从而建立有效的学位论文质量保证体系。

秦婷、薛红争、赵桂荣(2019)认为应在开题考核环节引入第三方监控机制,实施中期考核分流制度,实施事后抽查制度,建立答辩督导制度,加强校院两级管理,提升管理水平。

姚远(2020)将学位论文质量保障体系视为一个系统工程,认为论文质量保障应贯穿于研究生培养全过程,培养单位应实现从结果管理、目标管理到过程管理的转变。

三、我校学位论文工作现状

我校2008年获批学士学位授予单位,现有37个本科专业,2011年获服务国家特殊需求人才培养项目——审计硕士专业学位研究生培养资格,学位论文工作主要分为本科生毕业论文(设计)和审计硕士学位论文两部分。

(一)本科生毕业论文(设计)工作现状

本科生毕业论文(设计)工作由教务处负责组织开展,实行"统一领导、分级管理"的二级管理体制。学校制定出台了《上海立信会计金融学院普通本科毕业论文(设计)管理办法(修订)》,对本科毕业论文(设计)的组织管理、指导教师、内容形式、选题开题、指导撰写、查重检测、答辩与成绩评定、档案管理、质量检查等各方面做了明确规定。

2020年,教育部印发了《本科毕业论文(设计)抽检办法(试行)》,启动本科毕业论文抽检工作,重点对本科毕业论文的选题意义、写作安排、逻辑构建、专业能力以及学术规范等进行"合格性"考察。学校为进一步规范了本科毕业论文(设计)工作,提出了加强学生学术诚信教育、开展选题复查、强化过程管理、加强毕业论文(设计)指导教师管理、组织答辩前抽检盲评等各项举措,以切实提高本科毕业论文(设计)质量。

(二)审计硕士专业学位论文工作现状

审计硕士专业学位论文工作由研究生处负责组织开展,会计学院具体实施,实行校院两级管理体制。自2011年开展审计硕士专业学位研究生教育以来,经过近十年的探索,学校制定出台了《上海立信会计金融学院硕士研究生学位论文开题工作规定》《上海立信会计金融学院硕士研究生学位论文"双盲"评审办法》等10余项规章制度和实施细则,明确了学位论文工作流程及质量控制各环节,基本构成了包括选题预审、开题答辩、校内评阅(预答辩)、学术不端行为检测、双盲评审、论文答辩、毕业论文质量抽检等7

个环节的学位论文质量控制体系(图1)。

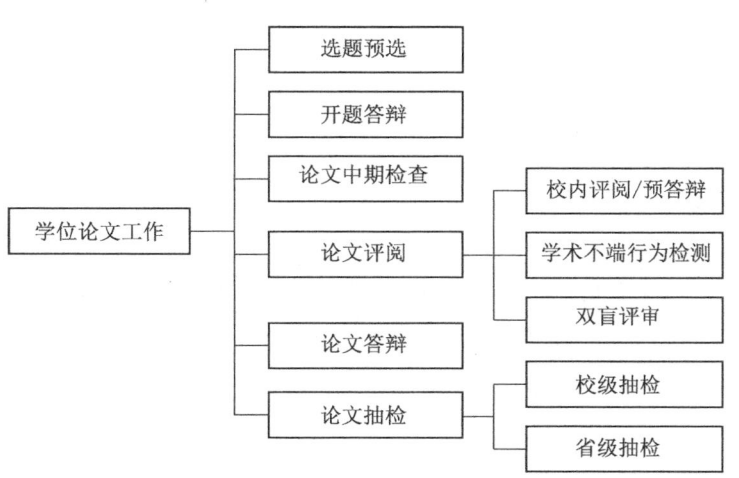

图 1　审计硕士论文工作流程图

四、学位论文质量存在的主要问题

梳理现有学位论文相关文献,结合我校审计硕士学位论文现状,不难发现学位论文质量问题主要表现在以下几方面。

(一) 论文选题不合理,缺乏创新性

《上海市审计硕士专业学位论文基本要求和评价指标体系》中明确要求,审计硕士专业学位论文应来源于应用课题或现实问题,应有明确的职业背景和应用价值;应结合审计(包括财务、会计、管理咨询等)实务;应有明确的主题和适当的范围,避免大而空泛的选题;应有一定的理论意义和实践价值。从审计硕士论文评价指标体系中可以看出(表1),学位论文的创新性、应用性及论文价值占较大比重。

表 1　审计硕士论文评价指标

评价指标	评价要素	权重
选题与综述	选题来源于审计及相关领域的实际问题,有明确的职业背景,有较好的应用价值。文献丰富,综述有一定的广度和深度	15%
创新性	有一定的新思想、新观点,或有一定程度的方法创新,或提出了新的对策、建议	20%
应用性及论文价值	论文成果具有参考价值和借鉴意义,对实践具有指导意义和可操作性,有一定的社会效益或经济效益	25%
基础知识与方法	基础知识扎实,整体设计合理,研究思路清晰,研究方法恰当,研究步骤和过程科学规范,具有综合运用知识、分析问题和调查研究的能力	25%
论文规范性	恪守学术诚信、学术道德和学术规范,逻辑性强、结构严谨、文字通顺流畅,引注、参考文献(中外文)、文字、图表等准确和规范	15%
综合评价		

注:评价结论分为优秀、良好、合格、不合格四种。优秀:≥90;良好:89—75;合格:74—60;不合格:<60。

中国知网学位论文数据库显示,2015年以来该数据库收录的审计硕士学位论文共计1 533篇,其主要选题分布如图3所示。

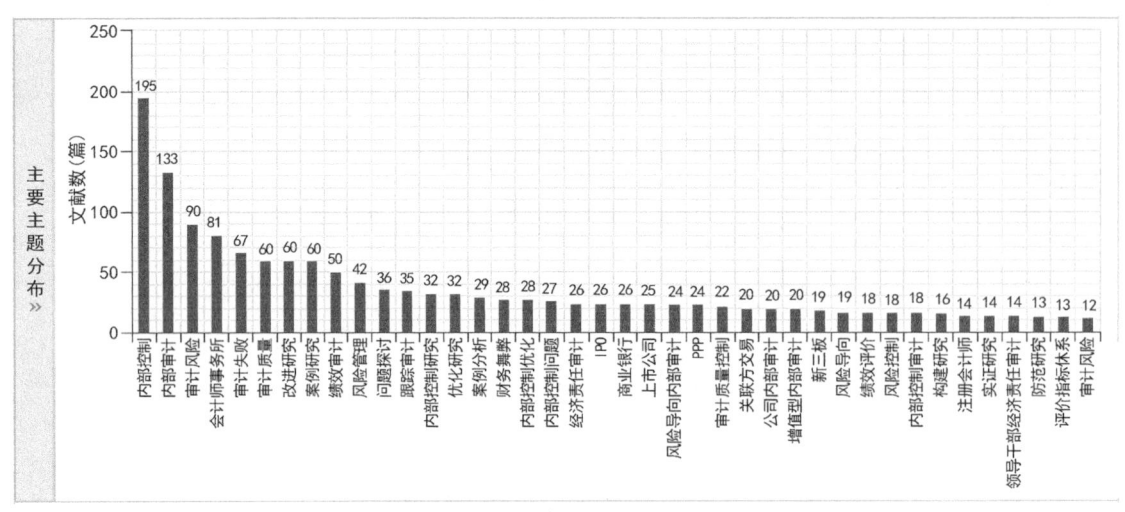

图 3 中国知网收录审计硕士论文主要选题分布

从图 3 不难看出，审计硕士论文选题主要分布在内部控制、内部审计、审计风险、审计失败、审计质量、绩效审计、风险管理等方面，主要围绕会计学、审计学和财务管理三个领域来展开，总体呈多样化趋势。

但从研究主题、研究方法等不难看出，审计硕士学位论文的选题存在选题陈旧、选题重复、选题过大和缺乏创新性等问题，这也是现有硕士学位论文中普遍存在的现象。以学校审计硕士学位论文为例，2018—2020 年双盲评审过程中存在异议论文累计 72 篇次，其中存在选题过大、选题陈旧等问题的 21 篇，存在创新性不足问题的 17 篇。

（二）论文作假和学术不端行为依然存在

虽然国家已经出台了《学位论文作假行为处理办法》《高等学校预防与处理学术不端行为办法》等规定，要求对学术不端行为坚持"零容忍"，各个学校加强了学生学术诚信教育，细化了对学术不端行为的惩处机制，但论文中抄袭、学术不端和作假情况依然存在。近年来，国内有关论文抄袭和学位论文造假事件的新闻不断，已经引起了社会各界的广泛关注。

（三）论文规范性差，研究深度不足

以学校审计硕士学位论文为例，2018—2020 年双盲评审过程中存在异议论文累计 72 篇，其中论文规范性和研究存在问题的有 41 篇，主要表现在文献综述质量低，缺少个人分析和见解，文献引用不规范不准确；论文工作量不足，研究不够深入系统、内容单薄；态度不认真，论文写作不规范，出现格式、错别字等基本错误。

五、论文质量问题的主要原因

（一）学生层面

1. 生源质量不高

良好的生源是高校人才培养质量的重要保障，然而由于招生规模日益扩张、地域差异、学校的社会影响力、学科专业整体水平等因素，招生报考容易出现扎堆现象，导致部分高校缺少优质生源。

2. 个人能力不足

有的学生专业知识的学习不够深入系统,导致专业基础不扎实、知识结构不合理,在论文写作过程中缺少必要的知识基础和方法技巧;有的学生缺少专门的学术科研训练和写作指导,科研及写作功底较差,论文规范性不足;有的学生就业导向性较强,缺乏对论文写作工作的正确认识,大量时间和精力耗费在实习和找工作中,投入论文写作的时间和精力严重不足,最终导致论文出现东拼西凑、粗制滥造的情况。这些因素都会严重影响学生的学位论文质量。

3. 学术态度不端正

有的学生缺乏对学术道德、学术诚信的正确认知,在学位论文写作过程中自由散漫、学术态度不端正,缺乏学术规范和学术诚信的约束,甚至抄袭、拼凑学位论文,对学位论文没有独立和创新性的思考;有的学生在论文写作过程中缺乏积极性、主动性,缺乏刻苦钻研精神和严谨治学的态度,平时不积累不努力,对导师的指导不积极不配合,撰写论文遇到问题和困难容易产生畏难情绪,甚至寄希望于通过走关系、讲人情蒙混过关。

(二)导师方面

导师是学生培养的第一责任人,是学生论文质量的主要责任人。导师指导不到位,会严重影响学生学位论文质量,主要表现在以下两方面。

1. 责任意识淡薄

部分导师对指导工作没有正确的认识,缺少积极性和主动性,大量时间和精力都被个人的教学、科研、行政工作等所占据,较少对学生进行科研训练和论文写作方面的指导,缺少与学生的有效沟通交流;或者指导学生数量过多,时间和精力有限,无法照顾到每一位学生,一定程度上出现指导程度取决于学生主动程度的现象,导致部分不善于沟通的学生缺乏关注而部分得过且过的学生蒙混过关;滥用学生劳动力,过分占用学生的学习时间或者对学生要求较低,缺少学术规范、学术道德等基本要求等。

2. 指导能力不足

部分导师缺少对本学科前沿动态、最新研究成果的了解,专业知识结构老化,缺乏指导论文的科研背景和学术研究条件;部分导师不熟悉研究生培养过程和论文环节要求,缺乏培养经验和主动学习精神,对研究生培养、学位论文及学术道德规范相关的规章制度文件精神等不熟悉、不了解。

(三)制度层面

1. 学位论文质量保障制度体系尚不完善

虽然各个学校已经建立了规范有效的研究生管理制度体系,但在学位论文质量保障方面仍有缺失,主要表现在:缺少对选题的有效干预,论文开题和中期考核环节"零淘汰"流于形式,答辩过程仍存在打招呼、走过场的人情模式,未建立有效的双盲评审和答辩惩罚机制等。

2. 教学科研资源不充分

部分高校因资源匮乏、学生规模过大等原因,可能不能为学生提供充分的教学科研资源,如固定的学习科研场所、实验条件、研究经费、图书资料等;部分高校交流平台较少,学生参与实地调研、学术会议、交流活动和学科前沿论坛讲座的机会较少,很难掌握到学科的前沿知识。

(四)外部监督层面

随着学位论文抽检比例和学位论文惩处力度加大,学校越来越重视学位论文质量问题。国务院办公厅、国务院学位办、教育部先后发布了《学位论文作假行为处理办法》《高等学校预防与处理学术不端行为办法》《博士硕士学位论文抽检办法》《学士学位授权与授予管理办法》《教育部关于深化本科教育教学改革全面提高人才培养质量的意见》《关于深化新时代教育督导体制机制改革的意见》《普通高等学校本科专业类教学质量国家标准》《关于进一步严格规范学位与研究生教育质量管理的若干意见》《本科毕业论文（设计）抽检办法（试行）》等多个文件，明确要求加强学位论文和学位授予管理，健全处置学术不端有效机制，加强教育行政部门监督监管，改进教育评估检测，以保证教育教学质量。但在实际操作中，仍然存在重制度建设轻落实监督的情况，这就导致学位论文质量除抽检外缺少有效的外部监督。

六、学位论文质量保障体系探析

（一）学位论文质量保障体系的构成要素：以审计硕士为例

学位论文保障体系是一个系统工程，应贯穿于学生培养全过程，因此，对学位论文质量的控制不应只聚焦于论文评审和答辩环节，仅注重对最终成果或目标的评价，而应从结果管理、目标管理转变为过程管理。从过程管理和质量控制来看，要构建学位论文质量控制体系，首先要明确其构成要素，包括质量评价标准、质量控制主体、质量控制环节、控制制度等。

1. 质量评价标准

质量评价标准，即学位论文质量评价标准。论文质量一般可从论文选题、创新性、研究内容、研究方法、研究成果和写作规范等方面来评价。以上海市为例，审计硕士专业学位论文要符合《上海市审计硕士专业学位论文基本要求和评价指标体系》基本要求，"审计硕士专业学位论文应当突出专业特点，应坚持理论与实际相结合，侧重于理论的应用，注重解决实际问题；应体现学生运用审计学科及相关学科的理论、知识、方法和技术等分析与解决审计实际问题的能力；应有数据或实际资料做支撑；论文的观点、研究方法和研究结论应有一定的创新性和实用价值；应在指导教师的指导下独立完成；学位论文所需工作量应不少于半年，字数不少于2万字；应当能恰当地提出问题，选择适当的研究思路和分析方法解决所提出的问题。论文的形式可以是案例分析、调研报告或专题研究。"

2. 质量控制主体

质量控制主体，即论文质量由谁来控制。从审计硕士专业学位论文来看，其质量控制包括研究生教育主管部门、学校研究生管理部门、二级学院、研究生导师、校外评审专家等多个层次，在论文质量控制体系中有不同的职责。以我校审计硕士为例，其研究生教育主管部门包括教育部、全国审计专业学位研究生教指委、上海市教委等，其职责是制定论文质量评价标准，组织开展论文抽检，进行论文质量评价；研究生处为校级研究生管理部门，其职责为制定学校层面学位论文相关制度，明确校内各层次质量控制主体职责，组织开展校级层面学术不端行为检测和论文评审工作等；会计学院的职责为落实学位论文管理相关制度，组织开展学位论文具体工作，包括论文选题、开题答辩、论文中期检查、校内评阅（预答辩）、答辩资格审查、正式答辩等工作；研究生导师是研究生培养的第一责任人，也是学位论文质量的第一责任人，负责对学位论文的选题、开题、撰写进行过程控制；校外评审专家主要负责在学位论文的开题、预答辩、双盲评审和答辩环节对论文进行客观、公正的评价，从而对质量进行审核和监控。

3. 质量控制环节

质量控制环节，即明确学位论文质量控制应包括的环节。审计硕士学位论文的质量控制环节，主要包括选题预选、开题答辩、论文中期检查、校内评阅（预答辩）、双盲评审、论文答辩、校级定稿论文抽查、省级学位论文抽检等环节。

4. 质量控制制度

质量控制制度，即要求学校制定完善论文质量控制各相关环节可参照执行或依规办事的各项规章制度，会用来规范研究生导师的指导、规范学位论文的抽检评审规范、规范学术道德和学术标准等，进而实现以制度为手段来约束、落实质量控制每个环节。其主要包括上级教育主管部门、学校、学院三个层面的制度，如教育部印发的《博士硕士论文抽检办法》《学位论文作假行为处理办法》、上海市学位委员会印发的《上海市硕士学位论文抽检办法》、上海市学位办制定的《上海市审计硕士专业学位论文基本要求和评价指标体系》等。

（二）构建学位论文质量保障体系的几点建议

自2011年开展审计硕士专业学位研究生教育以来，经过近十年的探索，学校制定出台了《上海立信会计金融学院硕士研究生学位论文开题工作规定》《上海立信会计金融学院硕士研究生学位论文"双盲"评审办法》等10余项规章制度和实施细则，基本构成了包括选题预审、开题答辩、校内评阅（预答辩）、学术不端行为检测、双盲评审、论文答辩、毕业论文质量抽检等7个环节的学位论文质量控制体系。该办法从细微处入手，将学位论文质量的提高与入学教育、日常培养、专业实践、师生双选、信息服务等各环节相结合，如：在新生入学时开设学术道德和论文规范专题讲座，将学术道德与学术规范教育融入培养全程；鼓励学生参加各类比赛竞赛、开阔视野、增强见识、提高写作水平；根据专业特点，鼓励从实务界遴选校外导师；优化专业实践管理，鼓励学生从专业实践中发掘选题来源；为保障学位论文传递过程的安全性，优化信息系统建设，实现在线论文提交；严格导师管理，强化导师育人职责等等。

而随着本科毕业论文（设计）抽检工作的启动，从选题意义、写作安排、逻辑构建、专业能力以及学术规范等各方面对本科毕业论文进行"合格性"考察，将有效推动本科毕业论文的过程管理，从选题、开题、撰写、指导、检查、评阅、答辩、成绩考核等各个环节进行从严管理，以提升论文质量、把好毕业出口质量。

综上所述，学位论文质量保障体系基本包括选题预审、开题答辩、校内评阅（预答辩）、学术不端行为检测、双盲评审、论文答辩、毕业论文质量抽检等7个环节，基本涵盖学位论文工作全过程。但要提升学位论文质量，不能单单依靠论文工作各环节来把控论文质量，还应与导师指导、全过程培养有机结合。

因此，要加强学位论文质量保障体系建设，就应从学生培养各环节入手，建立健全学校、学院、导师三位一体的学校内部质量保障体系，明确各质量控制主体责任，建设完善相关规章制度，制定行之有效的落实监督机制，将论文保障贯穿学生培养全过程。主要表现在以下几方面。

1. *优化学生生源质量*

根据国家政策，结合学校整体建设和发展需要，制定吸引优质生源的招生政策，优化研究生招生选拔机制，通过招生复试环节的筛选，保障生源质量，为保障学生培养质量特别是学位论文质量打好基础。

2. *加强科研能力培养和学术道德教育*

虽然审计硕士专业学位论文更强调与专业实践相结合，论文形式主要为案例分析、调研报告或专题研究，但论文撰写也应符合学术道德和学术规范要求。因此，在学生培养和导师指导过程中，应适当设置学术规范和科研能力训练环节，提前开设论文写作和文献检索相关课程；提高课程论文的标准和要求，为学位论文的撰写做好充分准备；加强学术道德宣讲教育，根据科研育人要求研究生中开设学术规范与学术道德相应公选课程，将科研方法、学术规范、论文写作等相关内容纳入课程体系和导师指导范畴，将学术道德和学术规范教育融入学生培养全过程。

3. *严格导师管理，强化导师育人职责*

导师是学生培养第一责任人，也是其学位论文质量的直接责任人，导师的指导对学位论文质量起着至关重要的作用。因此，在学生指导过程中，应强化导师育人职责，全面落实导师立德树人职责，督促导师切实承担起对学生进行学术水平、科研能力、学术道德的教育责任；落实导师记录册制度，规范师生指导交流环节，定期开展指导情况检查，加强导师指导过程管理；建立健全导师激励机制和考核问责机制，充分发挥导师学生培养和学位论文写作过程中的主导和正向引领作用。

4. *抓好学位论文工作关键环节，加强学位论文质量控制*

学位论文关键环节包括选题预审、开题答辩、校内评阅（预答辩）、学术不端行为检测、双盲评审、论文答辩、毕业论文质量抽检等7个环节，因此，要加强学位论文质量控制，也要从这7个环节入手：落实选题预审，加强论文选题质量；严格论文开题答辩，加大论文开题的监督检查力度，实施中期考核分流机制；

定期开展论文进度考核如论文中期检查等,加强论文写作实时质量控制;坚持学术不端行为检测,严格匿名评审,保障论文评审工作的客观性、公正性;设立末位淘汰机制,建立答辩督导制度,落实答辩后抽检工作;加强答辩后抽检和复审;落实毕业后学位论文抽检结果反馈,建立健全有异议论文指导教师的问责机制。

七、结语

经过多年研究和工作实践,我校基本形成了涵盖选题预审、开题答辩、校内评阅、学术不端行为检测、"双盲"评审、论文答辩、毕业论文质量抽检等7个环节,学校、学院、导师三位一体的学位论文质量控制体系,可以对学位论文全过程进行有效的质量控制,但仍需结合人才培养、导师队伍建设、课程设置等方面不断完善优化,以培养更高质量的符合国家发展、社会经济文化需要的应用型高级专门人才。

参考文献

[1] 陈玉琨,等.高等教育质量保障体系概论[M].北京:北京师范大学出版社,2004.
[2] 薛天祥.研究生教育管理学[M].南宁:广西师范大学出版社,2004.
[3] 罗晖.关于研究生学位论文质量管理的研究——以N校英语专业为例[D].上海:华东师范大学,2008.
[4] 黄金玲,施志仪.研究生学位论文管理中的问题及对策[J].中国研究生,2004(6):42-44.
[5] 杨德齐.论研究生学位论文的质量控制——基于过程管理的视角[J].知识经济,2012(3):149-150.
[6] 赵君,鄢苗.研究生学位论文质量管理体系优化研究[J].北京教育(高教),2015(Z1):43-46.
[7] 吴淑娟.浅谈研究生学位论文质量保障体系的构建[J].考试周刊,2016(37):156.
[8] 李增森.高校研究生学位论文质量保障体系的构建路径[J].扬州大学学报(高教研究版),2017(10):37.
[9] 张敏,曾丽珍.全日制硕士研究生学位论文质量保障体系思考[J].中国成人教育,2017(21):86-88.
[10] 宫新栋,杨平,王元纲,等.研究生学位论文质量保障体系构建刍议——基于唯物辩证法的矛盾论和认识论视角[J].江苏高教,2018(01):77-80.
[11] 殷述广,程燕,卢虎胜.研究生学位论文质量保障体系建设探索——以中国石油大学(华东)为例[J].继续教育,2016(05):62-64.
[12] 陈明晔.全日制专业学位研究生学位论文质量保障体系研究[D].哈尔滨:哈尔滨工程大学,2014.
[13] 吴宏翔,顾云深.研究生学位论文质量保障体系建设的实践与思考[J].学位与研究生教育,2007(12):22-26.
[14] 仇雪萍.基于过程管理的硕士学位论文质量保障制度研究——以N大学为例[D].南昌:江西师范大学,2018.
[15] 张守煜,董宏华.专业学位论文质量保障体系构建的研究[J].黑龙江教育(理论与实践),2017(11):79-80.
[16] 郑枫.硕士学位论文质量保障问题及对策研究——以S大学为例[D].广州:华南理工大学,2017.
[17] 程皓,刘厚鹏.会计硕士专业学位论文的选题、形式与内容[J].金融教育研究,2018(5):73-80.
[18] 周萍,吕义凯."双一流"背景下研究生学位论文质量保障体系探析[J].浙江万里学院学报,2019(3):77-81.
[19] 秦婷,薛红争,赵桂荣.硕士研究生学位论文质量的过程保障体系研究[J].当代教育实践与教学研究,2019(12):109-110.

作者简介

禹小慧　硕士,上海立信会计金融学院研究生处助理研究员;研究方向为高等教育管理;联系邮箱为yxhui@lixin.edu.cn;本文的通讯作者。